GRAMMAIRE LATINE.

PARIS.

Jules DELALIN et Cie, rue des Mathurins St.-Jacques, 5.

A. POUILLEUX, Imp.-Lib., quai des Augustins, 57.

LYON.

SAUVIGNET et Cie, Libraires, Grande-rue-Mercière. 39.

AINÉ, Frères, Libraires, place de Belcourt, 22.

BESANÇON.

BINTOT, Libraire, Place Saint Pierre.

RUDIMENT

OU

GRAMMAIRE LATINE,

PAR J. J. JANET,

Licencié ès lettres, Principal du Collége de Baume.

TROISIÈME ÉDITION,

REVUE ET RECTIFIÉE PAR L'AUTEUR.

Ouvrage adopté par l'Université.

Fronte exile negotium,
Aggressis labor arduus.
TERENT. MAUR.

BAUME.

IMPRIMERIE ET FONDERIE DE VICTOR SIMON.
1839.

PRÉFACE.

Au milieu des témoignages honorables qui ont ac-
cueilli la première édition de cette grammaire, il s'est
élevé un reproche qui, s'il était fondé, serait vraiment
capital pour un livre élémentaire. Quelques personnes,
tout en approuvant le plan et l'exécution de l'ouvrage,
ont pensé qu'il renfermait des considérations trop abs-
traites pour être mis avec avantage dans les mains de
l'enfance. Heureusement l'expérience et le succès assez
rapide d'un livre, qui n'a eu d'autre recommandation
auprès des professeurs qui en ont fait usage, que l'utilité
qu'ils ont cru y trouver pour leurs élèves, ont suffisamment répondu à un jugement prononcé peut-être après
une lecture incomplette de l'ouvrage, et probablement in-
fluencé par une opinion infiniment respectable, mais qu'a-
vec le temps l'auteur eût sans doute lui-même modifiée.

On peut, dit Lhomond, se proposer deux choses
dans l'étude d'une langue ; 1º de connaître l'usage ; 2º
de connaître la raison de l'usage. Or la première connaissance, celle du fait, est certainement la seule qui
convienne à la faible intelligence des enfants.

Sans contredire ce respectable instituteur de la jeunesse, nous nous permettrons cependant de faire observer que cette vérité dépend au moins de l'âge des
enfants et du degré d'instruction où ils seraient parve-
nus avant de se livrer à l'étude du latin. S'ils commen-

çaient cette étude un ou deux ans plus tard, et après avoir acquis certaines connaissances préparatoires, on ne peut douter qu'ils ne fussent alors en état de recevoir des notions de grammaire générale et d'entrer dans les raisons qui motivent chaque fait. C'est le vœu que nous avons exprimé dans l'avant-propos de notre première édition : nous sommes de plus en plus convaincu que cette innovation, loin de prolonger la durée des études classiques, les abrégerait, tout en ajoutant à leur solidité.

Mais en admettant un fait existant, en reconnaissant que dans nos écoles, les enfants sont généralement admis à l'étude de la langue latine à un âge qui les rend incapables de s'élever à des principes généraux, s'ensuit-il qu'on doive toujours les leur laisser ignorer ? Dans un temps où la méthode analytique est si avantageusement pratiquée dans les autres sciences, les études grammaticales seules resteront-elles stationnaires ? se borneront-elles toujours à l'observation de quelques faits, le plus souvent sans liaison et sans ensemble, que l'on peut entendre et reproduire sans que l'esprit en soit plus éclairé ? S'en tenir à un enseignement aussi superficiel, c'est priver la jeunesse du fruit le plus précieux qu'elle puisse recueillir de l'étude du latin, qui, enseigné par une méthode plus rationnelle, formerait le jugement des enfans, leur faciliterait l'étude des autres idiômes, ainsi que des sciences, avantages inappréciables dont l'influence s'étendrait sur tout leur avenir.

Nous savons que pour arriver à ce but, pour abréger et perfectionner l'enseignement du latin, on a publié de nombreux essais, parmi lesquels il s'en trouve de fort remarquables. Cependant au milieu de ce conflit de systèmes plus ou moins ingénieux , plus ou moins praticables , l'opinion publique s'est de plus en plus prononcée en faveur de la méthode du modeste Lhomond. Quelle peut être la cause d'un succès aussi extraordinaire pour un livre où l'on signale tant d'imperfections ? Sans doute la force de l'habitude peut y contribuer pour quelque chose : reconnaissons toutefois que cette préférence est fondée aussi sur un motif plus louable. Aucun instituteur de la jeunesse ne connut et n'aima mieux les enfants que le religieux auteur du *De viris*; personne ne sut mieux que lui se mettre à la portée de leur faible intelligence. De là , cette clarté, cette simplicité d'expression qui rend son livre cher aux maîtres et aux élèves. Autant que personne nous avons su nous-même apprécier cette qualité. Aussi c'est aux professeurs qui ont le mieux senti le mérite de Lhomond que nous recommandons surtout ce livre élémentaire. Si tout en conservant les qualités qui leur font aimer cet auteur , nous sommes parvenu à y introduire les améliorations que la réflexion et l'expérience leur ont fait désirer , nous croirons avoir rendu un important service à la jeunesse.

D'abord nous avons conservé tous les paradigmes de cette ancienne grammaire, et parce qu'ils sont consacrés par l'usage , et parce que la brièveté des exemples les rend très-propres à fixer les yeux et l'esprit des enfants sur le mot qui fait l'objet de la règle.

D'accord avec la plupart des grammairiens, nous avons cru devoir faire précéder cette méthode de quelques notions de grammaire générale, peu développées , mais suffisantes pour éclairer l'esprit des élèves et les diriger dans l'analyse du langage. Ces principes généraux une fois entendus, l'expérience nous a démontré que leur application à l'idiôme latin devient aussi intéressante que facile, et peut se faire en fort peu de temps. De fréquentes remarques qui accompagnent le texte de la grammaire latine, expliquent en quoi cette langue se rapporte aux principes généraux ou s'en écarte ; et de nombreux renvois indiqués par les N°ˢ qui divisent tout l'ouvrage, facilitent ces comparaisons. Les enfants qui, avant de commencer l'étude du latin, auraient déjà acquis quelque connaissance de la langue maternelle, pourraient donc avec succès étudier ce livre, sans rien intervertir.

Mais nous n'avons pas pu oublier que dans l'état actuel de nos écoles, cette marche ne peut pas convenir à la généralité des enfants qui étudient le latin. C'est pourquoi nous avons senti la nécessité de rendre la méthode latine proprement dite, entièrement indépendante des principes de grammaire générale. On pourra donc d'abord se borner à l'enseignement des faits grammaticaux distingués dans le livre par la grosseur des caractères ; et à mesure que l'intelligence des enfants se développera, on leur fera voir les observations qui expliquent les causes de ces faits, ou indiquent leurs rapports ou leurs différences avec la grammaire générale. On commencera ainsi par les détails pour remonter à l'ensemble de la science grammaticale. Ce sera *l'analyse* au lieu de la *synthèse* ; et comme ces deux méthodes rentrent l'une dans l'autre, et qu'elles se prêtent un mutuel appui, quelle que soit celle que l'on suive, on parviendra toujours au même but, à l'analyse exacte du langage.

Quant aux professeurs qui voudraient simplement se borner à l'enseignement de la grammaire latine, nous pouvons aussi leur dire que nous n'avons rien négligé pour rendre celle-ci simple, claire, méthodique, et surtout pour l'approprier à l'intelligence des enfants.

La première partie qui traite de la nature des mots et de leurs désinences, était peu susceptible d'amélioration: cependant si l'on compare cette partie de notre grammaire avec celle de Lhomond, nous espérons qu'on y remarquera des définitions plus exactes, une classification plus régulière, et plusieurs lacunes heureusement remplies.

Cette première partie est accompagnée d'un supplément dans lequel nous présentons quelques règles générales sur le genre des noms latins, une nomenclature à peu près complette des mots racines de la langue latine, des observations utiles sur la signification et la conjugaison des verbes composés, un tableau des adjectifs et des adverbes de nombre, et un autre tableau des locutions adverbiales les plus usitées. Nous n'ignorons pas que la plupart de ces choses peuvent s'apprendre par l'usage ; mais nous savons aussi que, dans l'étude d'une langue morte, les leçons de l'expérience sont bien lentes, et presque toujours incomplettes, quand elles ne sont appuyées sur aucune méthode. Nous avons donc cru épargner à l'enfance bien des peines, bien des dégoûts, bien des solécismes, en lui présentant dans ce supplément une suite de règles et de remarques importantes, dont chaque professeur fera d'ailleurs l'usage qu'il jugera convenir.

A la suite de cette première partie, nous avons placé un tableau présentant dans l'espace de six pages tous les principes de la syntaxe latine. Ce tableau, joint à la

1ere partie qui traite des désinences, forme à proprement parler le rudiment de l'enfance. Toutes les règles de la syntaxe y sont ramenées à un simple mécanisme de questions et de réponses à la portée de la plus faible intelligence , qui peut ainsi reproduire sans peine tous les faits grammaticaux. (*)

La syntaxe proprement dite , qui n'est autre chose que le développement et l'explication de ces faits, est sans contredit la partie la plus essentielle de la grammaire. C'est aussi celle qui nous a paru la plus susceptible d'a— méliorations et que nous avons travaillée avec le plus de soin. Si la méthode est partout nécessaire , cette nécessité se fait surtout sentir dans l'étude de la syntaxe, où la multitude des faits dont elle se compose ont besoin d'être liés entr'eux et déduits les uns des autres pour former un seul tout par leur enchaînement , de manière que l'esprit se rappelant une règle par le secours de la mémoire , retrouve naturellement les autres règles qui ont des rapports avec elle. Tel est le but que nous nous sommes proposé et que nous espérons avoir atteint à la faveur du plan que nous avons adopté.

Après avoir présenté de la manière la plus simple possible les règles de la concordance , nous avons compris la syntaxe de complément sous deux grandes divisions qui embrassent en effet toute cette partie de la grammaire ; ce sont les *cas* et les *modes*.

Nous indiquons donc d'abord les usages généraux et particuliers de chaque cas. Ensuite , les règles que nous

---

(*) Ce tableau est aussi imprimé sur une grande feuille pour l'usage des classes.

avons établies à cet égard, sont successivement appliquées aux pronoms, à l'adjectif relatif et à l'infinitif considéré comme nom ; puis dans un chapitre supplémentaire, au moyen de l'ellipse de quelques mots, nous ramenons aux principes précédemment établis tous les faits grammaticaux de la langue latine qui semblent s'en écarter. Quant à la 2e division qui traite des modes, au moyen de trois sortes de propositions subordonnées dont la distinction est facile, nous sommes parvenu naturellement à établir la théorie et à indiquer les divers emplois des mots conjonctifs, du mode infinitif et du subjonctif, ce qui complette cette seconde partie de la grammaire.

La troisième partie traite des idiotismes. Elle est rigoureusement bornée aux locutions françaises qui n'ont pas en latin d'expressions exactement correspondantes. Nous espérons que pour l'ordre et la lucidité elle ne sera pas mise au-dessous de la précédente.

Dans le cadre que nous venons de présenter, figurent non-seulement toutes les règles de Lhomond, mais encore beaucoup d'autres qui nous ont paru également utiles. Ces règles, comme nous l'avons dit, sont d'ailleurs accompagnées de nombreuses remarques destinées à en faire ressortir la corrélation. Cependant malgré cette augmentation de matière, on remarquera que notre syntaxe est moins étendue que celle de Lhomond. C'est un avantage qui devait résulter du plan que nous avons suivi. Comme nous avons cherché à nous appuyer partout sur des principes généraux, nous avons dû naturellement ramener à une même règle tous les faits grammaticaux qui se rapportent à un même principe, ce qui nous a fourni le moyen de simplifier et d'abréger considérablement cette importante partie de la grammaire.

Ces éléments sont terminés par une quatrième partie relative à la construction. En considérant les motifs qui dirigeaient les latins dans l'arrangement des mots, il nous a été facile d'établir des règles lucides sur cette partie de la grammaire , qui tient déjà l'art oratoire. Ainsi, par cette méthode , des premiers éléments du langage , les enfants sont graduellement conduits jusqu'aux Humanités.

Quoique nous n'ayons rien changé au plan de cet ouvrage , cependant nous avons introduit des changements assez importants dans les détails pour rendre cette 2e édition infiniment supérieure à la 1ere. Ces améliorations qui nous ont été indiquées par des professeurs habiles ou dictées par notre propre expérience, sont trop nombreuses pour pouvoir être énumérées ici : il suffira d'en indiquer quelques-unes. D'abord les principes de grammaire générale sont traités avec plus d'étendue et présentent un tout plus compacte que dans l'édition précédente. Il sont suivis d'un exemple d'analyse appliqué à la langue française , assez étendu pour servir de modèle aux élèves , et pour leur présenter une application et un résumé à peu près complet de tous les principes précédents. Dans la syntaxe, quelques règles qui ne sont pas sans utilité , avaient été omises ; nous les avons rétablies. Plusieurs autres étaient présentées d'une manière trop succincte pour frapper l'esprit des enfants ; nous y avons ajouté tous les développements propres à les éclaircir et à les graver dans la mémoire. Comme toutes les autres grammaires latines, celle-ci ne semblait guère avoir pour objet que de diriger les enfants dans l'usage des thêmes ; nous avons cru qu'il y manquait quelque chose, et nous y avons joint quelques conseils et quelques règles sur la pratique des versions. Cette espèce de supplément à la syntaxe est aussi terminée par un exemple de traduction et d'analyse qui présente également un résumé des principes précédents, appliqués à la langue latine. Enfin nous avons la conscience de n'avoir rien négligé pour rendre ce livre élémentaire utile à la jeunesse ; et quelqu'en soit le succès ultérieur, nous espérons du moins qu'on en excusera les défauts en faveur du motif qui nous l'a fait entreprendre.

PRINCIPES

DE

GRAMMAIRE GÉNÉRALE.

DE LA PROPOSITION.

§ I. Nous ne parlons que pour exprimer les jugemens que nous portons. Or, pour exprimer un jugement, il faut d'abord avoir l'idée d'une chose, ensuite de la qualité que nous regardons comme unie à cette chose ; enfin il est besoin d'un mot qui exprime l'existence de la chose à laquelle nous pensons, et affirme en même temps que la qualité dont nous avons l'idée convient à cette chose. La chose à laquelle nous pensons s'appelle *sujet ;* la qualité qui lui convient s'appelle *attribut,* et le mot qui lie l'attribut au sujet s'appelle *verbe.* Tout assemblage d'un sujet, d'un verbe et d'un attribut s'appelle *proposition,* et il ne peut exister de proposition sans la réunion de ces trois parties qui la composent.

§ II. Le sujet peut être *simple* ou *composé.* Il est simple, quand il ne représente qu'un seul objet, soit que l'idée en soit exprimée par un seul mot, comme LES ROSES *sont belles,* soit qu'elle se trouve modifiée par quelques idées accessoires, comme LES ROSES QUE J'AI CUEILLIES *sont belles.* Le sujet est composé, quand il représente plusieurs choses distinctes, dont chacune pourrait servir de sujet à la proposition, comme LES ANGES et LES HOMMES *sont des créatures raisonnables.* Cette proposition peut se décomposer en ces deux-ci : LES ANGES *sont des créatures raisonnables,* et LES HOMMES *sont des créatures raisonnables.*

§ III. Ce que nous disons du sujet s'applique également à l'attribut, lequel peut être simple ou composé. Il est simple, quand il n'exprime qu'une seule qualité modifiée ou non par des idées accessoires : *L'étude est* AGRÉABLE ; *l'étude est* PLUS AGRÉABLE

QUE LA PLUPART DES JEUX AUXQUELS SE LIVRENT ORDINAIREMENT LES JEUNES GENS. Dans le premier exemple, l'attribut est *agréable* ; dans le second exemple, il est *plus agréable que la plupart des jeux, etc.* Ces deux attributs sont simples.

L'attribut est composé, quand il renferme plusieurs idées distinctes et telles que chacune d'elles pourrait servir d'attribut à la proposition ; ensorte qu'une proposition, qui renferme un attribut composé, pourra se décomposer en autant de propositions ayant le même sujet, que l'attribut renferme d'idées distinctes. Si je dis, par exemple : *L'étude est* UTILE *et* AGRÉABLE, l'attribut *utile* et *agréable* est composé, et l'on s'en assure en décomposant la proposition, ainsi qu'il suit : *L'étude est* UTILE, *et l'étude est* AGRÉABLE.

En un mot, un sujet composé est la réunion de plusieurs sujets qui ont le même attribut ; et un attribut composé est la réunion de plusieurs attributs qui conviennent au même sujet.

§ IV. Le sujet simple peut être *complexe* ou *incomplexe*. Il est incomplexe, quand l'idée en est rendue par un seul mot ; tel est le sujet de la première proposition que nous avons citée, LES ROSES *sont belles*. Il est complexe, quand il exprime une chose dont la nature est modifiée par quelques idées accessoires ; tel est le sujet de la 2ᵉ proposition citée, LES ROSES QUE J'AI CUEILLIES SONT BELLES. Le sujet est toujours bien *les roses*, mais restreintes à celles que j'ai cueillies.

De même que le sujet, l'attribut simple peut être aussi complexe ou incomplexe. Il est incomplexe, quand l'idée en est rendue par un seul mot, comme *l'étude est* AGRÉABLE. Il est complexe, quand il est exprimé par plusieurs mots qui servent à modifier l'idée principale, comme *l'étude est* PLUS AGRÉABLE QUE, etc.

§ V. Souvent il arrive que pour avertir la personne à qui nous parlons, nous la nommons par son nom ou la désignons par quelque expression équivalente, comme : VICTOR, *je crois que tu n'as pas fini ton devoir* ; MONSIEUR, *avez-vous reçu la lettre que je vous ai adressée ?* Les mots qui servent à désigner la personne à qui s'adresse le discours, peuvent s'appeler *compellatifs*, du latin *compellare*, qui signifie adresser la parole. Le compellatif accompagne la proposition, mais n'en fait point partie.

Ainsi que le sujet et l'attribut, le compellatif peut être simple ou composé, complexe ou incomplexe.

§ VI. Dans toute proposition, il faut distinguer le sujet *logique* du sujet *grammatical*. Le sujet logique se compose de tous les mots qui servent à expliquer ou à modifier l'idée principale du sujet ; et le sujet grammatical ne consiste que dans le mot même qui exprime l'idée principale, abstraction faite de toutes les idées accessoires qui servent à la modifier. La même distinction s'applique à l'attribut et au compellatif.

DES PARTIES DU DISCOURS.

Après avoir fait connaître de quelles parties se compose une proposition, nous devons voir quels en sont les élémens, c'est-à-dire, quelles espèces de mots entrent dans la composition du discours.

Il y a en général dix sortes de mots, savoir : le *Nom*, l'*Article*, l'*Adjectif*, le *Pronom*, le *Verbe*, le *Participe*, la *Préposition*, l'*Adverbe*, la *Conjonction* et l'*Interjection*.

DU NOM.

§ VII. Le nom est un mot qui sert à nommer, à désigner la chose dont on parle. On en distingue de plusieurs espèces. Il y en a qui ne servent à désigner qu'un seul individu d'une certaine espèce, comme *Paris, la Seine, Alexandre* ; ce sont les noms *propres*. Il y en a d'autres qui conviennent à tous les individus d'une même espèce, comme *ville, fleuve, homme* ; ce sont les noms *communs*. Ces noms *ville, fleuve, homme*, sont applicables à toutes les villes, à tous les fleuves, à tous les hommes ; mais toutes les villes ne sont pas *Paris*, tous les fleuves ne sont pas *la Seine*, tous les hommes ne sont pas *Alexandre*. Enfin, il y a des noms qui ne désignent ni des individus ni des classes entières d'individus, mais des manières d'être ou d'agir, comme *santé, amitié, courage*. Ces noms sont appelés noms *abstraits*. Dans l'analyse on confond ordinairement les noms communs avec les noms abstraits.

Les noms sont aussi appelés *substantifs*, parce qu'ils représentent des êtres subsistant par eux-mêmes, soit dans la nature, comme les noms propres et les noms communs ; soit seulement dans notre imagination, comme les noms abstraits.

§ VIII. On distingue trois genres dans les noms latins, le masculin, le féminin et le neutre. La langue française n'en admet que deux, le masculin et le féminin. Cette différence de genres a d'abord été imaginée pour distinguer les sexes ; ainsi les noms d'hommes ou de mâles ont été rangés naturellement dans le genre masculin, et les noms de femmes ou de femelles, dans le genre féminin. Il semble que les noms de tous les êtres inanimés auraient dû être compris dans le genre neutre (*neutrum*, ni masculin ni féminin). Cependant, pour introduire plus de variété dans les genres, et éviter d'en admettre un qui contiendrait à lui seul la plupart des noms latins, on a compris dans le genre masculin ou féminin un grand nombre de noms de choses inanimées. Comme cette classification a dû être arbitraire, il en résulte qu'elle ne saurait être la même dans toutes les langues ; et en effet il arrive fréquemment qu'un nom masculin en français se trouve neutre ou féminin en latin, et réciproquement.

§ IX. Le même nom peut exprimer unité ou pluralité de l'objet qu'il représente. Delà, deux nombres dans la langue latine, comme dans la langue française, le singulier et le pluriel. Le pluriel se marque ordinairement en français par une *s* que l'on ajoute au singulier ; il est indiqué en latin par divers changemens dans la terminaison du nom.

§ X. Le nom est susceptible de jouer différens rôles dans la proposition. Ces différentes positions du nom sont indiquées en français ou par la place qu'occupe le nom, ou par des mots invariables appelés prépositions, qui, placés entre deux mots, indiquent qu'il existe un rapport entre eux, et déterminent par leur signification la nature de ce rapport. En latin, ces rapports sont marqués par des changemens dans la terminaison du nom, appelés *cas*, et quelquefois, en même temps, par ces changemens ou inflexions différentes et par des prépositions. Ce mot *cas*, en latin *casus*, chûte, exprime cette différence même de terminaison que reçoit un nom, suivant le rôle qu'il joue dans le discours.

Tout nom, dans une langue qui a des cas, se compose donc de deux parties, l'une invariable, appelée *radical*, qui renferme la signification du nom ; l'autre appelée *terminaison*, qui varie à tous les changemens de nombre et de cas. Faire passer un nom par toutes les désinences dont il est susceptible, cela s'appelle *décliner.* (*V.* § 2 *et suiv.*)

§ XI. Les noms ne sont pas toujours entre eux dans un rapport de dépendance. Un nom peut être employé comme attribut du verbe être, *je suis* HOMME, ou comme sur-attribut d'un verbe actif, passif ou neutre, *Sylla fut nommé* CONSUL, *il devint ensuite* DICTATEUR. (*V.* § XXXVI.)

Souvent aussi il arrive qu'un ou plusieurs noms sont placés à la suite d'un autre pour mieux faire connaître la personne ou la chose que ce nom représente. Cette manière d'employer les noms est appelée *apposition*, du mot latin *apponere*, qui signifie mettre auprès : *Votre frère,* LOUIS, LE DÉPUTÉ, *a fait un rapport très lumineux à la chambre ; Attila,* ROI DES HUNS, LE FLÉAU DE DIEU, *a succombé dans les plaines de Châlons.*

Il est évident que les noms employés comme attributs, sur-attributs ou appositifs, sont dans un rapport de concordance avec ceux auxquels ils se rapportent. (*V.* § 110.)

DE L'ARTICLE.

§ XII. Les noms communs peuvent être employés, 1° à désigner la totalité des individus d'une même espèce : *Les* HOMMES *doivent s'entr'aider,* c'est-à-dire *la totalité des hommes ; l'*HOMME *est né pour le travail,* c'est-à-dire *tous les hommes ;* le singulier est mis ici pour le pluriel ; *les* CHEVAUX *sont des animaux très utiles,* c'est-à-dire *tous les chevaux.* 2° Ils servent aussi à désigner une partie des individus d'une certaine espèce, comme : *Les* HOMMES *que j'ai obligés ne se sont pas montrés reconnaissans ; les* CHEVAUX *arabes sont bien supérieurs aux nôtres.* 3° Enfin les noms communs ne désignent souvent qu'un seul individu de l'espèce qu'ils représentent : *L'*HOMME *que j'ai rencontré m'a donné des nouvelles de ma famille ; le* CHEVAL *de mon frère est excellent.* Dans ces trois cas, les noms communs que nous venons de voir sont employés dans un sens *déterminé ;* et en général un nom commun est pris dans un sens déterminé, quand il désigne soit un individu, soit plusieurs individus, soit la totalité des individus contenus dans l'espèce qu'il représente. Tel est sans doute le principal usage des noms communs ; mais cet usage n'est pas le seul auquel ils puissent être employés. Si je dis, par exemple : *Votre frère s'est conduit en* HOMME *d'honneur, et son adversaire en* ANIMAL *sans raison,* ces mots *homme, animal,* ne désignent ici ni l'espèce entière ni un individu; ils expriment seulement la réunion des qualités ou des défauts qui constituent l'homme ou l'animal , sans s'appliquer à aucun individu en particulier. Les noms communs dans ce cas sont pris dans un sens *indéterminé.*

§ XIII. La même distinction s'applique aux noms abstraits. Si je dis : *La* VERTU *est estimée même de ceux qui ne la pratiquent pas,* ce mot *vertu* représente ici l'espèce entière et renferme également la sobriété, la pudeur, la docilité, etc. Je dis encore : *Les* VERTUS *théologales sont la foi, l'espérance et la charité;* ici le mot *vertus* désigne une partie de toutes les vertus, déterminée par l'adjectif *théologales. Le* COURAGE *civil est plus rare que le* COURAGE *militaire;* ici les adjectifs *civil, militaire,* distinguent le courage dont il s'agit de toutes les espèces de courage. Dans ces divers exemples, les noms abstraits *vertu, courage,* sont pris dans un sens déterminé. Mais si je dis : *Cet homme n'est pas dénué de* VERTU; *il a succombé avec* COURAGE, ces mots *vertu, courage,* sont pris ici dans un sens indéterminé, parce que rien n'indique qu'il s'agisse d'une espèce particulière de vertu ou de courage, ni de la vertu et du courage considérés particulièrement dans un individu.

§ XIV. Puisque les noms communs et les noms abstraits peuvent être pris dans un sens déterminé et dans un sens indéterminé, on sent qu'il n'est pas inutile d'adopter un signe particulier pour exprimer cette distinction. Ce signe est appelé *article.* L'article est donc un mot qui se place devant les noms communs et les noms abstraits, pour indiquer qu'ils sont pris dans une acception déterminée. Dans la plupart des langues l'*article* est un mot variable qui s'accorde avec le nom auquel il est joint. C'est en français *le* pour le singulier masculin, *la* pour le singulier féminin, *les* pour le pluriel, soit masculin, soit féminin. L'article n'est pas indispensable, puisque toutes les langues ne l'admettent pas ; mais il est certain qu'il donne beaucoup de précision et d'énergie au discours. Les Latins n'ont pas d'article.

§ XV. Les noms propres, désignant les êtres d'une manière déterminée, sont pour cette raison susceptibles de recevoir l'article ; mais d'un autre côté, les noms propres ne pouvant pas se prendre dans une acception vague, il semble inutile de recourir à un signe destiné à marquer une distinction qui n'existe pas. C'est sans doute pour cette raison que l'usage de l'article devant les noms propres varie d'une langue à une autre. En grec, par exemple, les noms propres d'hommes peuvent recevoir l'article ; en français, nous ne le mettons ni devant les noms d'hommes, ni devant les noms de villes, mais nous l'employons avec les noms de fleuves (1). Au reste nous n'entrerons pas ici dans le détail des usages particuliers auxquels est employé l'*article*. Nous ferons seulement observer que dans le langage on abuse quelquefois de ce signe. Cet abus, qui se remarque surtout en français et dans la plupart des langues modernes, peut être attribué à ce que ce signe est très propre à faire connaître le genre et le nombre des noms, distinction que nos terminaisons trop uniformes ne font pas assez sentir.

§ XVI. L'article français, précédé des prépositions *de* et *à*, est, dans certains cas, susceptible de contraction. Ainsi, devant un nom qui commence par une consonne ou par une *h* aspirée, *de le* se change en *du*, *de les* en *des*, *à le* se change en *au*, et *à les* en *aux*. *Le palais* DU *prince* pour DE LE *prince ; je plais* AU *prince* pour A LE *prince ; les palais* DES *princes* pour DE LES *princes ; je plais aux princes* pour A LES *princes*.

§ XVII. Souvent en français on emploie devant un nom l'adjectif numérique *un*, non pour désigner un individu plutôt qu'un autre de l'espèce dont il s'agit, mais seulement pour exprimer le singulier trop peu différent du pluriel. C'est ainsi que l'on dit : UN *voleur m'a attaqué ; j'ai rencontré* UN *voleur*. Ce mot *un* employé dans ce sens a pour pluriel *quelques-uns ;* et au pluriel on devrait dire : *Quelques-uns* DES *voleurs m'ont attaqué ; j'ai rencontré quelques-uns* DES *voleurs ;* mais pour abréger, on dit simplement DES *voleurs m'ont attaqué ; j'ai rencontré* DES *voleurs*. Telle est la manière dont peut s'analyser ce mot *des* employé dans un sens

---

(1) Cependant les noms propres d'hommes reçoivent l'*article*, lorsqu'ils sont accompagnés d'un adjectif. C'est que le nom propre d'homme est alors considéré comme renfermant autant d'individus qu'il possède de qualités particulières ; et il est censé pris dans un sens déterminé, toutes les fois qu'il est restreint à une seule qualité qui domine les autres. Quand nous disons, par exemple, *le bon Rollin*, nous faisons abstraction de *Rollin pieux*, de *Rollin savant*, etc., pour ne voir que le *bon Rollin*. L'article indique alors que le nom propre est pris dans une acception déterminée.

partitif. On dit de même au singulier: *Donnez-moi* DU *pain,* c'est-à-dire *donnez-moi une portion , un morceau* DU *pain.* De ces différens emplois de l'article, il résulte pour la langue française un degré de justesse et de précision que ne sauraient atteindre les langues qui sont privées de ce signe. Par exemple, ces expressions françaises, *donnez-moi* UN *pain, donnez-moi* LE *pain, donnez-moi* DU *pain,* qui présentent des idées essentiellement distinctes , ne peuvent être rendues que d'une seule manière en latin, *da mihi panem.* C'est un avantage que nous avons sur la langue latine.

DE L'ADJECTIF.

§ XVIII. L'adjectif (*adjicio*) est un mot destiné à ajouter quelque) qualité au nom. Comme l'idée d'une qualité séparée de l'objet auquel elle s'applique n'apprendrait rien à l'esprit, l'adjectif ne peut être considéré sans le nom qu'il modifie. Pour exprimer cette convenance , et en même temps pour qu'on puisse toujours reconnaître à quel nom se rapporte un adjectif , les adjectifs latins sont, comme les noms, susceptibles de nombres et de cas, et chaque adjectif a les trois genres, afin de pouvoir prendre toutes les formes du nom auquel il se rapporte. Les adjectifs se déclinent.   (*V.* § 19 *et suiv.*)

§ XIX. L'adjectif peut être employé à plusieurs fonctions différentes. Tantôt il entre dans la proposition pour en modifier quelque nom, soit dans le sujet, soit dans l'attribut, soit dans quelque terme circonstanciel, comme *les* VRAIS *amis sont rares;* *j'aime les fruits* MURS *; il a combattu avec un courage* HÉROÏQUE ; tantôt il forme à lui seul l'attribut d'une proposition, comme *cette campagne* est CHARMANTE ; enfin il peut aussi entrer dans une proposition comme sur-attribut d'un verbe : *Dieu a créé l'homme* RAISONNABLE ; *l'homme a été créé* RAISONNABLE. Dans ces divers cas l'adjectif est toujours soumis à la règle de concordance. (*V.* § 108.)

§ XX. Les qualités exprimées par les adjectifs sont susceptibles de plus ou de moins. Delà, trois degrés de signification dans les adjectifs, le *positif,* le *comparatif* et le *superlatif.*

Le *positif* est l'adjectif même, considéré dans sa simple signification, comme *sage, heureux, éloquent.*

Quand on compare deux objets sous le rapport de la même qualité, on trouve qu'un de ces objets possède cette qualité dans un degré plus ou moins élevé que l'autre, comme : *Démosthène fut* PLUS ÉLOQUENT *qu'Eschine ; Eschine fut* MOINS GÉNÉREUX *que Démosthène.* Le même objet considéré par rapport à deux qualités différentes peut aussi posséder une de ces qualités à un degré plus ou moins élevé que l'autre, comme : *Alexandre fut* PLUS INTRÉPIDE *que sage ; Mithridate fut* MOINS HEUREUX *que magnanime.* Ce plus ou ce moins d'intensité dans la signification de l'adjectif est ce qu'on appelle *comparatif ;* d'où l'on voit qu'il y a deux sortes de comparatifs, le comparatif de supériorité et le comparatif d'infériorité.

Enfin la qualité exprimée par l'adjectif peut être considérée comme existant dans un objet à un plus haut degré que dans tous les autres, comme : *Cicéron fut* LE PLUS ÉLOQUENT *des orateurs romains ;* ou comme existant dans un objet à un très haut degré , sans comparaison avec aucun autre , comme : *Cicéron fut* TRÈS ÉLOQUENT. Ces derniers degrés de signification s'appellent *superlatifs ;* le premier, *superlatif relatif ;* le second, *superlatif absolu.*

§ XXI. A l'exception de quelques mots, tels que *meilleur, pire, moindre,* qui expriment seuls un comparatif, le comparatif de *supériorité* est marqué en français par le mot *plus,* placé devant l'adjectif ; le comparatif d'*infériorité,* par le mot *moins ;* le superlatif *relatif,* par ces mots *le plus, le moins,* et le superlatif *absolu,* par ces mots *très* ou *très peu,* toujours placés devant l'adjectif.

En latin le comparatif d'infériorité est rendu par *minus* placé devant l'adjectif ; le comparatif de supériorité quelquefois par *magis,* et le superlatif, soit absolu, soit relatif, par *maximè* et *minimè.* Mais le plus souvent le comparatif de supériorité ainsi que le superlatif sont indiqués par des changemens dans la forme de l'adjectif. (*Voyez* la formation des degrés de comparaison dans les adjectifs. § 24.)

§ XXII. Les adjectifs dont nous venons de parler s'appellent adjectifs *qualificatifs,* parce qu'en effet ils ajoutent quelques qualités aux noms ; mais il en est d'autres qui n'expriment point des qualités inhérentes aux noms auxquels ils se rapportent, mais qui les affectent seulement dans leur nombre ou dans leur situation par rapport à la personne qui parle ou à celle qui écoute. Ceux-ci s'appellent adjectifs *circonstanciels.* Les adjectifs circonstan ciels se divisent, ainsi qu'il suit, en plusieurs classes, suivant les circonstances qu'ils expriment.

On appelle adjectifs *numéraux* ceux qui, à l'idée de la chose exprimée par le nom, ajoutent l'idée précise du nombre ou du rang de cette chose : UN *livre ;* la QUATRIÈME *maison.*

A l'idée de la chose exprimée par le nom, l'adjectif *démonstratif* ajoute celle d'être présente ou déjà connue, parce qu'on en a parlé précédemment : CES *livres ;* CETTE *maison.*

Les adjectifs *possessifs* y ajoutent l'idée d'être en la possession de quelqu'un : MES *livres ;* VOTRE *maison.*

Les adjectifs *interrogatifs* y joignent une idée de doute ou d'interrogation : QUEL *livre lisez-vous?*

Enfin les adjectifs *indéfinis* y ajoutent une idée de généralité et d'indétermination : QUELQUES *livres sont précieux.*

Souvent une proposition est employée pour modifier un nom précédent, en en développant ou en en restreignant l'idée. Le mot, qui unit une proposition au nom qu'elle modifie, est appelé adjectif *conjonctif.* C'est en français *qui, que, dont, etc.* ; en latin *qui, quæ, quod.* (*V.* § XLVII *et* 204 .)

Comme les adjectifs qualificatifs, les adjectifs circonstanciels se déclinent dans les langues qui ont des cas. (*V.* § 22 *et suiv.*)

§ XXIII. Il existe entre les adjectifs circonstanciels et l'article une différence qu'il est maintenant facile d'apprécier. L'article indique seulement que le nom auquel il est joint est pris dans un sens déterminé, et ce sont les mots qui suivent qui le déterminent; mais les adjectifs circonstanciels déterminent par eux-mêmes les noms auxquels ils se rapportent, en y ajoutant une idée particulière, et font pour la plupart la fonction d'article. Si je dis, par exemple : LE *livre que je lis est intéressant,* ce sont les mots *que je lis* qui déterminent *livre,* et l'article *le* qui précède annonce seulement que ce mot est pris dans un sens déterminé. Mais que je dise : CE *livre est intéressant,* non seulement l'adjectif *ce* tient lieu de l'article, mais par lui-même il détermine encore le nom *livre,* et tient lieu ici de la proposition *que je lis.*

DU PRONOM.

§ XXIV. Le pronom (*pro nomine*) est un mot destiné à remplacer le nom. Il est impossible d'exprimer un jugement, sans avoir l'idée d'une chose à laquelle se rapporte le jugement que nous portons ; et l'idée de cette chose est ordinairement rappelée par un nom. Cependant il en est quelquefois autrement :

par exemple , si le sujet de la proposition est la personne même qui parle, il sera inutile qu'elle se nomme. Ainsi Charles, voulant me faire entendre qu'il sera sage, n'aura pas besoin de me dire : *Charles, qui vous parle, sera sage* ; il dira : JE SERAI SAGE, et ce mot *je* est un pronom qui tient la place de la personne qui parle. De la même manière, le pronom *tu*, servira à désigner la personne à qui l'on parle, et le pronom *il*, la personne dont on parle, quand elle est suffisamment connue.

Le pronom, qui tient la place de la personne qui parle, est appelé pronom de la 1re personne. Celui qui remplace la personne à qui l'on parle, est appelé pronom de la 2e personne. Enfin , celui qui représente la personne de qui l'on parle, est appelé pronom de la 3e personne. Les pronoms sont en français, *je, tu, il* ou *elle* au singulier, et au pluriel *nous, vous, ils* ou *elles* ; en latin, *ego, tu, ille* ou *illa ; nos, vos, illi* ou *illæ*. Les pronoms de la 1re et de la 2e personne n'admettent pas la distinction des genres. Beaucoup de langues ont encore un pronom réfléchi de la 3e personne.   (*V. § XXIX.*)

§ XXV. Le pronom , étant appelé à remplir les mêmes fonctions que le nom, doit en subir toutes les variations. C'est ainsi qu'outre la distinction des personnes, il est encore, comme le nom, susceptible de genres, de nombres et de cas. Les pronom se déclinent.   (*V. § 28.*)

On voit que le pronom n'est pas un mot nécessaire au discours. Il n'y a été introduit que pour simplifier le langage et éviter la monotonie qui naîtrait de la répétition du nom.

DU VERBE.

§ XXVI. Le verbe est, comme nous l'avons dit, destiné à unir l'attribut d'une proposition à son sujet. Ce mot vient du latin *verbum* qui signifie *parole*. On donne ce nom à cette partie du discours, parce que le verbe est effectivement l'âme de l'oraison, en ce que c'est lui qui énonce le jugement que nous portons. S'il n'est exprimé dans une proposition, il est nécessairement sous-entendu. Il n'y a , à proprement parler, qu'un seul verbe, c'est le verbe *être*. Ce mot suffit en effet pour exprimer l'existence d'un sujet et sa liaison à un attribut. Mais pour abréger le discours et éviter la monotonie, on a imaginé une multitude de mots , qui renferment à la fois la valeur du verbe *être* et celle d'un attribut

Ainsi *j'aime* est équivalent à *je suis aimant ; Victor dessine* est la même chose que *victor est dessinant*. Ces mots, qui renferment en eux-mêmes le sens du verbe *être* et d'un attribut, s'appellent pour cette raison verbes *attributifs*. Le verbe *être*, exprimant simplement l'existence du sujet et sa relation à un attribut, est appelé verbe *substantif*.

§ XXVII. On distingue quatre sortes de verbes attributifs, le verbe *actif*, le verbe *passif*, le verbe *neutre* et le verbe *réfléchi*.

Si l'attribut renfermé dans le verbe exprime une action faite par le sujet, et qui tombe directement sur un objet, le verbe est alors appelé verbe *actif* (ago); comme, J'AIME *Dieu*, J'HONORE *mes parens*

Si au contraire l'attribut exprime une action subie par le sujet, le verbe attributif prend le nom de verbe *passif* (patior), comme, *la vertu* EST HONORÉE.

Dans d'autres verbes attributifs, l'attribut exprime, non une action, mais un état, une manière d'être du sujet, comme *je dors, je languis*, équivalent à *je suis dormant, je suis languissant ;* ceux-ci sont appelés verbes *neutres*. On range encore parmi les verbes neutres la classe nombreuse de ceux qui, comme les verbes actifs, expriment une action faite par le sujet, mais une action concentrée dans le sujet lui-même, ou qui ne tombe pas directement sur un objet, comme *je vais, je viens, je travaille, j'obéis à mes parens*.

Enfin un verbe peut exprimer une action faite par le sujet, et qui tombe soit directement soit indirectement sur le sujet même, comme *je me trompe, tu te fâches, il se nuit ;* ce verbe est appelé *réfléchi*.

§ XXVIII. Les différentes espèces de verbes attributifs sont ordinairement distinguées par des formes particulières, auxquelles on donne le nom de *voix*. Il pourrait donc y avoir autant de voix qu'il y a de sortes de verbes attributifs. Cependant il n'existe peut-être aucune langue qui les admette toutes. C'est ainsi qu'en français, comme en grec et en latin, il n'y a point de voix neutre ; elle est remplacée par la forme active. La langue grecque a la voix active, la voix passive et la voix moyenne ou réfléchie ; la langue latine n'a que la voix active et la voix passive ; le verbe réfléchi conserve la forme active. En français nous avons également la voix active et la voix passive ; mais nos verbes réfléchis prennent dans les temps composés une forme particulière que l'on pourrait aussi appeler voix moyenne ou réfléchie.

§ XXIX. Dans plusieurs langues, comme en grec et en latin,

la voix passive est dérivée de la voix active par un simple changement dans la terminaison de l'actif, *amo, amor; amabam, amabar.* En français, la voix passive est simplement formée de la réunion du verbe substantif et de l'attribut passif : *Je suis aimé; nous sommes honorés.*

Plusieurs verbes neutres prennent dans les temps composés le verbe *être* au lieu du verbe *avoir* dont le verbe actif emprunte le secours ; ainsi l'on dit : *Je suis venu, je suis tombé ;* au lieu de dire, *j'ai venu, j'ai tombé ;* par où il est toujours aisé de distinguer un verbe passif d'un verbe neutre conjugué avec le verbe *être. Je suis honoré* n'est nullement équivalent à *j'ai honoré,* c'est donc un verbe passif.

Le verbe réfléchi conserve aussi la forme active, à laquelle on se contente d'ajouter le pronom complémentaire de la même personne que le sujet : *Je me flatte, tu te trompes.* Mais dans les temps composés, il prend, comme les verbes neutres dont nous venons de parler, le verbe *être* au lieu du verbe *avoir : Je me suis flatté, tu t'es trompé.* Remarquons encore que, quand le sujet est de la 3e personne, le complément est exprimé par un pronom particulier auquel on donne aussi le nom de *réfléchi.* Le pronom réfléchi est en français *se, soi,* et en latin *sui, sibi, se.* Il n'admet ni distinction des genres, ni celle des nombres : *Il* ou *elle* SE *trompe; ils* ou *elles* SE *flattent.*

§ XXX. L'existence exprimée par le verbe substantif, et l'action ou l'état exprimée par le verbe attributif, peuvent se rapporter à trois époques différentes. ou la chose exprimée par le verbe a lieu au moment où l'on parle, ou elle a été, ou elle sera. Ces diverses circonstances de temps sont indiquées par des formes différentes que reçoit le verbe, et auxquelles on a donné aussi le nom de *temps.* Il y a donc trois temps principaux dans les verbes, le *présent,* le *parfait* ou *prétérit* et le *futur. Je lis* est au présent, parce que cette forme annonce que l'action de lire se fait au moment même où je parle. *J'ai lu* est au parfait ou prétérit, parce que ce verbe a pris la forme convenue pour indiquer une action qui a précédé l'acte de la parole. Enfin *je lirai* est au futur, parce que cette forme indique une action postérieure au moment où je parle.

Pour l'exactitude et la précision du langage, les temps principaux se divisent en temps secondaires. Par exemple, si je dis : *Je* LI*SAIS lorsque vous êtes entré,* l'action de lire est bien passée à l'époque où je parle, mais elle est en même temps présente par rapport à une autre action passée, *lorsque vous êtes entré.* Cette forme *je lisais* est appelée *imparfait.* Si je dis : J'AVAIS FINI *ma lecture lorsque vous êtes entré,* l'action exprimée par *j'avais fini* est non seulement passée par rapport au moment où je parle, mais encore par rapport à cette autre action aussi passée, *lorsque vous êtes entré.* On donne à cette forme *j'avais fini* le nom de *plus-que-parfait.* Enfin si je dis : J'AURAI FINI *ma lecture, lorsque vous rentrerez,* l'action exprimée par *j'aurai fini* est à venir par rapport au moment où je parle, et passée par rapport à une autre action à venir exprimée par ces mots *lorsque vous rentrerez.* Cette modification du futur *j'aurai fini* est appelée pour cette raison *futur-antérieur.*

§ XXXI. Le verbe prend encore des formes différentes pour exprimer différentes modifications de l'action. Si je dis, par exemple : *Je travaille* ; *travaillez* ; *je désire que vous travailliez* ; *je travaillerais si......* je veux *travailler*, j'exprimerai toujours bien la même action, mais cette action est diversement modifiée. Les formes du verbe destinées à rendre ces modifications, sont appelées *modes* ou manières de signifier, du mot latin *modus.* Le nombre des modes n'est pas le même dans toutes les langues, parce que souvent on emploie les mêmes formes pour rendre des modifications différentes, à peu près comme dans les noms, des rapports très différens entre eux sont rendus en latin par les mêmes cas. Il est cependant quelques modes d'un usage presque indispensable et par conséquent reçus dans la plupart des langues. Ces modes sont l'*indicatif,* l'*impératif,* le *subjonctif* et l'*infinitif.* Ce sont les seuls avec le *participe,* dont nous parlerons incessamment, qu'admette la langue latine.

L'indicatif (*indicare*) affirme l'action exprimée par le verbe, d'une manière positive et absolue, comme : *Je travaille,* laboro ; *j'ai travaillé,* laboravi.

L'impératif joint à la signification du verbe l'idée accessoire de commandement, comme : *Travaille,* labora.

A la signification du verbe, le subjonctif (*subjunctus*) joint l'idée accessoire de subordination, de sorte que ce mode ne peut avoir de sens qu'autant qu'il est joint à une proposition dont il dépend, comme : *Je désire que* VOUS TRAVAILLIEZ, cupio ut labores. *Que vous travailliez* séparé de la proposition *je désire* ne présenterait aucun sens.

Enfin l'infinitif(*infinitus,* non déterminé) exprime l'action ou l'état en général, sans distinction de nombre ni de personne : *Il faut* TRAVAILLER. Ce mode pourrait être appelé mode *impersonnel*, par opposition aux autres qui admettent la distinction des personnes.

La langue française a de plus que la langue latine le mode *conditionnel*; à l'idée de l'action exprimée par le verbe ce mode joint une idée accessoire d'incertitude, dépendant d'une condition , comme : *Je* TRAVAILLERAIS, *si je n'étais fatigué.* Ce mode est rendu en latin par le subjonctif.

Tous les modes sont susceptibles de temps, mais il y en a peu qui les admettent tous.

§ XXXII. Le verbe, dans chaque temps, prend encore des désinences particulières , suivant que le sujet est de la 1re , de la 2e ou de la 3e personne, du nombre singulier ou du pluriel. Ces désinences dans les verbes sont aussi appelées *nombres* et *personnes*. Ainsi il y a dans les verbes latins, ainsi que dans les verbes français, trois personnes et deux nombres. Dans un verbe on aura donc à considérer la voix, le temps , le mode, le nombre et la personne. Les désinences auxquelles donnent lieu dans les verbes les nombres et les personnes ont pour objet de lier le verbe au sujet, et d'exprimer le rapport intime de ces deux mots : c'est pourquoi on donne le nom de *conjugaison* (conjungere), non seulement à ces désinences, mais encore à toutes celles qui ont pour objet d'exprimer la distinction des voix, des temps et des modes. Faire passer un verbe par toutes ces formes , c'est ce qu'on appelle *conjuguer*. Les différentes conjugaisons admises en français et en latin ont pour objet de varier les désinences.

De ce que nous venons de dire, il résulte que tout verbe est composé de deux parties distinctes, l'une invariable appelée *radical*, qui représente l'attribut ; l'autre appelée *terminaison*, qui renferme la signification du verbe substantif *être*, et qui varie à tous les changemens de voix, de temps, de modes, de nombres et de personnes. Ainsi, dans *am-aberis*, le radical *am* représente généralement l'action d'aimer, et la terminaison *aberis* renferme la signification du verbe *être*, et indique en même temps la voix passive, le mode indicatif, le futur, la 2e personne et le nombre singulier.

§ XXXIII. Nous avons distingué jusqu'ici plusieurs sortes de verbes attributifs. Outre cette division qui tient à la nature même du verbe et à sa signification, il en est une autre qui ne regarde que la conjugaison. Considérés sous ce rapport, les verbes se divisent en deux classes, *réguliers* et *irréguliers*. Les verbes réguliers sont ceux qui suivent les modèles généraux des conjugaisons (*V.* § 31 *et suiv.*); les verbes irréguliers sont ceux qui s'en écartent.

Parmi les verbes irréguliers, on distingue en latin le verbe *déponent*, ainsi nommé parce qu'il a quitté la signification passive qu'il avait autrefois, pour en conserver la terminaison; le verbe *unipersonnel*, qui n'est usité qu'à la 3e personne du singulier; le verbe *défectif* (deficio)' qui manque de quelques temps ou de quelques personnes; mais il est évident que toutes ces distinctions ne changent rien à la signification d'un verbe qui de sa nature sera toujours actif, passif ou neutre.(*V.* § 45 *et suiv.*)

§ XXXIV. Dans plusieurs langues, on peut, au moyen de quelque changement ou addition dans la forme du verbe, ajouter à la signification générale de ce verbe, quelque signification accessoire, qu'il faut rendre par des circonlocutions dans les langues qui sont privées de ces formes. C'est ainsi qu'en latin il y a des verbes *fréquentatifs, incoactifs, intensitifs* et *diminutifs*.

Des verbes *lego,* je lis ; *dico,* je dis; *facio,* je fais, etc., les Latins ont formé les fréquentatifs *lictito, dictito, factito,* je lis, je dis, je fais souvent.

Des verbes *dormio, ardeo, luceo, etc.,* je dors, je brûle, je brille, sont formés les incoactifs *dormisco, ardesco, lucesco,* je commence à dormir, à brûler, à briller.

De *capio, incedo, facio,* on forme les intensitifs, *capesso, incesso, facesso,* je m'efforce de prendre, d'aller sur, de faire.

Enfin des verbes *canto, sorbeo,* sont formés les verbes diminutifs *cantillo, sorbillo,* je m'amuse à chanter, j'avale à petits traits.

Cette dernière forme est rare dans les verbes latins, mais plusieurs adjectifs et un grand nombre de noms ont leur diminutif, comme *puer,* enfant, *puerulus* ou *puellus,* petit enfant ; *adolescens,* un jeune homme, *adolescentulus,* un petit jeune homme; *tener,* tendre, *tenellus,* délicat, etc.

La langue française a aussi quelques diminutifs, mais ils sont en bien petit nombre, et ne sont guère usités que dans le langage familier; *agneau, agnelet; maison, maisonnette; joli, joliet, joliette; vivre, vivoter; trembler, trembloter.*

§ XXXV. Nous avons en général distingué deux classes de verbes, le verbe substantif et les verbes attributifs. Il nous reste à cet égard une observation utile à faire ; c'est que le verbe substantif est lui-même souvent employé comme verbe attributif. Quand on dit, par exemple : *Dieu est avant tous les siècles*, c'est comme si l'on disait, *Dieu existe* ou *est existant*...... Il en est de même en latin, *Deus est (existens) ante omnia sæcula.* Le verbe substantif n'étant destiné qu'à unir l'attribut d'une proposition au sujet, il s'ensuit que toutes les fois qu'il n'est pas accompagné d'un attribut qui s'accorde avec le sujet, cet attribut est sous-entendu, et doit être rétabli pour l'analyse. Ainsi, ces propositions, *ce livre est à moi ; je suis à votre service; cette maison est en cendres, etc.* sont des abréviations de celles-ci : *ce livre est (appartenant) à moi, je suis (dévoué) à votre service, cette maison est (réduite) en cendres, etc.*

§ XXXVI. Il arrive aussi quelquefois qu'un verbe attributif ne renferme qu'une partie de l'attribut, et que l'autre partie existe hors de ce verbe. C'est ce que l'on remarque dans les exemples suivans : *Votre frère a été élu* DÉPUTÉ ; *tout le monde a trouvé ce choix* EXCELLENT. Ces mots *député, excellent,* et tous les mots ainsi employés pour compléter l'attribut compris dans un verbe sont appelés *sur-attributs.*

Pour se faire une juste idée de la fonction du sur-attribut, on pourrait supposer une langue où ces idées accessoires entreraient dans le verbe lui-même, et dans laquelle, par exemple, on pourrait dire d'un seul mot *élire député, trouver excellent,* comme nous disons en français *adoucir, calmer,* pour *rendre doux, rendre calme, etc.*

DU PARTICIPE.

§ XXXVII. Le participe peut être regardé comme un mode impersonnel du verbe, équivalent à un des modes personnels, précédé de l'adjectif conjonctif *qui.* Si je dis , par exemple : *Un enfant* AIMANT *l'étude et* ATTACHÉ *à ses devoirs fera le bonheur de ses parens ;* il est évident que ces mots, *aimant l'étude, attaché à ses devoirs,* sont équivalens à ceux-ci, *qui aime, qui est attaché, etc.*

Le participe exprimant, comme le verbe, ou une manière d'être ou une action, peut, comme lui, avoir différens temps, *aimant, ayant aimé, devant aimer.* La proposition qu'il remplace servant à modifier un nom, le participe fait ainsi l'office d'adjectif, et comme l'adjectif, il est susceptible de genres, de nombres et de cas. Ce double rapport, par lequel ce mot tient en même temps de la nature du verbe et de celle de l'adjectif, lui a fait donner le nom de *participe*, et en a fait un mot d'une espèce particulière, que l'on a mis au nombre des parties du discours.

DE LA PRÉPOSITION.

§ XXXVIII. Les mots que l'on emploie dans le discours peuvent être pris d'une manière absolue ou d'une manière relative. Un mot est pris dans un sens absolu, quand seul il rend toute la pensée que l'on veut communiquer aux autres ; ainsi quand je dis : *Charles dessine*, ce mot *dessine* est pris dans un sens absolu, car il rend toute ma pensée ; mais si je dis : *Charles dessine un paysage*, ce mot *dessine* est pris dans un sens relatif, car le mot *paysage*, qui suit, est nécessaire pour compléter ma pensée : alors le verbe *dessine* est en rapport avec *un paysage*. Tout rapport est nécessairement composé de deux termes.

Le rapport qui existe entre deux mots peut être exprimé de différentes manières ; par la place qu'occupe invariablement le 2ᵉ terme, dans les langues qui n'ont pas de cas ; par les différens cas auxquels se met ce 2ᵉ terme, dans les langues qui en admettent ; enfin, par des mots invariables que l'on place entre les deux mots qui sont en rapport. Ce sont ces mots que l'on appelle *prépositions*, ainsi nommées parce qu'elles se placent presque toujours devant le 2ᵉ terme du rapport. La préposition est donc un mot invariable qui exprime l'existence d'un rapport entre deux mots, et détermine par sa signification la nature de ce rapport.

§ XXXIX. Des deux termes qui composent un rapport, le 1ᵉʳ se nomme *antécédent*, et le 2ᵉ *conséquent*. Le 2ᵉ terme prend aussi à l'égard du mot dont il dépend immédiatement le nom de *complément* ou de *régime* : de complément, parce qu'il est nécessaire pour compléter l'idée exprimée par le mot précédent, et de *régime*, parce que le mot qui précède exerce une sorte de domination sur lui.

Ainsi que le sujet et l'attribut d'une proposition, tout complément peut être simple ou composé, complexe ou incomplexe.

Un même mot peut être à la fois antécédent d'un rapport, et conséquent d'un autre. Si je dis, par exemple : *Charles dessine une tête de vieillard*, le mot *une tête*, conséquent par rapport au verbe *dessine*, est antécédent par rapport à *vieillard*, lequel mot est nécessaire pour compléter l'idée principale exprimée par le mot *tête* ; car je ne veux pas seulement faire entendre que Charles dessine une tête, mais que la tête qu'il dessine est une tête de vieillard.

§ XL. Quand l'antécédent d'un rapport est un verbe, souvent il arrive qu'il a deux complémens ; l'un appelé *direct*, parce qu'il représente l'objet sur lequel tombe immédiatement l'action exprimée par le verbe ; et l'autre *indirect*, dont le rapport avec l'antécédent est exprimé par une préposition ou par un cas renfermant implicitement une préposition. Si je dis, par exemple : *J'ai donné un livre à mon fils*, le complément direct de *j'ai donné* est *un livre*, et le complément indirect est *à mon fils*.

§ XLI. Outre le complément direct et le complément indirect, une proposition est souvent accompagnée d'un ou de plusieurs termes circonstanciels, nécessaires pour rendre toute la pensée de celui qui parle. Ainsi dans cet exemple : *Lorsque je serai arrivé, je vous adresserai promptement une lettre à l'hôtel du Levant*, outre le complément direct *une lettre*, et le complément indirect *vous*, pour *à vous*, on trouve encore trois termes circonstanciels ; une circonstance de temps, *lorsque je serai arrivé* ; une circonstance de manière, *promptement*, et une circonstance de lieu, *à l'hôtel du Levant*. On voit que les termes circonstanciels peuvent être rendus ou par une proposition, ou par un adverbe, ou par une préposition suivie de son complément.

Il résulte de ce que nous venons de dire que la préposition n'est pas un mot nécessaire dans le discours, puisqu'elle pourrait être suppléée par des cas, dans une langue qui en posséderait assez pour exprimer tous les rapports rendus par les prépositions.

§ XLII. Souvent le rapport qui existe entre deux mots est exprimé, non par une préposition proprement dite, mais par l'assemblage de plusieurs mots, qui ont la valeur d'une préposition : tels sont *à l'égard de, en faveur de, vis-à-vis, le long de, autour de, jusqu'à*, etc. Chacun des mots qui composent ces locutions pourrait être analysé séparément ; mais comme cette analyse serait très minutieuse, et que d'ailleurs ces expressions françaises répondent presque toujours en latin à de simples prépositions, les grammairiens les regardent comme des mots inséparables, auxquels ils donnent le nom de *locutions prépositives*.

On trouve aussi quelquefois une préposition ayant pour complément une autre préposition suivie elle-même de son complément,

Ces locutions qui semblent s'écarter des principes de la grammaire générale y sont ramenées en rétablissant les mots sous-entendus : *De par la loi*, c'est-à-dire *en exécution* DE *l'ordre prescrit* PAR LA LOI ; *la foudre vient d'en-haut*, c'est-à-dire D'*un lieu situé* EN HAUT.

DE L'ADVERBE.

§ XLIII. Quand une préposition suivie de son complément exprime une circonstance de temps, de lieu, d'instrument ou de manière, souvent au lieu de cette préposition et de son complément, on emploie un seul mot qui a la même valeur. Ainsi, au lieu de dire : *Vous avez parlé* PENDANT UN LONG TEMPS ; *venez* EN CE LIEU ; *nos soldats ont combattu* AVEC COURAGE, on dira plus simplement : *Vous avez parlé* LONG-TEMPS; *venez* ICI ; *nos soldats ont combattu* COURAGEUSEMENT. Ce sont ces mots équivalens à une préposition suivie de son complément, que l'on nomme *adverbes*. On voit par-là qu'il doit y avoir des adverbes de lieu, de temps, de manière, etc. (*V.* § 60.)

On a donné ce nom à cette partie du discours, parce que l'adverbe modifie l'attribut renfermé dans le verbe, à peu près comme l'adjectif modifie le nom. De même qu'on dit, *un chant agréable, des plaintes amères, une vie tranquille*, on dira, *chanter* ou *être chantant agréablement, se plaindre amèrement vivre tranquillement*. Les adverbes servent aussi à modifier les adjectifs, qui de leur nature sont attributs : *Il est* IMMENSÉMENT *riche*, et quelquefois d'autres adverbes : *Il s'est conduit* EXTRÊMEMENT *mal*. Comme les adjectifs qualificatifs, les adverbes de manière sont susceptibles de degrés de signification. (*V.* § 64.)

De ce que l'adverbe est équivalent à une préposition suivie de son complément, il s'ensuit d'abord que l'adverbe n'est point un mot nécessaire au discours ; il s'ensuit aussi qu'un adverbe, dans une langue, peut fort bien n'avoir pour correspondant dans une autre, qu'une préposition avec son complément. La réunion d'une préposition et de son complément, servant ensemble à modifier un verbe, un adjectif ou un adverbe, s'appelle *locution adverbiale.*

(*V.* § 94.)

DE LA CONJONCTION.

§ XLIV. Comme les mots qui composent une même proposition sont en rapport les uns avec les autres, de même l'expression complète d'une pensée dépend souvent de l'assemblage de plusieurs propositions que le sens ne permet pas de séparer. Nous avons vu d'ailleurs(§ XXXVIII) que les rapports entre les mots qui concourent à former une proposition sont souvent exprimés par une préposition; la conjonction fait le même office à l'égard de deux propositions qui dépendent l'une de l'autre. Si je dis, par exemple : *Je désire* QUE *tous les hommes vivent en paix,* on voit que ma pensée ne peut être complètement rendue que par la réunion de ces deux propositions *je désire, tous les hommes vivent en paix,* dont le rapport entre elles est exprimé par le mot *que.* Dans cet autre exemple : *Dieu est bon,* MAIS *il est juste,* le mot *mais* sert non seulement à unir ces deux propositions, mais encore à établir entre elles un rapport de restriction, sans lequel ma pensée ne serait pas entièrement rendue. Ces mots *que, mais,* sont des conjonctions. En général la conjonction (*conjungere*) est un mot invariable, qui indique l'existence d'un rapport entre deux propositions, et détermine par sa signification la nature de ce rapport; d'où l'on voit qu'il y a autant d'espèces de conjonctions qu'il peut exister de sortes de rapports entre deux propositions.   § 62.)

§ XLV. Les conjonctions, abstraction faite de la nature du rapport qu'elles servent à exprimer, peuvent encore se diviser en deux grandes classes, suivant la liaison plus ou moins intime qu'elles établissent entre deux propositions. Il en est qui expriment un simple rapport entre deux propositions de même nature, et dont chacune en particulier présente un sens complet. C'est ainsi que dans l'exemple précédent *Dieu est bon,* MAIS *il est juste,* ces deux propositions, *Dieu est bon, Dieu est juste,* sont également parfaites pour le sens. La conjonction *mais* n'appartient ni à l'une ni à l'autre ; elle sert seulement à les unir et à faire entendre que la bonté que nous reconnaissons en Dieu n'exclut point en lui la justice.

Les conjonctions qui composent cette 1re classe sont , *et, ou, ni, mais, car, or, cependant* (1), *d'ailleurs, au reste, donc,* etc.

______

(1) *Cependant* veut dire *pendant cela :* c'est donc un véritable adverbe. Mais cet adverbe peut être appelé conjonction, parce qu'il rappelle nécessairement quelque chose qui précède.

En général *rappeler un terme antécédent* est le seul caractère essentiel qui distingue la conjonction de l'adverbe ordinaire. Aussi est-il tout-à-fait indifférent d'appeler adverbes ou con-

Plusieurs de ces conjonctions sont souvent employées pour joindre entre eux deux mots d'une même proposition. Mais alors cette partie de la proposition où entre la conjonction est composée, et la conjonction sert à réunir deux propositions en une. Quand je dis : *Vous* ET *votre frère vous riez,* cette proposition est équivalente à ces deux-ci : *Vous riez* ET *votre frère rit.* De même, *ce magistrat est sévère,* MAIS *juste,* signifie *ce magistrat est sévère,* MAIS *il est juste.* La conjonction dans ce cas ne change pas de nature.

§ XLVI. Les conjonctions du 2ᵉ ordre sont celles qui par une connexion plus intime lient deux propositions, de manière à en faire un tout indivisible et continu. Ainsi, dans le premier exemple que nous avons cité, *je désire* QUE *tous les hommes vivent en paix,* ces deux propositions, *je désire, tous les hommes vivent en paix,* considérées isolément ne présentent aucun sens, et ne peuvent en avoir que par leur réunion. La conjonction *que* qui les unit appartient donc à la 2ᵉ classe.

Cette 2ᵉ classe, à proprement parler, n'est formée que de la conjonction *que* et de celles qui lui correspondent dans chaque langue. Les autres conjonctifs que l'on emploie fréquemment sont des mots composés, qui à l'office de conjonction joignent toujours une autre destination, ainsi que nous l'allons voir.

§ XLVII. Souvent il arrive que pour restreindre ou pour développer l'idée exprimée par un nom ou par un pronom précédent, on emploie une proposition qui se lie à la principale par un des mots *qui, que, dont, lequel, duquel, etc. Les rois,* QUI *ne songent qu'à se faire craindre, sont les fléaux du genre humain ; vous reverrez votre père, que la fortune ne peut abattre.* Ces mots *qui, que,* servent à lier deux propositions, et font par conséquent l'office de conjonction. D'un autre côté, ces mêmes mots indiquant une modification du nom précédent, font aussi la fonction d'adjectif. Ils sont d'ailleurs comme les autres adjectifs, soumis à la règle de concordance et suivent le genre, le nombre et le cas du nom auquel ils se rapportent. Ce nom à la vérité est ordinairement sous-entendu, parce qu'il se trouve exprimé dans la proposition principale, immédiatement avant le conjonctif ; cependant il figure quelquefois

---

jonctions ce mot et autres semblables. Une analyse exacte prouverait même que l'adverbe et la conjonction ne sont réellement qu'une seule et même partie du discours.

Note de M. Burnouf.

dans les deux propositions ; ce qui suffit pour prouver que, quand il n'est pas exprimé une 2e fois, il doit être sous-entendu : *Le jour approchait*, AUQUEL *jour il fallait distribuer le blé aux soldats ;* instabat dies *quo* die frumentum militibus metiri oporteret. Cette espèce de mots peut donc être appelée adjectif conjonctif. (*V.* §LVI.)

L'adjectif conjonctif s'appelle aussi *relatif,* à cause du rapport qu'il a avec le nom ou le pronom précédent dont il rappelle l'idée, et qui se nomme lui-même son *antécédent.* Ainsi dans les exemples ci-dessus, le nom pluriel *les rois* est l'antécédent de l'adjectif relatif *qui ; votre père* est l'antécédent de l'adjectif relatif *que.* ·

§ XLVIII. Quelquefois le nom antécédent, dont l'adjectif conjonctif rappelle l'idée, n'est pas exprimé dans la proposition principale ; mais cela ne change rien à la nature de ce mot, qui dans ce cas réunit toujours la fonction d'adjectif à celle de conjonction ; et pour s'en convaincre, il suffit de rétablir le nom sous-entendu dans la première proposition. Si je dis, par exemple : *J'ignore* QUEL *malheur il a éprouvé ; dites-moi* QUI *vous a ainsi maltraité,* il est évident que ces propositions reviennent à celles-ci : *J'ignore le malheur* LEQUEL *malheur il a éprouvé; dites-moi la personne,* LAQUELLE *personne vous a ainsi maltraité;* par où l'on voit que ces mots *qui, que, quel, etc.* sont ici, comme dans les exemples précédens, de véritables adjectifs conjonctifs. Seulement il est à remarquer que par la suppression du nom antécédent, la 2e proposition devient le complément direct du premier verbe. (*V.* § LV.)

§ XLIX. Ces mots ne sont pas les seuls qui à l'office de conjonction joignent un autre emploi. Si je dis : *Je ne sais où je suis, j'ignore* QUAND *il viendra ; dites-moi* COMMENT *vous avez échappé à ce danger,* ces mots *où, quand, comment,* servant à unir deux propositions, font l'office de conjonctions ; mais à cette fonction ils joignent aussi celle d'adverbes, et l'on peut s'en convaincre en leur substituant une expression équivalente, dans laquelle entre l'adjectif conjonctif ; car alors on voit que ces mots sont équivalens à une préposition suivie de son complément ; ce qui en fait de véritables adverbes. En effet par cette substitution, les exemples ci-dessus sont ramenés aux propositions suivantes : *Je ne sais le lieu* DANS LEQUEL *je suis ; j'ignore le temps* DANS LEQUEL *il viendra; dites-moi le moyen* PAR LEQUEL *moyen vous avez échappé à ce danger.* Ces mots *où, d'où, quand, comment, pourquoi, etc.* peuvent donc être appelés *adverbes conjonctifs.* Comme dans ce cas la préposition n'affecte que le conjonctif, ces mots considérés comme adverbes modifient la proposition subordonnée; et par la suppression du nom antécédent, cette proposition subordonnée devient elle-même, comme dans le § précédent, le complément direct du 1ᵉʳ verbe. (*V.* § 55.)

Il arrive souvent aussi que les adverbes conjonctifs *où*, *d'où*, *par où* sont employés, à la place de l'adjectif conjonctif, pour lier une proposition à un nom précédent qu'elle modifie : *Les pays* OU *j'ai été ; les villes* PAR OU *j'ai passé, etc.* c'est-à-dire *les pays* DANS LESQUELS *j'ai été, les villes* PAR LESQUELLES *j'ai passé, etc.*

§ L. Nous avons vu (§ XLI) que l'expression complète d'une pensée dépend souvent de quelques termes circonstanciels, et que souvent aussi ces termes circonstanciels sont exprimés par des propositions. Dans ce cas, la proposition subordonnée est aussi liée à la principale par un mot d'une nature mixte, qui fait en même temps l'office de conjonction et celui d'adverbe. En effet ces mots sont composés ou d'un adverbe suivi de la conjonction *que* : *après que, avant que, aussitôt que, lorsque,* c'est-à-dire *alors que, etc.*; ou d'une expression adverbiale également suivie de *que* : *de peur que, parce que (par cela que), afin que (à cette fin que), dès que (dès le moment que), etc.*; ou enfin ils sont équivalens à une expression adverbiale suivie de la même conjonction : *quand* c'est-à-dire *dans le temps que; comme,* c'est-à-dire *de la manière que; si,* c'est-à-dire *en cas que, etc.* (1). Ces mots peuvent donc être aussi appelés *adverbes conjonctifs.* Cependant pour nous conformer à l'usage reçu, nous continuerons de leur donner le simple nom de conjonctions. La conjonction *que* qui entre dans leur composition n'appartient ni à l'une ni à l'autre des deux propositions qu'elle met en rapport ; mais l'adverbe qu'ils renferment, soit explicitement, soit implicitement, modifie le verbe de la proposition principale. (*V.* § LVI.)

---

(1) Ce qui justifie cette assertion, c'est qu'en français, lorsqu'un de ces conjonctifs doit être répété, on se contente de l'exprimer dans la 1ʳᵉ proposition, et on le remplace par la conjonction *que* dans les suivantes : QUAND *on est riche et* QU'*on est généreux, on ne manque jamais d'amis.*

§ LI. Nous avons dit, au commencement de ce chapitre, que la conjonction remplit, à l'égard de deux propositions qui dépendent l'une de l'autre, le même office que la préposition à l'égard des mots qui sont en rapport dans une proposition. Nous ajouterons que, comme le rapport existant entre deux mots est souvent rendu à la fois et par une préposition et par le cas auquel se met le terme conséquent, de même le rapport entre deux propositions est quelquefois rendu et par une conjonction et par le mode auquel se met le verbe de la proposition subordonnée. Si je dis *eo ad patrem*, le rapport entre *eo* et *patrem*, est doublement rendu, et par la proposition *ad*, et par la terminaison *em* de *patrem*. De même dans cet exemple, *tibi suadeo ut legas*, le rapport entre *suadeo* et *legas* est en même temps rendu par la conjonction *ut* et par le mode subjonctif auquel se trouve *legas*. C'est une conformité de plus entre la préposition et la conjonction, entre les cas et les modes.

§ LII. Souvent il arrive, dans le discours, que la proposition subordonnée se trouve placée la première, et que la phrase commence par une conjonction ; mais cette inversion ne change rien à la nature du rapport. Qu'au lieu de dire : *Vous viendrez me voir, dès que vous serez de retour,* je dise, *dès que vous serez de retour, vous viendrez me voir,* il est évident que le mot *dès que* exprime toujours le même rapport entre les deux mêmes propositions.

DE L'INTERJECTION.

§ LIII. L'interjection n'est point à proprement parler une partie du discours ; c'est l'expression soudaine et irréfléchie de nos sensations ; c'est un cri arraché par la douleur, par la joie, par la crainte, en un mot, par toutes les affections vives que l'âme peut éprouver. L'interjection seule équivaut à une proposition entière : si je dis : AH! *vous m'avez trompé,* ce mot *ah !* signifie *je suis indigné ;* c'est une interjection.

L'interjection, ne se liant à aucune partie du discours, n'a point de place déterminée dans la phrase : c'est ce qui lui a fait donner son nom, du verbe latin *interjacio.*

DES DIFFÉRENTES ESPÈCES DE PROPOSITIONS.

§ LIV. On appelle *phrase* la réunion de plusieurs mots qui forment un sens complet.

Souvent la phrase n'est formée que d'une seule proposition ; mais souvent aussi, comme nous venons de le voir, l'assemblage de plusieurs propositions est nécessaire à la plénitude du sens. De-là naissent trois espèces de propositions, la proposition PRINCIPALE, la proposition COMPLÉMENTAIRE, et la proposition CONJONCTIVE.

La proposition principale est celle qui ne dépend d'aucune autre, et de laquelle au contraire toutes les autres dépendent. Elle est indispensable dans la phrase ; et quand celle-ci ne renferme qu'une seule proposition, c'est toujours une proposition principale.

§ LV. Une proposition peut devenir le complément direct d'une autre. Elle s'appelle alors proposition complémentaire. Elle est liée à la 1re ou par la conjonction *que*, ou par un adjectif conjonctif *qui, quel, à qui, de qui*, etc., ou par un des adverbes conjonctifs *où, d'où, quand, comment, combien*, etc. On la reconnaît à ce qu'elle répond à la question *quoi*, faite sur le verbe précédent. Ainsi dans chacun des exemples suivans : *Je crois que Dieu est miséricordieux ; je désire que vous soyez heureux ; j'ignore quel tort vous avez eu ; je ne sais pourquoi vous vous laissez abattre*, etc. la 2e proposition est une proposition complémentaire.

Quand la proposition complémentaire est liée à la principale par la conjonction *que*, le verbe de cette proposition complémentaire se met à l'indicatif ou au subjonctif : à l'indicatif, quand le premier verbe exprime un fait positif, une simple affirmation ; et au subjonctif, quand il renferme une idée de doute, de désir, de crainte ou une négation. Telle est la destination du mode subjonctif.

La proposition complémentaire se présente quelquefois sous la forme infinitive. Quand on dit, par exemple : *J'ai vu passer votre frère et je l'ai fait entrer*, ou, ce qui est la même chose, *j'ai vu votre frère passer, j'ai fait lui entrer*, ces mots, *votre frère passer, lui entrer*, forment ensemble le complément des verbes *j'ai vu, j'ai fait* ; ce sont des propositions complémentaires. *Votre frère* est le sujet de la première, et le pronom *lui*, le sujet de la deuxième. Quand le sujet d'une proposition complémentaire-infinitive est le même que celui du premier verbe, on ne l'exprime pas en français, mais il faut le rétablir pour l'analyse : *vous croyez être heureux*, c'est-à-dire *vous croyez (vous) être heureux*. Dans les langues qui ont des cas, le sujet de toute proposition complémentaire-infinitive se met à l'accusatif.

§ LVI. On appelle proposition conjonctive celle qui est liée à une autre par un mot conjonctif, soit pour en modifier quelque nom, soit pour la modifier tout entière.

La proposition conjonctive, qui ne modifie qu'un nom ou un pronom, est unie à ce nom ou à ce pronom par un des mots conjonctifs *qui*, *que*, *dont*..... *où*, *d'où*, etc. Elle est *déterminative* ou *explicative* : déterminative, quand elle détermine, en le restreignant, le terme antécédent ; explicative, quand elle sert seulement à l'expliquer en le développant. Ainsi dans l'exemple déjà cité : *Les rois, qui ne songent qu'à se faire craindre, sont les fléaux du genre humain*, ces mots *qui ne songent qu'à se faire craindre* sont nécessaires pour restreindre la signification du sujet *les rois* ; ils forcent ce nom à ne représenter que certains rois, ceux qui ne songent qu'à se faire craindre. Ils forment donc une proposition conjonctive déterminative. Mais dans cet autre exemple, *vous reverrez votre père que la fortune ne peut abattre*, cette proposition *que la fortune ne peut abattre* sert à développer l'idée exprimée par *votre père*, en y ajoutant une circonstance qui n'est pas nécessaire à l'expression générale de la pensée, et pourrait être retranchée sans nuire à la clarté. Elle explique seulement le terme antécédent et s'appelle proposition conjonctive explicative.

Quand la proposition conjonctive modifie une proposition tout entière, elle est liée à cette proposition par une des conjonctions du 2ᵉ ordre, *si*, *lorsque*, *dès que*, *afin que*, etc. *Lorsque Dieu eut créé Adam et Ève, il les plaça dans le Paradis terrestre*. La proposition principale, *il les plaça dans le Paradis terrestre*, est modifiée par la proposition conjonctive, *Dieu eut créé Adam et Ève*, qui en exprime une circonstance de temps, et s'unit à elle par la conjonction *lorsque*.

Souvent en français la proposition conjonctive est exprimée par une préposition suivie d'un infinitif qui lui sert de complément.

Il est toujours facile de la rétablir, en remplaçant cette préposition par une conjonction suivie d'un mode personnel : *Il se reposa après avoir long-temps travaillé,* c'est-à-dire *après qu'il eût long-temps travaillé ; il se leva pour répondre,* c'est-à-dire *afin qu'il répondît.*

(*V.* § 235.)

Nous ne considérerons dans ces élémens que ces trois sortes de propositions.

DE L'ANALYSE.

§ LVII. L'analyse a pour objet d'expliquer les rapports dans lesquels sont entre eux soit les mots d'une même proposition, soit les diverses propositions qui composent une phrase. Pour apprécier ces rapports, il est important de disposer les mots et les propositions dans l'ordre de leur dépendance grammaticale, en observant de commencer toujours par la proposition principale. Cet arrangement des mots est ce qu'on appelle *construction naturelle.*

Dans la construction naturelle, on énonce d'abord le sujet de la proposition, ensuite le verbe et puis l'attribut. L'adjectif ou la proposition conjonctive qui modifie un nom se place immédiatement après ce nom. Le complément d'un nom, d'un adjectif ou d'un verbe se met aussi après son antécédent. La préposition se place immédiatement devant le 2ᵉ terme du rapport. Quand un verbe a plusieurs complémens, le complément direct se place le premier. Enfin les termes circonstanciels se mettent également à la suite des mots dont ils dépendent.

§ LVIII. En français, la construction usuelle s'éloigne peu de la construction naturelle. Le sujet se distingue par la place qu'il occupe avant le verbe. Mais quand la proposition est interrogative ou suppositive, le sujet se met après le verbe, si c'est un pronom ; et si c'est un nom, il s'exprime d'abord avant le verbe, et l'on place immédiatement après, le pronom de la 3ᵉ personne : *Avez-vous fait votre devoir ? votre père est-il arrivé ? votre père fût-il injuste à votre égard, vous ne devez pas en mal parler.* Cette transposition du sujet a encore lieu dans les propositions incidentes et les optatives : *Je demande, dit* l'orateur *, à développer ma proposition ; puissiez-vous être heureux ! puisse* votre père *oublier vos torts !*

Souvent aussi dans une proposition simplement affirmative, le sujet est exprimé sous la forme d'un complément, c'est-à-dire, placé à la suite du verbe. Alors il est remplacé par le pronom vague *il*, et le verbe devient ainsi unipersonnel. On analyse ces propositions en considérant le pronom *il*, comme un mot indicatif équivalent à *ceci*, et annonçant simplement le véritable sujet : *Il est* ou *il y a un Dieu dans le ciel*, c'est-à-dire *il* ou *cela*, *un Dieu*, *est dans le ciel*; *il faut que je parte*, c'est-à-dire *il* ou *cela*, *que je parte*, *faut* ou *est nécessaire*; *il nous est arrivé de grands malheurs*, c'est-à-dire *ceci*, à savoir *de grands malheurs*, *nous est arrivé*.

§ LIX. Le nom, qui sert de complément à un verbe ou à un adjectif, se met à la suite de ce verbe ou de cet adjectif. Mais si c'est un pronom, il se place presque toujours avant son antécédent, et l'on supprime la préposition qui indique un complément indirect. Alors les pronoms personnels prennent ordinairement une autre forme, et répondent ainsi aux cas de la langue latine : *J'ai voyagé avec vos deux amis, je* LES *ai trouvés fort aimables; je* LEUR *ai donné de vos nouvelles. Je* LES *ai trouvés*, c'est-à-dire *j'ai trouvé* EUX. *Je* LEUR *ai donné*, c'est-à-dire *j'ai donné* A EUX.

Les mots interrogatifs *qui, quel, quand, combien, etc.* se mettent toujours au commencement de la phrase. C'est que toute proposition interrogative peut être ramenée à la forme affirmative au moyen d'un antécédent sous-entendu, et ces mots interrogatifs deviennent alors de véritables conjonctifs : *Que faites-vous?* c'est-à-dire *dites-moi la chose que vous faites; quand partirez-vous? dites-moi le temps auquel vous partirez.* Cette suppression d'un verbe antécédent et d'une conjonction sert aussi à expliquer l'emploi du subjonctif dans les propositions optatives et les suppositives. *Puisse le Seigneur bénir vos travaux*, c'est-à-dire *je souhaite que le Seigneur puisse bénir vos travaux; eussiez-vous plus de talent que vous n'en avez, vous ne devez pas vous enorgueillir*, c'est-à-dire *vous ne devez pas vous enorgueillir, en supposant que vous eussiez plus de talent que vous n'en avez.*

§ LX. On voit par ces derniers exemples que pour donner plus de rapidité et d'énergie à l'expression de la pensée, on retranche souvent un ou plusieurs mots qui seraient nécessaires à l'intégrité grammaticale de la phrase. Ce retranchement de mots est appelé *ellipse*. En général, l'ellipse ne tombe guère que sur des mots précédemment exprimés, ou que le sens indique naturellement. Pour faire l'analyse d'une phrase, il est nécessaire de remplir les ellipses, c'est-à-dire de rétablir tous les mots sous-entendus : *Il voit, comme un néant, tout l'univers ensemble*, c'est-à-dire *il voit tout l'univers ensemble, comme il voit un néant ; quand partirez-vous ? demain*, c'est-à-dire *je partirai demain ; que vouliez-vous qu'il fît contre trois ? qu'il mourût*, c'est-à-dire *je voulais qu'il mourût*.

Le mot affirmatif *oui* et le mot négatif *non* sont de véritables propositions elliptiques. On fait généralement dériver le premier, des deux mots latins HOC EST, *cela est, c'est cela*, et l'on se fonde sur ce qu'on a dit autrefois *oc* pour *oui* dans une grande partie de la France. On pourrait peut-être aussi considérer simplement le mot *oui* comme le participe du verbe *ouïr* pris dans un sens approbatif : *Partirons-nous ensemble ? oui*; c'est-à-dire (*cela est*) *oui*. Quant au mot *non*, ce n'est autre chose que l'adverbe de négation, qui suppose toujours la répétition du verbe précédent : *Avez-vous été à Rome ? non*, c'est-à-dire *je n'ai pas été à Rome*.

§ LXI. Les deux mots *voici, voilà* sont formés de l'impératif du verbe *voir* et des adverbes *ici* et *là*. Ils tiennent donc lieu du verbe dans une proposition ; et pour les soumettre à l'analyse, il faut les décomposer : *voici, voilà le loup*, c'est-à-dire *vois ici, vois là le loup*.

Il nous reste quelques observations à faire sur certains mots que l'on regarde communément comme négatifs, et qui expriment réellement une affirmation. Ce sont les mots *rien, pas, point, guère, jamais, aucun,* etc. Ces mots sont regardés comme négatifs, parce qu'ils sont ordinairement joints à une négation à laquelle ils donnent de l'énergie ; mais en remontant à leur étymologie, l'analyse fait voir qu'ils expriment une véritable affirmation. En effet, *rien* formé du mot latin *res* ou *recula*, signifie *une petite chose*; *pas* signifie *un pas*, c'est-à-dire une chose de peu d'importance; *point* signifie *un point*, c'est-à-dire un objet imperceptible; *guère*, du mot teutonique *gar* ou *ger*, a la même signification que *beaucoup*; *jamais* JAM MAGIS, veut dire *déjà davantage*; *aucun*, ALIQUIS UNUS, signifie *quelqu'un*. Ainsi quand on dit : *Je n'ignore rien, je ne l'estime guère, je ne l'estime pas, je ne l'estime point, je ne le reverrai jamais, je n'avais aucun tort*, ces expressions doivent être analysées de la manière suivante : *J'ignore non une petite chose, je l'es-*

time non beaucoup, non un pas, non un point, je le reverrai non
déjà davantage, j'avais non quelque tort.

Ces principes de grammaire nous paraissent suffisans pour abor-
der l'analyse de toutes les phrases qui pourront se présenter. Cependant dans les exercices de ce genre qu'on fera faire aux élèves,
soit de vive voix, soit par écrit, on aura toujours soin de pro-
portionner le travail à leur degré d'instruction, et de ne proposer
aucune difficulté dont ils ne soient capables de recevoir la solution.
La méthode ne doit jamais être trouvée en défaut.

Ce mode d'analyse, que nous appliquerons plus tard à la langue latine, accoutumera les enfans à saisir promptement les
rapports dans lesquels sont entre eux les mots et les propositions,
en quoi consiste la plus grande difficulté d'une langue.

EXEMPLE D'ANALYSE POUR LA LANGUE

FRANÇAISE.

PHRASES A ANALYSER.

« Quand Télémaque entendit le nom de son père, les larmes qui
» coulèrent le long de ses joues donnèrent un nouveau lustre à
» sa beauté. Mais comme Calypso aperçut qu'il ne pouvait man-
» ger et qu'il était saisi de douleur, elle fit signe aux Nymphes.
» A l'instant on chanta le combat des Centaures avec les Lapithes,
» et la descente d'Orphée aux enfers, pour en retirer Euridice.
» Quand le repas fut fini, la Déesse prit Télémaque et lui dit :
» Fils du sage Ulysse, vous voyez avec quelle faveur je vous re-
» çois. Je suis immortelle. Nul mortel ne peut entrer dans cette
» île, sans être puni de sa témérité ; et votre naufrage même ne
» vous garantirait pas de mon indignation, si d'ailleurs je ne
» vous aimais. Votre père a eu le même bonheur que vous ; mais
» hélas ! il n'a pas su en profiter. Je l'ai gardé long-temps dans
» cette île. Il n'a tenu qu'à lui d'y vivre avec moi dans un état
» immortel. Mais l'aveugle passion de retourner dans sa misérable
» Ithaque lui fit rejeter tous ces avantages. Vous voyez ce qu'il a
» perdu pour Ithaque qu'il n'a pu revoir. »

§ LXII.

ANALYSE DES PROPOSITIONS.

COMPELLATIFS et CONJONCTIONS.	SUJETS.	VERBES.	ATTRIBUTS.	TERMES circonstanciels.	REMARQUES sur les propositions subordonnées, etc.
	Les larmes qui coulèrent le long de ses joues	furent	donnant un nouveau lustre à sa beauté,	quand Télémaque entendit le nom de son père.	*Qui coulèrent le long de ses joues*, proposition conjonctive, déterminant les larmes. *Quand Télémaque entendit, etc.* propo. conj. formant un terme circonst. de la propo. principale.
Mais	elle	fut	faisant signe aux Nymphes,	comme Calypso aperçut qu'il ne pouvait manger et qu'il était saisi de douleur.	*Comme Calypso aperçut, etc.* proposition conjonctive exprimant une circonstance de la principale. *Qu'il ne pouvait manger et qu'il était saisi, etc.* deux prop. complém. compl. de *aperçut*.

	On	fut	chantant le combat des Centaures avec les Lapithes, et la descente d'Orphée aux enfers pour en retirer Euridice,	à l'instant.	*Pour en retirer Euridice*, expression équivalente à une proposition conjonctive, formant un terme circonstanciel de *la descente d'Orphée aux enfers*. On aurait pu dire *pour qu'il en retirât*, etc.
	La Déesse	fut	prenant Télémaque,	quand le repas fut fini.	*Quand le repas fut fini*, proposition conjonctive, exprimant une circonstance de la principale.
et	(elle)	fut	disant à lui:		
Fils du sage Ulysse,	vous	êtes	voyant avec quelle faveur je vous reçois.		*Avec quelle faveur je vous reçois*, prop. complémentaire, complément de l'attribut *voyant*.
		suis	immortelle.		

ANALYSE DES PROPOSITIONS. (suite.)

COMPELLATIFS et CONJONCTIONS.	SUJETS.	VERBES.	ATTRIBUTS.	TERMES circonstanciels.	REMARQUES sur les propositions subordonnées, etc.
	Nul (être) mortel	est	ne pouvant entrer dans cette île,	sans être puni de sa témérité ;	*Sans être puni, etc.* proposition conjonctive qui forme une circonstance de toute la principale.
et	votre naufrage même	serait	ne vous garantissant pas de mon indignation,	si d'ailleurs je ne vous aimais	*Si d'ailleurs je ne vous aimais,* proposition conjonctive dépendant de la principale.
	votre père	a été	ayant le même bonheur que vous (avez) ;		*Que vous avez*, proposition conjonctive déterminant *bonheur.*
Mais HÉLAS ! e. à-d.	(je)	(suis)	(plaignant lui).		L'interjection est équivalente à une proposition.
	il	a été	ne sachant pas en profiter.		

	je	ai été	le gardant	long-temps.	
	Il ou cela, c.-à-d. d'y vivre avec moi dans un état immortel	a été	ne tenant (à nul autre) qué (cela a tenu) lui.		*Il*, sujet vague, déterminé par ces mots, *d'y vivre avec moi, etc.* *Qu'à lui*, proposition conjonctive, dépendant de la principale. Dans cette proposition, le sujet, le verbe et l'attribut grammatical sont sous-entendus.
Mais	l'aveugle passion de retourner dans sa misérable Ithaque	fut	lui faisant rejeter tous ces avantages.		
	vous	êtes	voyant ce qu'il a perdu pour Ithaque qu'il n'a pu revoir.		*Qu'il a perdu*, proposition conjonctive, servant à déterminer ce. *Qu'il n'a pu revoir*, proposition conjonctive explicative, modifiant Ithaque.

Nota. Chaque proposition subordonnée est composée des mêmes parties que la principale, et pourrait être analysée de la même manière.

ANALYSE DES MOTS.

§ LXIII. *Les larmes qui coulèrent le long de ses joues*, sujet logique du verbe *donnèrent*. Il est simple et complexe ; simple parce qu'il ne représente qu'un seul objet ; complexe, parce que l'idée en est rendue par plusieurs mots.

Les Article féminin pluriel, annonçant que le mot *larmes* est pris dans un sens déterminé.

larmes Nom commun, féminin, pluriel, sujet grammatical de *donnèrent*.

qui Adjectif conjonctif, sujet du verbe *coulèrent*, substitué à *elles* ou *les larmes*, pour rendre la proposition conjonctive.

coulèrent Verbe neutre, à la 3ᵉ personne du pluriel du prétérit défini, mode indicatif, s'accordant avec son sujet *qui* en nombre et en personne.

le long de Locution prépositive, exprimant un rapport dont *coulèrent* est l'antécédent, et *ses joues* le conséquent.

ses Adjectif possessif, féminin, pluriel, servant à déterminer *joues*.

joues Nom commun, féminin, pluriel, compl. de la préposition *le long de*.

donnèrent Verbe actif à la 3ᵉ personne plurielle du prétérit défini, mode indicatif, s'accordant avec son sujet *les larmes*.

Un nouveau lustre, complément logique de *donnèrent*.

un Adjectif de nombre, masculin, singulier, indiquant que le mot *lustre* est au singulier.

nouveau Adjectif qualificatif, masculin, singulier, modifiant *lustre*.

lustre Nom commun, masculin, singulier, complément grammatical de *donnèrent*.

A sa beauté, complément indirect de *donnèrent*.

à Préposition exprimant le rapport qui existe entre *donnèrent* et *sa beauté*.

sa Adjectif possessif, féminin, singulier, déterminant *beauté*.

beauté, Nom commun, féminin, singulier, complément de la préposition *à*.

quand	Conjonction, qui sert à lier la proposition, *Télémaque entendit le nom de son père,* à la précédente, et qui exprime en même temps un rapport de simultanéité entre ces deux propositions.
Télémaque	Nom propre d'homme, masculin, singulier, sujet logique et grammatical du verbe *entendit.*
entendit	Verbe actif à la 3ᵉ personne du singulier du prétérit défini, mode indicatif, s'accordant avec son sujet *Télémaque.*
	Le nom de son père, complément logique de *entendit.*
le	Article masculin singulier, indiquant que *nom* est pris dans un sens déterminé.
nom	Nom commun, masculin, singulier, complément grammatical de *entendit.*
de	Préposition exprimant le rapport qui existe entre *le nom* et *son père.*
son	Adjectif possessif masculin singulier, déterminant *père.*
père;	Nom commun, masculin singulier, complément de la préposition *de.*
mais	Conjonction servant à lier la phrase qui suit avec la précédente, et qui indique en même temps un rapport d'opposition entre elles.
elle	Pronom féminin singulier, de la 3ᵉ personne, sujet logique et grammatical du verbe *fit.*
fit	Verbe actif, 3ᵉ personne du singulier du prétérit défini, mode indicatif, s'accordant avec son sujet *elle.*
signe	Nom commun, masculin, singulier, pris dans un sens indéterminé, complément direct de *fit.*
	Aux nymphes, complément indirect du même verbe.
aux p^r { *à*	Préposition exprimant le rapport qu'il y a entre *elle fit* et *les nymphes.*
aux p^r { *les*	Article féminin, pluriel, indiquant que le mot *nymphes* est pris dans un sens déterminé.
Nymphes,	Nom commun, féminin, pluriel, complément de la préposition *à.*
comme	Conjonction, qui unit la proposition conjonctive qui suit, à la principale, et qui exprime en même temps un rapport de simultanéité entre elles.
Calypso	Nom propre de Déesse, sujet logique et grammatical de *aperçut.*

aperçut — Verbe actif à la 3e personne du singulier, prétérit défini, mode indicatif, s'accordant avec son sujet *Calypso*.

Qu'il ne pouvait manger et qu'il était saisi de douleur, complément logique de aperçut. Ce complément est composé, parce qu'il renferme deux objets distincts.

que — Conjonction qui lie la proposition qui suit à la précédente, et indique qu'elle en est le complément.

il — Pronom personnel, 3e personne du singulier, sujet de *pouvait.*

ne — Adverbe de négation modifiant le verbe *pouvait.*

pouvait — Verbe actif, à la 3e personne de l'imparfait de l'indicatif, s'accordant avec son sujet *il.*

manger — Verbe neutre, au présent de l'infinitif, complément direct de *pouvait.*

et — Conjonction qui sert à lier ensemble les deux propositions complémentaires.

que — Autre conjonction qui unit la 2e proposition complémentaire, *il était saisi de douleur,* à la précédente *comme elle aperçut,* et indique qu'elle en est aussi le complément.

il — Pronom de la 3e personne, singulier masculin, sujet du verbe *était saisi.*

était saisi — Verbe passif à la 3e personne du singulier, à l'imparfait de l'indicatif, s'accordant avec son sujet *il.* L'attribut passif *saisi* s'accorde aussi avec le sujet.

De douleur, complément de *était saisi.*

de — Préposition exprimant le rapport qui existe entre *était saisi* et *douleur.*

douleur. — Nom commun, féminin singulier, pris dans un sens indéterminé, complément de la préposition *de.*

On — Pronom indéfini, sujet du verbe *chanta.*

chanta — Verbe actif, 3e personne du prétérit défini, mode indicatif, s'accordant avec son sujet *on.*

Le combat des Centaures avec les Lapithes et la descente, etc. complément logique de *chanta*; ce complément est composé, parce qu'il renferme deux objets distincts.

Article masculin singulier, annonçant que *combat* est pris dans un sens déterminé.

combat	Nom commun, masculin singulier, complément grammatical de *chanta.*
	Des *Centaures,* complément de *combat.*
des p^r { *de*	Préposition exprimant le rapport qui existe entre *le combat* et *les Centaures.*
{ *les*	Article masculin pluriel, indiquant que le mot *Centaures* est pris dans un sens déterminé.
Centaures	Nom de famille, masculin pluriel, complément de la préposition *de.*
avec	Préposition exprimant un rapport dont l'antécédent est *le combat des Centaures,* et le conséquent *les Lapithes.*
les	Article masculin pluriel, indiquant que le mot *Lapithes* est pris dans un sens déterminé.
Lapithes,	Nom de peuple, complément de la préposition *avec.*
et	Conjonction servant à unir les deux parties du complément composé. Cette conjonction tient lieu de la répétition du verbe *chanta,* et sert ainsi à réunir deux propositions en une.
la	Article féminin singulier, annonçant que *descente* est pris dans une acception déterminée.
descente	Nom commun, féminin singulier, 2e complément grammatical du verbe *chanta.*
de	Préposition exprimant le rapport qui existe entre la *descente* et *Orphée.*
Orphée	Nom propre d'homme, masculin singulier, complément de la préposition *de.*
aux p^r { *à*	Préposition exprimant le rapport qu'il y a entre *la descente* et *les enfers.*
{ *les*	Article masculin pluriel annonçant que le mot *enfers* est pris dans une acception déterminée.
enfers	Nom commun masculin pluriel complément de la préposition *à,*
pour	Préposition exprimant le rapport qu'il y a entre *la descente* et *retirer,*
retirer	Verbe actif au présent de l'infinitif, complément de la préposition *pour.*
Euridice	Nom propre de femme, singulier, complément direct de *retirer,*
en, c.-à-d,	De ces lieux, Ce mot exprimant une circonstance de

lieu et renfermant la valeur d'une préposition suivie de son complément , est un adverbe.

Le mot *descente* sert d'antécédent à trois rapports, dont les conséquens sont 1° *Orphée,* 2° *les enfers,* 3° *retirer.* Le 1er de ces rapports est exprimé par la préposition *de* ; le 2e par la préposition *à* renfermée dans le mot composé *aux* ; le 3e par la préposition *pour.*

A l'instant , locution adverbiale formant une circonstance du verbe principal *chanta.*

à — Préposition exprimant le rapport qu'il y a entre *on chanta* et *l'instant.*

le — Article masculin singulier, servant à déterminer *instant.*

instant. — Nom commun, masculin singulier , complément de la préposition *à.*

La Déesse, sujet logique et grammatical du verbe *prit.*

La — Article féminin singulier servant à déterminer *déesse.*

Déesse — Nom commun , féminin , singulier.

prit — Verbe actif, 3e personne du prétérit défini , mode indicatif, s'accordant avec son sujet *la Déesse.*

Télémaque — Nom propre d'homme, masculin , singulier, complément direct du verbe *prit.*

et — Conjonction servant à lier la proposition qui précède à celle qui suit.

elle — Pronom personnel , féminin, singulier, sous-entendu , sujet du verbe *dit.*

dit — Verbe actif, à la 3e personne du prétérit défini , mode indicatif, s'accordant avec son sujet *elle.*

lui p^r { *à* — Préposition exprimant un rapport , dont *dit* est l'antécédent et *lui* le conséquent.

{ *lui,* — Pronom personnel, complément de la préposition *à.* La préposition *à* est comprise dans le pronom *lui* placé avant le verbe.

quand — Conjonction servant à lier la proposition qui suit avec les deux propositions qui précèdent, et à établir entre elles un rapport de succession.

le — Article masculin singulier , déterminant *repas.*

repas — Nom commun, masculin, singulier, sujet du verbe *fut fini.*

fut fini :   Verbe passif au prétérit défini, mode indicatif, s'accordant en nombre et en personne avec son sujet *le repas.* L'attribut *fini* s'accorde aussi avec le sujet en genre et en nombre.

Fils du sage Ulysse, compellatif logique de la phrase.

Fils   Nom commun, masculin, singulier, compellatif grammatical.

Du sage Ulysse, complément de *fils.*

de   Préposition exprimant le rapport qui existe entre *fils* et *Ulysse.*

du p'   *le*   Article masculin singulier, indiquant que le nom propre *Ulysse* est déterminé par un adjectif.

sage   Adjectif qualificatif, modifiant *Ulysse.*

Ulysse,   Nom propre d'homme, masculin, singulier, complément de la préposition *de.*

vous   Pronom pluriel de la 2e personne, employé au lieu de *tu,* sujet du verbe *voyez.*

voyez   Verbe actif à la 2e personne plurielle du présent de l'indicatif, s'accordant en nombre et en personne avec son sujet *vous.*

Avec quelle faveur je vous reçois, complément logique de *vous voyez.*

je   Pronom de la 1re personne, au singulier, sujet de *reçois.*

reçois   Verbe actif, 1re personne du singulier, s'accordant avec *je.*

vous   Pronom personnel de la 2e personne du pluriel, mis pour le singulier *toi,* complément direct de *je reçois.*

Avec quelle faveur, terme circonstanciel de *je reçois.*

avec   Préposition exprimant le rapport qu'il y a entre *je reçois* et *quelle faveur.*

quelle   Adjectif conjonctif modifiant *faveur,* substitué à *cette grande* pour rendre la proposition complémentaire.

faveur.   Nom commun, féminin, singulier, complément de *avec.*

Je   Pronom de la 1re personne, singulier féminin, sujet logique et grammatical du verbe *suis.*

suis   Verbe substantif, à la 1re personne du singulier, présent de l'indicatif, s'accorde avec son sujet *je.*

immortelle   Adjectif féminin singulier, attribut de la proposition, s'accordant avec le sujet *je. etc, etc,*

RUDIMENT

OU

GRAMMAIRE LATINE.

PREMIÈRE PARTIE.

DES PARTIES DU DISCOURS.

Il y a en latin neuf sortes de mots, savoir : le *Nom*, l'*Adjectif*, le *Pronom*, le *Verbe*, le *Participe*, la *Préposition*, l'*Adverbe*, la *Conjonction* et l'*Interjection*.

DU NOM.

§ I. Le Nom est un mot qui sert à nommer une personne ou une chose.

Il y a en français deux genres, le *masculin* et le *féminin*; en latin, il y en a trois, le *masculin*, le *féminin* et le *neutre*. Les noms d'hommes ou de mâles sont du *masculin*; les noms de femmes ou de femelles sont du *féminin*; les noms d'êtres inanimés, qui ne sont ni du *masculin*, ni du *féminin*, sont du *neutre*.

Il y a, dans les noms latins, deux nombres, le *singulier* et le *pluriel*.

Un nom est au *singulier*, quand il ne désigne qu'un seul individu; il est au *pluriel*, quand il en désigne plusieurs.

Le *pluriel* est indiqué en latin par divers changements dans les terminaisons.

Les noms latins prennent encore des terminaisons différentes, suivant le rôle qu'ils jouent dans le dis-cours.

Ces terminaisons s'appellent *cas*.

Il y a en latin six cas, le *nominatif*, le *vocatif*, le *génitif*, le *datif*, l'*accusatif* et l'*ablatif*.

Tout nom latin se compose donc de deux parties, l'une invariable, appelée *radical*, qui renferme la signification du nom ; l'autre appelée *terminaison*, qui varie à tous les changemens de nombre et de cas.

Ecrire ou réciter de suite les six cas d'un nom, tant au singulier qu'au pluriel, cela s'appelle *décliner*.

Il y a en latin cinq *déclinaisons*, que l'on distingue par la terminaison du *génitif singulier* et du *génitif pluriel*.

PREMIÈRE DÉCLINAISON.

§ II. La première déclinaison a le génitif singulier en *æ*, et le génitif pluriel en *arum*.

NOMBRE SINGULIER.

Nominatif. . *f.*	Ros–ă,	*la rose* *.
Vocatif. . . .	Ros–ă,	*rose.*
Génitif. . . .	Ros–āe,	*de la rose.*
Datif.	Ros–āe,	*à la rose.*
Accusatif. . .	Ros–am,	*la rose.*
Ablatif. . . .	Ros–ā,	*de la rose.*

* Le signe (-) indique les syllabes longues, c.-à-d., celles sur lesquelles on appuie plus long-temps que sur les autres en les prononçant ; le signe (ˇ) indique les syllabes brèves, c.-à-d., celles qui se prononcent avec brièveté.

NOMBRE PLURIEL.

Nominatif. . . .	Ros-āe,	*les roses.*
Vocatif.	Ros-āe,	*roses.*
Génitif.	Ros-ārum ,	*des roses.*
Datif.	Ros-īs,	*aux roses.*
Accusatif. . .	Ros-ās,	*les roses.*
Ablatif.	Ros-īs,	*des roses.*

(*V.* § 67.)

DEUXIÈME DÉCLINAISON.

§ III. La deuxième déclinaison a le génitif singulier en *i*, et le génitif pluriel en *orum*.

SINGULIER.

N. . *m.*	Domin-us,	*le Seigneur.*
V. . . .	Domin-ĕ,	*Seigneur.*
G. . . .	Domin-ī,	*du Seigneur.*
D. . . .	Domin-ō,	*au Seigneur.*
Ac. . . .	Domin-um,	*le Seigneur.*
Ab. . . .	Domin-ō,	*du Seigneur.*

PLURIEL.

N. . . .	Domin-ī,	*les Seigneurs.*
V. . . .	Domin-ī,	*Seigneurs.*
G. . . .	Domin-ōrum,	*des Seigneurs.*
D. . . .	Domin-īs,	*aux Seigneurs.*
Ac. . . .	Domin-ōs,	*les Seigneurs.*
Ab. . . .	Domin-īs,	*des Seigneurs.*

(*V.* § 68.)

Les noms en *er* et en *ir* ont le vocatif semblable au nominatif.

SINGULIER.

N.	. *m.*	Puer,	*l'enfant.*
V.	. . .	Puer,	*enfant.*
G.	. . .	Puer-ī,	*de l'enfant.*
D.	. . .	Puer-ō,	*à l'enfant.*
Ac.	. . .	Puer-um,	*l'enfant.*
Ab.	. . .	Puer-ō,	*de l'enfant.*

PLURIEL.

N.	. . .	Puer-ī,	*les enfans.*
V.	. . .	Puer-ī,	*enfans.*
G.	. . .	Puer-ōrum,	*des enfans.*
D.	. . .	Puer-īs,	*aux enfans.*
Ac.	. . .	Puer-ōs,	*les enfans.*
Ab.	. . .	Puer-īs,	*des enfans.*

(*V.* § 69.)

§ IV. Les noms en *um* sont de la deuxième déclinaison et du neutre.

SINGULIER.

N.	. *n.*	Templ-um,	*le temple.*
V.	. . .	Templ-um,	*temple.*
G.	. . .	Templ-ī,	*du temple.*
D.	. . .	Templ-ō,	*au temple.*
Ac.	. . .	Templ-um,	*le temple.*
Ab.	. . .	Templ-ō,	*du temple.*

PLURIEL.

N.	. . .	Templ-ă,	*les temples.*
V.	. . .	Templ-ă,	*temples.*
G.	. . .	Templ-ōrum,	*des temples.*

D.	Templ-ĭs,	*aux temples.*
Ac.	Templ-ă,	*les temples.*
Ab. . . .	Templ-īs	*des temples.*

(*V.* § 70.)

Les noms neutres ont trois cas semblables à toutes les déclinaisons, le nominatif, le vocatif et l'accusatif ; et ces trois cas sont toujours terminés en *a* au pluriel.

TROISIÈME DÉCLINAISON.

§ V. Elle a le génitif singulier en *is*, et le génitif pluriel en *um*, et quelquefois en *ium*.

Souvent il arrive que, par la suppression ou la contraction de quelques syllabes, le radical ne se trouve pas tout entier au nominatif : c'est pourquoi l'on prescrit la règle suivante que l'on peut appliquer à toutes les déclinaisons :

Tous les cas se forment du génitif singulier, excepté le nominatif et le vocatif.

SINGULIER.

N. . *f* .	Soror,	*la sœur.*
V.	Soror,	*sœur.*
G.	Soror-is,	*de la sœur.*
D. . . .	Soror-ī,	*à la sœur.*
Ac. . . .	Soror-em,	*la sœur.*
Ab. . . .	Soror-ĕ,	*de la sœur.*

PLURIEL.

N. . . .	Soror-ēs,	*les sœurs.*
V. . . .	Soror-ēs,	*sœurs.*
G. . . .	Soror-um,	*des sœurs.*
D. . . .	Soror-ĭbus,	*aux sœurs.*
Ac. . . .	Soror-ēs,	*les sœurs.*
Ab. . . .	Soror-ĭbus,	*des sœurs.*

A la troisième déclinaison, le vocatif est toujours semblable au nominatif ; et au pluriel, le nominatif, le vocatif et l'accusatif sont toujours semblables.(*V.* §71.)

§ VI. Plusieurs noms de la troisième déclinaison ont le génitif pluriel en *ium*. En général, ce sont 1º les noms en *es* et en *is*, qui n'ont pas plus de syllabes au génitif qu'au nominatif ; 2º les monosyllabes, c'est-à-dire les mots qui n'ont qu'une syllabe au nominatif singulier.

SINGULIER.

N. . *f.*	Av-is,	*l'oiseau.*
V. . . .	Av-is,	*oiseau.*
G. . . .	Av-is,	*de l'oiseau.*
D. . . .	Av-ī,	*à l'oiseau.*
Ac. . . .	Av-em,	*l'oiseau..*
Ab. . . .	Av-ĕ,	*de l'oiseau.*

PLURIEL.

N. . . .	Av-ēs ;	*les oiseaux.*
V. . . .	Av-ēs,	*oiseaux.*
G. . . .	Av-ĭum,	*des oiseaux.*
D. . . .	Av-ĭbus,	*aux oiseaux.*
Ac. . . .	Av-ĕs,	*les oiseaux.*
Ab. . . .	Av-ĭbus,	*des oiseaux.*

(*V.* § 72·)

Il y a des noms de la troisième déclinaison qui ont l'accusatif en *im*.

N. . *f.*	Secur-is,	*la hache.*
V. . . .	Secur-is,	*hache.*
G. . . .	Secur-is,	*de la hache.*
D. . . .	Secur-ī,	*à la hache.*
Ac. . . .	Secur-īm,	*la hache.*
Ab. . . .	Secur-ī,	*de la hache.*

(*V.* §73.)

Quelques autres ont l'accusatif en *em* et en *im*.

N. . *f* .	Clav-is,	*la clé.*
V.	Clav-is,	*clé.*
G.	Clav-is,	*de la clé.*
D.	Clav-ī,	*à la clé.*
Ac.	Clav-em *et* Clav-im,	*la clé.*
Ab.	Clav-ĕ *et* Clav-ī,	*de la clé.*

(*V.* §73.)

L'ablatif se forme de l'accusatif en retranchant la lettre *m*. Ainsi les noms, qui ont l'accusatif en *im*, ont l'ablatif en *i*; et ceux qui ont l'accusatif en *em* ou en *im*, ont l'ablatif en *e* ou en *i*.

Les noms, qui ont l'ablatif en *i* ou qui l'ont en *e* et en *i*, ont le génitif pluriel en *ium*. Cette observation s'applique également aux noms neutres.

§ 7. Les noms neutres suivent en général le modèle suivant :

SINGULIER.

N. . *n.*	Corpus,	*le corps.*
V.	Corpus,	*corps.*
G.	Corpor-is,	*du corps.*
D.	Corpor-ī,	*au corps.*
Ac.	Corpus,	*le corps.*
Ab.	Corpor-ĕ,	*du corps.*

PLURIEL.

N.	Corpor-ă,	*les corps.*
V.	Corpor-ă,	*corps.*
G.	Corpor-um,	*des corps.*
D.	Corpor-ĭbus,	*aux corps.*
Ac.	Corpor-ă,	*les corps.*

3.

Ab. . . .   Corpor-ĭbus, *des corps.*

Ce modèle ne diffère de *Soror* que par les trois cas semblables du singulier et du pluriel.   (*V.* § 74.)

§ 8. Les noms neutres dont le nominatif est en *al*, en *ar* ou en *e*, font l'ablatif singulier en *i*.

SINGULIER.

N. . *n.*   Cubil-ĕ,   *le lit.*
V. . . .   Cubil-ĕ,   *lit.*
G. . . .   Cubil-is,   *du lit.*
D. . . .   Cubil-ī,   *au lit.*
Ac. . . .   Cubil-ĕ,   *le lit.*
Ab. . . .   Cubil-ī,   *du lit.*

Les noms neutres, qui ont l'ablatif en *i*, ont le pluriel en *ia*.

PLURIEL.

N. . . .   Cubil-ĭa,   *les lits.*
V. . . .   Cubil-ĭa,   *lits.*
G. . . .   Cubil-ĭum , *des lits.*
D. . . .   Cubil-ĭbus , *aux lits.*
Ac. . . .   Cubil-ĭa,   *les lits.*
Ab. . . .   Cubil-ĭbus, *des lits.*   (*V.* § 75.)

Les noms neutres terminés en *ma* ont un double datif et un double ablatif pluriel.

SINGULIER.

N. . *n.*   Poema ,   *le poème.*
V. . . .   Poema ,   *poème.*
G. . . .   Poemat-is , *du poème.*
D. . . .   Poemat-ī ,   *au poème.*
Ac. . . .   Poem-a ,   *le poème.*
Ab. . . .   Poemat-ĕ ,   *du poème.*

PLURIEL.

N. . . .	Poemat-ă,	*les poèmes.*
V. . . .	Poemat-ă,	*poèmes.*
G. . . .	Poemat-um,	*des poèmes.*
D. Poemat-īs *ou* Poemat-ĭbus,		*aux poèmes.*
Ac. . . .	Poemat-ă,	*les poèmes.*
Ab. Poemat-īs *ou* Poemat-ĭbus,		*des poèmes.* (*V.* §75.)

QUATRIÈME DÉCLINAISON.

§ 9. La quatrième déclinaison a le génitif singulier en *ûs*, et le génitif pluriel en *uum*.

SINGULIER.

N.	. *f.*	Man-us,	*la main.*
V.	. . .	Man-us,	*main.*
G.	. . .	Man-ûs,	*de la main.*
D.	. . .	Man-ŭi,	*à la main.*
Ac.	. . .	Man—um,	*la main.*
Ab.	. . .	Man-ū,	*de la main.*

PLURIEL.

N. . . .	Man-ūs,	*les mains.*
V. . . .	Man-ūs,	*mains.*
G. . . .	Man-ŭum,	*des mains.*
D. . . .	Man-ĭbus,	*aux mains.*
Ac. . . .	Man-ūs,	*les mains.*
Ab. . . .	Man-ĭbus,	*des mains.* (*V.* § 76.)

Cette déclinaison renferme quelques noms neutres terminés en *u*. Ils sont indéclinables au singulier.

SINGULIER.

N.	. *n.*	Corn-ū,	*la corne.*

V. . . . . Corn-ū,   *corne.*
G. . . . . Corn-ū,   *de la corne, etc.*

PLURIEL.

N. . . . . Corn-ŭa,   *les cornes.*
V. . . . . Corn-ŭa,   *cornes.*
G. . . . . Corn-ŭum,   *des cornes.*
D. . . . . Corn-ĭbus,   *aux cornés.*
Ac. . . . . Corn-ŭa,   *les cornes.*
Ab. . . . . Corn-ĭbus,   *des cornes.* (*V.* § 76.)

CINQUIÈME DÉCLINAISON.

§ 10. Cette déclinaison a le génitif singulier en *ei*, et le génitif pluriel en *erum*.

SINGULIER.

N. *m. et f.* Di-ēs,   *le jour.*
V. . . . . Di-ēs,   *jour.*
G. . . . . Di-ēi,   *du jour.*
D. . . . . Di-ēi,   *au jour.*
Ac. . . . . Di-em,   *le jour.*
Ab. . . . . Di-ē,   *du jour.*

PLURIEL.

N. . . . . Di-ēs,   *les jours.*
V. . . . . Di-ēs,   *jours.*
G. . . . . Di-ērum,   *des jours.*
D. . . . . Di-ēbus,   *aux jours.*
Ac. . . . . Di-ēs,   *les jours.*
Ab. . . . . Di-ēbus,   *des jours.* (*V.* § 77.)

Le génitif et le datif pluriels de cette déclinaison ne sont guère en usage que dans *res* et *dies.*

TABLEAU RÉSUMÉ DES CINQ DÉCLINAISONS.

§ 11.

SINGULIER.

	Ros–ă.	Domin-us.	Soror.	Man–us.	Di-ēs.
N.	Ros–ă.	Domin-us.	Soror.	Man–us.	Di-ēs.
V.	ă.	ĕ.	or.	us.	ēs.
G.	āe.	ī.	is.	ûs.	ēi.
D.	āe.	ō.	ī.	ŭi.	ēi.
Ac.	am.	um.	em.	um.	em.
Ab.	â.	ō.	ĕ.	ū.	ē.

PLURIEL.

N.	āe.	ī.	ēs.	ūs.	ēs.
V.	āe.	ī.	ēs.	ūs.	ēs.
G.	ārum.	ōrum.	um.	ŭum.	ērum.
D.	īs.	īs.	ĭbus.	ĭbus.	ēbus.
Ac.	ās.	ōs.	ēs.	ūs.	ēs.
Ab.	īs.	īs.	ĭbus.	ĭbus.	ēbus.

REMARQUE SUR LES NOMS COMPOSÉS.

§ 12. Quand un nom est composé de deux nominatifs, l'un et l'autre se déclinent, comme *jusjurandum*, le serment, G. *jurisjurandi*, D. *jurijurando*, etc.; *respublica*, la république, G. *reipublicæ*, D. *reipublicæ*, Ac. *rempublicam*, etc.

Si le nom est composé d'un nominatif et d'un autre cas, on ne décline que celui qui est au nominatif. Exemples : *Paterfamiliâs*, le père de famille, G. *patrisfamiliâs*, D. *patrifamiliâs*, etc; *senatusconsultum*, décret du sénat, G. *senatusconsulti*, D. *senatusconsulto*, etc.

NOMS IRRÉGULIERS.

On appelle *irréguliers* les noms qui, dans leur décli-

naison , s'écartent des modèles généraux que nous venons de voir.

(1re DÉCLINAISON.)

§ 13. Le datif et l'ablatif pluriels de la première déclinaison sont régulièrement terminés en *is*. Cependant
les noms suivans font ces cas en *abus*.

Anim–a , *l'âme ;* dat. et abl. pluriels, Animābus .
Asin–a , *l'ânesse.* | Fili–a ,   *la fille.*
De–a ,   *la déesse.* | Famul–a , *la servante.*
Domin–a, *la maîtresse .* | Mul–a ,   *la mule.*
Equ–a ,   *la jument.* | Nat–a ,   *la fille.*

Cette terminaison sert à les distinguer des noms masculins , *De–us, anim–us , fili–us , etc.*

(2e DÉCLINAISON.)

§ 14. Les noms propres en *ius* font le vocatif en *i* ,
comme *Virgilius* , Virgile , voc. *Virgili ; Pompeius* ,
Pompée , voc. *Pompei; Antonius* , Antoine , voc. *An-
toni.*

Aux noms propres en *ius* , on doit ajouter *filius* ,
le fils , et *genius* , le génie , qui font au vocatif , *fili* ,
géni.

Les autres noms en *ius* , qui ne sont pas des noms
propres , font régulièrement leur vocatif en *e ; tabella-
rius* , messager , voc. *tabellarie.*

Les trois noms *Deus* , *agnus* et *chorus* , ont le vocatif semblable au nominatif. *Deus* présente en outre au
pluriel les irrégularités suivantes :

PLURIEL.

N. . *m.* Dii ,   *les dieux.*
V. . . . Dii ,   *dieux.*

G. . . . . Deōrum, *des dieux*.
D. . . . . Diis, *aux dieux*.
Ac. . . . . Deos, *les dieux*.
Ab. . . . . Diis, *des dieux*.

Juger—um, i, arpent, suit au pluriel la troisième déclinaison, *juger—a, juger—um, juger—ibus*.

(3ᵉ DÉCLINAISON.)

§ 15. *Jupiter*, Jupiter, fait au génitif *jov—is*, d'où se forment tous les autres cas.

Bos, g. *bov—is*, un bœuf, fait au génitif pluriel *boum* et au datif *bobus*, par syncope, au lieu de *bov—ium, bov—ibus*.

Vas, vas—is, neut. un vase, au pluriel est de la deuxième déclinaison, *vas—a, vas—orum*.

(4ᵉ DÉCLINAISON.)

§ 16. Les noms suivans ont le datif et l'ablatif pluriels en *ubus*, au lieu de l'avoir régulièrement en *ibus*.

	Arcus, un arc, *dat. et abl. pl.*, arcubus.		
	Artus (*sans. sing.*), les membres du corps,		artubus.
Masc.	*Lacus*,	un lac,	lacubus.
	Partus,	l'enfantement,	partubus.
	Portus,	un port,	portubus.
M. et f.	*Specus*,	une caverne,	specubus.
f.	*Tribus*,	une tribu,	tribubus.
n.	*Veru*,	une broche,	verubus.

Cette irrégularité a pour objet d'adoucir la prononciation de quelques-uns de ces noms, et de distinguer les autres des noms de la troisième déclinaison, *arx, ars, pars, ver*.

Le nom féminin *dom-us* se décline, ainsi qu'il suit, d'après la deuxième et la quatrième déclinaison.

SINGULIER.

N.	*f.*	Dom–us,	*la maison.*
V.	. . .	Do–mus,	*maison.*
G.		Dom–ûs, (*et* dom–ī *à la quest. ubi seulement.*)
D.	. . .	Dom–ŭi,	*à la maison.*
Ac.	. . .	Dom-um,	*la maison.*
Ab.	. . .	Dom–ō,	*de la maison.*

PLURIEL.

N.	. . .	Dom–ūs,	*les maisons.*
V.	. . .	Dom–ūs,	*maisons.*
G.		Dom–ōrum, *et quelquefois* dom–ŭum.
D.	. . .	Dom–ĭbus,	*aux maisons.*
Ac.		Dom–ōs *et* dom–ūs,	*les maisons.*
Ab.	. . .	Dom–ĭbus,	*des maisons.*

Le nom de notre Sauveur, nominatif *Jesus*, fait à l'accusatif *Jesum*, et à tous les autres cas, il fait *Jesu*.

Les noms suivans sont irréguliers dans le genre, c'est-à-dire, qu'ils ne conservent pas au pluriel le même genre qu'ils ont au singulier.

Balne-um, i, *n. bain.*	*Pl.* Balne-æ, arum, *f.*
Carbas-us, i, *f. voile.*	Carbas-a, orum, *n.*
Delici-um, i, *n. délice.*	Delici-æ, arum, *f.*
Cœl-um, i, *n. ciel.*	Cœl-i, orum, *m.*
Epul-um, i, *n. repas public.*	Epul-æ arum, *f.*
Fren-um, i, *n. frein.*	Fren-i *et* fren-a, orum.
Joc-us, i, *m. jeu.*	Joc-i *et* joc-a, orum,
Lo-cus, i, *m. lieu.*	Loc-a, orum. *n.*
Rastr-um, i, *n. râteau.*	Rastr-i *et* rastr-a, orum, *n.*
Supell-ex, lectil-is, *f. meubles.*	Supellectil-ia, ium, *n.*
Tartar-us, i, *m. le Tartare.*	Tartar-a, orum, *n.*

DÉCLINAISONS IMITÉES DU GREC.

§ 17. Outre les irrégularités que nous venons de voir, la langue latine a emprunté à la langue grecque un certain nombre de noms, qui suivent la déclinaison grecque à plusieurs de leurs cas.

(1re DÉCLINAISON.)

Mᴏᴅᴇ̀ʟᴇ pour les Noms en *e*, génitif *es*.

SINGULIER.

N.	.	f.	Music–ē,	*la musique.*
V.	. . .		Music–ē,	*musique.*
G.	. . .		Music–ēs,	*de la musique.*
D.	. . .		Music–āe,	*à la musique.*
Ac.	. . .		Music–ēn,	*la musique.*
Ab.	. . .		Music–ē,	*de la musique.*

(*V.* § 78.)

Nᴏᴍs en *es*, génitif *œ*.

SINGULIER.

N.	.	m.	Comet–ēs,	*la comète.*
V.	. . .		Comet–ē,	*comète.*
G.	. . .		Comet–āe,	*de la comète.*
D.	. . .		Comet–āe,	*à la comète.*
Ac.	. . .		Comet–ēn,	*la comète.*
Ab.	. . .		Comet–ē,	*de la comète.* (*V.* § 78.)

Nᴏᴍs en *as*, génitif *œ*.

SINGULIER.

N.	.	m.	Æne–as,	*Énée.*
V.	. . .		Æne–ā,	*Énée*
G.	. . .		Æne–āe,	*d'Énée.*
D.	. . .		Æne–āe,	*à Énée.*

Ac. . . . . Æne–ān,   *Énée*,

Ab. . . . . Æneä,   *d'Énée.*   (*V.* § 78.)

Le pluriel des noms qui suivent ces trois modèles, se décline comme *ros-œ, arum*; mais les noms propres n'ont point de pluriel.

(2ᵉ DÉCLINAISON.)

Noms en *eus*, génitif *ei* et *eos*.

SINGULIER.

N. . *m.*   Orph–ĕus,   *Orphée.*

V. . . .   Orph–ĕū,   *Orphée.*

G. . . .   Orph–ĕī *et* Orph–ĕos, *d'Orphée.*

D. . . .   Orph–ĕō *et* Orph–ĕī, *à Orphée.*

Ac. Orph–ĕum, Orph–ĕon *et* Orph–ĕä, *Orphée.*

Ab. . . .   Orph–ĕō,   *d'Orphée:* (*V.* § 78.)

Le vocatif se forme du nominatif en supprimant la lettre *s*.

(3ᵉ DÉCLINAISON.)

HÆRESIS.

§ 18.   SINGULIER.

N. . *f.*   Hæres–is,   *l'hérésie.*

V. . . . . Hæres–is,   *hérésie.*

G. . . . . Hæres–is *ou* hæres–ĕos, *de l'hérésie.*

D. . . .   Hæres–ī,   *à l'hérésie.*

Ac. . . . Hæres–im *ou* hæres–īn, *l'hérésie.*

Ab. . . . Hæres–ī,   *de l'hérésie.*

PLURIEL.

N. . . . . Hæres–ēs,   *les hérésies.*

V. . . . . Hæres–ēs,   *hérésies.*

G. . . . . Hæres–ĕōn , *des hérésies.*
D. . . . . Hæres–ĭbus, *aux hérésies.*
Ac. . . . . Hæres–ēs , *les hérésies.*
Ab. . . . . Hæres–ĭbus, *des hérésies.*

Ainsi se déclinent les noms en *is* , tirés du grec , qui n'ont pas plus de syllabes au génitif qu'au nominatif.

(*V.* § 78.)

HÉROS.

SINGULIER.

N. . *m.* . Hero–s, *le héros.*
V. . . . . Hero–s, *héros.*
G. . . . . Hero–is, *du héros.*
D. . . . . Hero–ī, *au héros.*
Ac. . . . . Hero–em *ou* hero–ă, *le héros.*
Ab. . . . . Hero–ĕ, *du héros.*

PLURIEL.

N. . . . . Hero–ēs, *les héros.*
V. . . . . Hero–ēs, *héros.*
G. . . . . Hero–um , *des héros.*
D. . . . . Hero–ĭbus, *aux héros.*
Ac. . . . . Hero–ēs *ou* hero–as, *les héros.*
Ab. . . . . Hero–ĭbus, *des héros.*

Ainsi se déclinent les noms de la troisième déclinaison , tirés du grec , qui ont au génitif une syllabe de plus qu'au nominatif. (*V.* § 78.)

DES ADJECTIFS.

ADJECTIFS QUALIFICATIFS.

§ 19. L'ADJECTIF est un mot qui se joint au nom pour en déterminer quelque qualité.

Les adjectifs se déclinent.

Il y a un grand nombre d'adjectifs qui se rapportent à la première et à la deuxième déclinaison, comme *bon-us, bon-a, bon-um,* bon, bonne. La terminaison *us* est pour le masculin, et se décline comme *Domin-us ; bon-a* est pour le féminin, et se décline sur *ros-a ; bon-um* est pour le neutre et se décline sur *templ-um.*

Quelques-uns sont terminés en *er, a, um ;* ils suivent le même modèle que ceux en *us.* On observera seulement que dans ces adjectifs, comme dans les noms en *er,* le vocatif masculin est semblable au nominatif.

SINGULIER.

N. . . .	Bon–us,	bon–ă,	bon–um.
	bon,	*bonne,*	*bon.*
V. . . .	Bon–ĕ,	bon–ă,	bon–um.
G. . . .	Bon–ī,	bon–āe,	bon–ī.
D. . . .	Bon–ō,	bon–āe,	bon–ō.
Ac. . . .	Bon–um,	bon–am,	bon–um.
Ab. . . .	Bon–ō,	bon–ā,	bon–ō.

PLURIEL.

N. . . .	Bon–ī,	bon–āe,	bon–ă.
V. . . .	Bon–ī,	bon–āe,	bon–ă.

```
G. . . . .   Bon-ōrum, bon-ārum, bon-ōrum.
D. . . . .   Bon-īs,   bon-īs,   bon-īs.
Ac. . . . .  Bon-ōs,   bon-ās,   bon-ă.
Ab. . . .    Bon-īs,   bon-īs,   bon-īs.
                             ( V. § 79. )
```

§ 20. Il y a des adjectifs de la troisième déclinaison; ils se déclinent d'après trois modèles.

PREMIER MODÈLE.

SINGULIER.

```
N.m.f.et n.  Prudens,     prudent, prudente.
V. . . . .   Prudens.     )
G. . . .     Prudent-is,  } pour les 3 genres.
D. . . .     Prudent-ī,   )
Ac.m.f.      Prudent-em, n. prudens.
Ab. . . .    Prudent-ĕ ou prudent-ī, pour les 3 g.
```

PLURIEL.

```
N. m. f.     Prudent-ēs, n. prudent-ĭa.
V. . . . .   Prudent-ēs,  prudent-ĭa.
G. . . . .   Prudent-ĭum,  ) pour les 3 genres.
D. . . . .   Prudent-ĭbus, )
Ac. m.f.     Prudent-ēs, n. prudent-ĭa.
Ab . . .     Prudent-ĭbus, pour les 3 genres.
```

Déclinez ainsi les adjectifs qui n'ont au nominatif qu'une seule terminaison pour les trois genres. (V.§80.)

DEUXIÈME MODÈLE.

SINGULIER.

```
N. m. f.     Fort-is, n. fortĕ, courageux, geuse.
V. . . . .   Fort-is, fort-ĕ.
G. . . . .   Fort-is,  ) pour les 3 genres.
D. . . . .   Fort-ī,   )
```

Ac. m. f. Fort–em, *n.* fort–ĕ.
Ab.. . . . Fort–ī.

PLURIEL.

N. m. f. Fort–ēs, *n.* fort–ĭa.
V. . . . Fort–ēs, fort–ĭa.
G. . . . Fort–ĭum, }
D. . . . Fort–ĭbus, } *pour les 3 genres.*
Ac. m. f. Fort–ēs , *n.* fort–ĭa.
Ab. . . . Fort–ĭbus, *pour les 3 genres.*

Ainsi se déclinent les adjectifs qui ont une première terminaison pour le masculin et le féminin, et une deuxième pour le neutre.   (*V.* § 80.)

TROISIÈME MODÈLE.

SINGULIER.

N. m. Celeber, *f.* celebr–is, *n.* celebr–ĕ, *célèbre.*
V. . . . Celeber, celebr–is, celebrĕ.
G. . . . Celebr–is, } *pour les 3 genres.*
D. . . . Celebr–ī, }
Ac. m. f. Celebr–em, *n.* celebr–ĕ.
Ab. . . . Celebr–ī, *pour les 3 genres.*

PLURIEL.

N. m. f. Celebr–ēs, *n.* celebr–ĭa.
V. . . . Celebr–ēs, celebr–ĭa.
G. . . . Celebr–ĭum, } *pour les 3 genres.*
D. . . . Celebr–ĭbus, }
Ac. . . . Celebr–ēs, *n.* celebr–ĭa.
Ab. . . . Celebr–ĭbus, *pour les 3 genres.*

Déclinez ainsi les adjectifs de la troisième déclinaison, qui ont, au nominatif singulier, trois terminaisons pour les trois genres.   (*V.* § 80.)

Les adjectifs de la troisième déclinaison, qui ont le nominatif neutre en *e*, ont l'ablatif en *i* seulement, afin qu'on puisse distinguer ces deux cas.

FORMATION DU COMPARATIF ET DU SUPERLATIF.

§ 21. Il y a trois degrés de signification dans les adjectifs ; le *positif*, le *comparatif* et le *superlatif*.

Le *positif* n'est autre chose que l'adjectif simple, comme *saint, sainte*.

Le *comparatif* exprime la même qualité dans un plus haut degré, comme *plus saint, plus sainte*.

Le *superlatif* est la signification de l'adjectif dans le plus haut degré ou dans un très haut degré, comme *le plus saint, la plus sainte ; très saint, très sainte*.

On connaît le *comparatif* en français, quand il y a *plus* devant un adjectif ; et le *superlatif*, quand il y a *le plus, la plus ; bien, très, fort. Mon, ton, son, notre, votre, leur* devant un *comparatif*, expriment aussi le *superlatif : mon plus fidèle ami*, c'est-à-dire *mon ami le plus fidèle*.

En latin, le *comparatif* et le *superlatif* sont exprimés par des changemens dans la forme de l'adjectif.

Le *comparatif latin* se forme du cas de l'adjectif terminé en *i*, auquel on ajoute *or*, pour le masculin et le féminin, et *us*, pour le neutre. Ainsi du génitif *sanct-i*, on formera *sanct-ior*, masculin et féminin ; *sanct-ius*, neutre : du datif *fort-i*, on formera *fort-ior*, masculin et féminin ; *fort-ius*, neutre. *Sanct-ior* se décline sur *soror*, et *sanct-ius* sur *corpus*.

Le *superlatif latin* se forme aussi du cas de l'adjectif terminé en *i*, auquel on ajoute *ssimus, ssima, ssimum*. Ainsi du génitif *sanct-i*, on formera *sanct-issimus, a*,

um : du datif *fort–i*, on formera *fort–issimus, a, um.*
Les superlatifs se déclinent comme *bon–us, a, um.*

EXCEPTIONS.

1º Les adjectifs en *er* forment leur superlatif du nominatif masculin, en ajoutant *rimus ; pulcher,* beau, *pulcher–rimus, rima, rimum.*

2º Les adjectifs suivans, *facil–is,* facile ; *humil–is,* humble ; *simil–is,* semblable ; *gracil–is,* mince ; *imbecill–is,* faible, forment, ainsi que leurs composés, leur superlatif en *illimus ;* comme *facilis, facillimus.*

Les autres adjectifs en *lis* forment leur superlatif régulièrement : *util–is,* utile, *util–issimus.*

3º Les adjectifs en *dicus, ficus, volus,* forment leur comparatif en *entior,* et leur superlatif en *entissimus : maledic–us,* médisant, *maledicentior, maledicentissimus ; benevolus, benevolentior, benevolentissimus.*

(*Ces degrés de signification sont régulièrement formés despositifs* maledicens, benevolens, etc.)

4º Les quatre adjectifs suivans forment leur comparatif et leur superlatif très irrégulièrement.
Bonus, bon ; *melior,* meilleur ; *optimus,* très bon. *Malus,* mauvais ; *pejor,* pire ; *pessimus,* très mauvais. *Magnus,* grand ; *major,* plus grand ; *maximus,* très grand. *Parvus,* petit ; *minor,* plus petit ; *minimus,* très petit.

5º Les adjectifs terminés en *ius, eus, uus,* forment leur comparatif et leur superlatif comme en français, c'est–à–dire en ajoutant *magis* et *maximè* devant le positif : *pius,* pieux ; *magis pius,* plus pieux ; *maximè pius,* très pieux.

Cependant les adjectifs en *quus* forment leur comparatif et leur superlatif régulièrement : *antiqu–us,* ancien, *antiqu–ior, antiqui–ssimus.*

C'est que les deux lettres inséparables *qu* ne représentent qu'une seule consonne.

ADJECTIFS DE NOMBRE.

§ 22. IL y a deux sortes de nombres : les nombres *cardinaux*, et les nombres *ordinaux*.

1º Les nombres *cardinaux* expriment simplement le nombre, la quantité. Les trois premiers se déclinent ainsi qu'il suit :

SINGULIER.

	m.	f.	n.	
N.	Un-us,	un-a ,	un-um,	*un, une.*
G.	Un-ius ,	} *pour les 3 genres.*		
D.	Un-i,			
Ac.	Un-um,	un-am,	un-um.	
Ab.	Un-o ,	un-â ,	un-o.	

PLURIEL.

N.	Du-o ,	du-æ ,	du-o,	*deux.*
G.	Du-orum ,	du-arum ,	du-orum.	
D.	Du-obus,	du-abus,	du-obus.	
Ac.	Du-os *et* du-o,	du-as,	du-o.	
Ab.	Du-obus,	du-abus,	du-obus.	

Ainsi se décline *ambo, ambœ, ambo,* tous deux.

PLURIEL.

	m.	f.	n.	
N.	Tr-es ,	tr-es ,	tr-ia ,	*trois.*
G.	Tr-ium,	} *pour les 3 genres.*		
D.	Tr-ibus,			
Ac.	Tr-es ,	tr-es,	tr-ia.	
Ab.	Tr-ibus, *pour les 3 genres.*			

Les autres nombres jusqu'à cent sont indéclinables.

Quatuor, *quatre.*	Novem , *neuf.*
Quinque, *cinq.*	Decem , *dix.*
Sex, *six.*	Undecim, *onze.*
Septem , *sept.*	Viginti, *vingt.*
Octo, *huit.*	Centum, *cent, etc.*

(V. § 94.)

Au-dessous de *cent,* quand il y a deux mots pour exprimer un nombre, le plus petit nombre se met le premier, suivi de la conjonction *et,* ou le dernier sans conjonction : vingt-et-un, *unus et viginti* ou *viginti unus ;* vingt-deux, *duo et viginti* ou *viginti duo.*

2º Les nombres *ordinaux* marquent l'ordre et le rang de chaque chose. Ils sont généralement formés des nombres *cardinaux*, et se déclinent comme *bon-us, a, um.*

Primus, a, um, *premier.*	Vigesimus, *vingtième.*
Secundus, *second.*	Trigesimus, *trentième.*
Tertius, *troisième.*	Centesimus, *centième, etc.*

(V. § 95.)

ADJECTIFS DÉMONSTRATIFS.

§ 23. Ils servent à indiquer que la chose dont on parle est présente, ou qu'elle est déjà connue, parce qu'on en a parlé précédemment.

SINGULIER.

	m.	f.	n.
N. . . .	Is,	ea,	id,
	ce,	*cette,*	*ce* (avec un nom).
	ou *celui-là,*	*celle-là,*	*cela* (tenant lieu du nom).
G. . . .	Ejus,		
D. . . .	Ei,	} *pour les 3 genres.*	
Ac. . . .	Eum,	eam,	id.
Ab. . . .	Eo,	eâ,	eo.

PLURIEL.

N. . . . . Ii *ou* ei, eæ, ea.
        ces, *ces*, *ces*,
    ou *ceux-là*, *celles-là*, *ces choses.*
G. . . . . Eorum, earum, eorum.
D. . . . . Iis *ou* eis, *pour les 3 genres.*
Ac. . . . . Eos, eas, ea.
Ab. . . . . Iis *ou* eis, *pour les 3 genres.*

Déclinez ainsi *idem, eadem, idem,* génitif *ejusdem,* datif *eidem,* le même, la même.

HIC, HÆC, HOC.

SINGULIER.

        m.   f.   n.
N. . . . . Hic, hæc, hoc,
        ce, *cette* *ce* (avec un nom).
  ou *celui-ci*, *celle-ci*, *ceci* (tenant lieu du nom).
G. . . . . Hujus, } *pour les 3 genres.*
D. . . . . Huic, }
Ac. . . . . Hunc, hanc, hoc.
Ab. . . . . Hoc, hâc hoc.

PLURIEL.

N. . . . . Hi, hæ, hæc.
       ces, *ces*, *ces*,
    ou *ceux-ci*, *celles-ci*, *ces choses.*
G. . . . . Horum, harum, horum.
D. . . . . His *pour les 3 genres.*
Ac. . . . . Hos, has, hæc.
Ab. . . . . His, *pour les 3 genres.*

Cet adjectif s'emploie pour désigner les objets présens ou voisins.

ILLE, ILLA, ILLUD.

SINGULIER.

	m.	f.	n.
N.	Ille,	illa,	illud,

ce,   cette,   ce,   (avec un nom).
ou *celui-là,   celle-là,   cela* (tenant lieu du nom).

| G. . . . . | Illius, | } *pour les 3 genres.* |
| D. . . . , | Illi, | |

| Ac. . . . . | Illum, | illam, | illud. |
| Ab. . . . . | Illo, | illà, | illo. |

PLURIEL.

	m.	f.	n.
N. . . .	Illi,	illæ,	illa,

ces,   ces,   ces,
ou *ceux-là,   celles-là, ces choses.*

G. . . .	Illorum, illarum, illorum.
D. . . .	Illis, *pour les 3 genres.*
Ac. . . .	Illos, illas, illa.
Ab. . . .	Illis, *pour les 3 genres.*

Cet adjectif désigne les objets absens ou éloignés.

Déclinez ainsi *iste, ista, istud*, qui ajoute ordinairement une idée de mépris à la même signification, et *ipse, ipsa, ipsum*, moi, toi, lui *ou* elle-même, cela même.

ADJECTIFS POSSESSIFS.

§ 24. Ils indiquent la possession de la chose dont on parle.

	m.	f.	n.
	Me—us,	me-a,	me—um,
	Mon,	*ma*,	*mon* (avec un nom).
ou *le mien*,	*la mienne*,	*le mien* (tenant lieu du nom).
	Tu—us,	tu—a,	tu—um,
	Ton,	*ta*,	*ton*,
ou *le tien*,	*la tienne*,	*le tien.*

Su–us,   su–a,   su–um,
Son,   sa,   son,
ou *le sien,   la sienne,   le sien.*

Noster,   nostr-a,   nostr-um,
Notre,   notre,   notre,
ou *le nôtre,   la nôtre   le nôtre.*

Vester,   vestr-a,   vestr–um,
Votre,   votre,   votre,
ou *le vôtre,   la vôtre,   le vôtre.*

Cuj–us,   cu-ja,   cuj-um?
De qui ou à qui?

Ces adjectifs se déclinent comme *bon–us , a , um;* mais ils n'ont point de vocatif. *Me–us* seul fait au vocatif *mi, me–a, me–um,* pluriel *me–i, me–œ, me–a.*

ADJECTIF CONJONCTIF OU RELATIF.

§ 25. Il sert à joindre une proposition à un nom pré–cédent dont il rappelle l'idée et que l'on nomme son *an–técédent.*

SINGULIER.

N. .   Qui,   quæ,   quod.
     Qui, lequel,   laquelle.
G. .   Cujus, *pour les 3 genres.*
     Dont, de qui, duquel, de laquelle.
D. .   Cui , *pour les 3 genres.*
     A qui, auquel, à laquelle.
Ac. .   Quem,   quam ,   quod,
     Que, lequel,   laquelle.
Ab. .   Quo,   quâ,   quo,
     Dont, de qui, de laquelle.

PLURIEL.

N. . Qui, quæ, quæ,
Qui, lesquels, lesquelles.

G. . Quorum, quarum, quorum.
Dont, de qui, desquels, desquelles.

D. . Quibus *ou* queis, *des 3 genres.*
A qui, auxquels, auxquelles.

Ac. . Quos, quas, quæ,
Que, lesquels, lesquelles.

Ab. . Quibus *ou* queis, *des 3 genres.*
Dont, de qui, desquels, desquelles.

ADJECTIFS INTERROGATIFS.

§ 26. Ce sont ceux dont on se sert pour interroger.

SINGULIER.

N. Quis? quæ? quid? (*et* quod avec un nom).
Quel? quelle? quel? (avec un nom).
ou *Qui? qui? qui?* (tenant lieu du nom).

G. Cujus? etc. *Il ne diffère pas de l'adjectif conjonctif.*

On dit aussi, *Quisnam? quænam? quidnam* et *quodnam?*

— Et *Ecquis? ecqua? ecquid* et *ecquod?*

ADJECTIFS INDÉFINIS.

§ 27. Ils renferment une idée de généralité et d'indétermination.

m.	f.	n.
Ull–us,	ull–a.	ull–um.
Aucun,	*aucune*	(sans négation).

Null–us, null–a, null–um.
Nul, aucun (avec une négation).

Nonnull–us, nonnull–a, nonnull–um.
Quelque, un certain nombre.

Sol–us, sol–a sol–um.
Seul, seule.

Tot–us, tot–a, tot–um.
Tout, toute, tout entier.

Ali–us, ali–a, ali–ud.
Un autre.

Alter, alter–a, alter–um.
L'autre (en parlant de deux).

Uter, utr–a, utr–um.
Le quel des deux.

Neuter, neutr–a, neutr–um.
Ni l'un ni l'autre.

Uterque, utr–aque, utr–umque.
L'un et l'autre.

Alteruter, alterutr–a, alterutr–um.
L'un ou l'autre.

Ces adjectifs se déclinent comme *unus, a, um,* et ont tous par conséquent le génitif en *ius,* et le datif en *i.* Au pluriel ils se déclinent comme *bon–i, æ, a.*

Dans les adjectifs suivans composés de *qui* ou *quis,* on décline seulement *qui* ou *quis;* les autres syllabes restent les mêmes :

Quidam, quædam, quiddam (*et* quoddam avec un nom.)
     Un certain.

Quicumque, quæcumque, quidcumque *et* quodcumque, *Quiconque.*

Quilibet, quælibet, quidlibet *et* quodlibet, *Qui l'on voudra.*

Quispiam, quæpiam, quidpiam *et* quodpiam. *Quelqu'un.*

Quisquam , quæquam, quidquam *et* quodquam, *Quel-*
   qu'un.

Quisque , quæque , quidque *et* quodque , *Chacun ,*
   chacune.

Aliquis, aliqua , aliquid *et* aliquod, *Quelque, quelqu'un.*
Au pluriel devant un nom de choses qui se comptent ,
   on dit aussi aliquot (*indécl.*).

Dans *unusquisque,* on décline *unus* et *quisque;* et
dans *quisquis,* on décline deux fois *quis :*

Unusquisque , unaquæque , unumquodque , *Chacun;*
   G. uniuscujusque , *D.* unicuique , etc.

Quisquis, quæquæ, quidquid *et* quodquod, *Quiconque,*
   qui que ce soit , tout ce qui; G. cujuscujus , *D.*
   cuicui , etc.

DES PRONOMS.

§ 28. Le pronom est un mot qui tient la place du
nom.

Le pronom, qui remplace la personne qui parle, est
appelé pronom de la *première personne;* celui qui remplace la personne à qui l'on parle, s'appelle pronom
de la *deuxième personne;* et celui qui désigne la personne dont on parle, est appelé pronom de la *troisième*
personne. Les pronoms se déclinent.

PRONOM DE LA 1re PERSONNE.

SIGULIER.	PLURIEL.
N. Ego, *je* ou *moi.*	N. Nos, *nous.*
G. Mei , *de moi.*	G. Nostrûm *et* nostrî, *de n.*
D. Mihi , *à moi,* me.	D. Nobis, *à nous, nous.*

Ac. Me, *moi, me.*   *Ac.* Nos, *nous.*
Ab. Me, *de* ou *par m.*   *Ab.* Nobis, *de* ou *par nous.*

PRONOM DE LA 2ᵉ PERSONNE.

SINGULIER.   **PLURIEL.**

N. Tu, *tu* ou *toi.*   *N.* Vos, *vous.*
V. Tu, *toi.*   *V.* Vos, *vous.*
G. Tuî, *de toi.*   *G.* Vestrûm *et* vestrî, *de v.*
D. Tibi, *à toi, te.*   *D.* Vobis, *à vous, vous.*
Ac. Te, *toi, te.*   *Ac.* Vos, *vous.*
Ab. Te, *de* ou *par toi.*   *Ab.* Vobis, *de* ou *par vous.*

PRONOM DE LA 3ᵉ PERSONNE.

Ce sont en français *il, elle, ils, elles, le, la, les, lui,
eux, leur, en, y.* L'office de ces pronoms est rempli
en latin par les adjectifs démonstratifs, *is, ea, id; hic,
hæc, hoc; ille, illa, illud; iste, ista, istud.*

PRONOM RÉFLÉCHI DE LA 3ᵉ PERSONNE.

Ce pronom n'a point de nominatif ni de vocatif.

SINGULIER ET PLURIEL.

G. Suî, *de soi, de lui–même, d'elle–même, d'eux–
      mêmes, d'elles–mêmes.*
D. Sibi, *à soi, à lui–même, à elle–même, à eux–
      mêmes, à elles–mêmes.*
Ac. Se, *soi, se, lui–même, elle–même, eux–mêmes,
      elles–mêmes.*
Ab. Se, *de* ou *par soi, de lui–même, d'elle–même,
      d'eux–mêmes, d'elles–mêmes.*

4.

DU VERBE.

§ 29. Nous ne parlons que pour exprimer nos jugemens. L'expression d'un jugement s'appelle *proposition*.

Toute proposition est composée de trois parties, un *sujet*, un *verbe* et un *attribut*.

Le sujet est la personne ou la chose sur laquelle nous voulons porter un jugement.

L'attribut est la qualité que nous regardons comme convenant à cette personne ou à cette chose.

Le verbe est le mot par lequel nous affirmons cette convenance.

Ainsi la réunion de ces trois mots, *Dieu est juste*, forme une proposition, dont le sujet est *Dieu*, l'attribut *juste*, et le verbe *est*.

Le verbe ne se présente pas toujours sous une forme aussi simple. Souvent il est réuni en un seul mot avec l'attribut. C'est ainsi que l'on dit, *j'étudie*, *je travaille*, au lieu de dire *je suis étudiant*, *je suis travaillant*. Ces mots qui renferment en eux-mêmes la valeur du verbe *être* et celle d'un attribut s'appellent pour cette raison verbes *attributifs*. Le verbe *être* exprimant simplement l'existence du sujet et sa relation à un attribut, est appelé verbe *susbtantif*.

On distingue plusieurs sortes de verbes attributifs, le verbe *actif*, le verbe *passif*, et le verbe *neutre*.

On appelle verbe actif celui dont l'attribut renfermé dans ce verbe exprime une action faite par le sujet et qui tombe directement sur un objet, comme *j'aime* ou *je suis aimant Dieu*. On connaît qu'un verbe est actif, quand après lui on peut mettre *quelqu'un* ou *quelque chose*.

Le verbe passif est celui dont l'attribut exprime une action reçue par le sujet, comme *je suis aimé*.

Enfin le verbe neutre est celui dont l'attribut renfermé dans ce verbe, exprime une manière d'être du sujet, ou une action faite par le sujet, mais qui ne tombe pas directement sur un objet, comme *languir, travailler, obéir*. On connaît un verbe neutre, quand après lui on ne peut pas mettre *quelqu'un* ou *quelque chose*.

Le verbe est susceptible de certains changemens de formes ou de terminaisons. Ces modifications sont au nombre de cinq, savoir : la personne, le nombre, le temps, le mode et la voix.

La *personne* est la forme que prend le verbe pour indiquer que le sujet est de la 1er, de la 2e ou de la 3e personne. Ainsi il y a trois personnes dans les verbes ; *j'aime* est de la 1er ; *tu aimes* est de la 2e ; *il aime*, de la 3e.

Le *nombre* est la forme ou la terminaison que prend le verbe suivant que le sujet désigne un seul ou plusieurs individus. Il y a donc deux nombres dans les verbes, le *singulier* et le *pluriel* : j'aime, nous aimons.

Le *temps* est la forme ou la terminaison que reçoit le verbe pour indiquer si l'action marquée par ce verbe *est, a été* ou *sera*. La forme qui indique que la chose est actuellement, s'appelle *présent*, je lis ; celle qui annonce que la chose a été, s'appelle *passé* ou *parfait*, j'ai lu ; celle qui indique que la chose sera, est appelée *futur*, je lirai. Il y a donc trois temps principaux dans les verbes, le présent, le passé ou parfait, et le futur.

Au parfait se rapporte l'*imparfait*, je lisais et le *plus-que-parfait*, j'avais lu.

Au futur se rapporte le *futur antérieur*, j'aurai lu.

Le *mode* est la forme ou la terminaison que prend le verbe, pour indiquer quelque modification de l'action. Il y en a quatre en latin, l'indicatif, l'impératif, le subjonctif et l'infinitif.

L'*indicatif* présente l'existence ou l'action marquée par le verbe d'une manière positive et absolue : *je travaille, je lirai*.

L'*impératif* joint à la signification du verbe l'idée accessoire d'exhortation ou de commandement : *lis, travaille*.

Le *subjonctif* y joint une idée de subordination à un verbe précédent ; comme, je désire que *vous travailliez*.

L'*infinitif* exprime l'action ou la manière d'être en général, sans distinction de nombre ni de personne : *lire, avoir lu.*

A ces modes on peut ajouter le *participe*, qui fait en même temps l'office d'adjectif : *imitant, ayant imité.*

La *voix* est la forme que reçoit ordinairement le verbe, suivant que l'action est faite ou reçue par le sujet, suivant que le verbe est actif ou passif. Il y en a deux en latin et en français, la voix *active* et la voix *passive : amo*, j'aime, est à la voix active; *amor*, je suis aimé, à la voix passive.

Il résulte de ce que nous venons de dire que tout verbe se compose de deux parties, l'une invariable, appelée *radical*, qui représente l'attribut; l'autre appelée *terminaison*, qui renferme la valeur du verbe *être*, et qui varie à tous les changemens de personne, de nombre, de temps, de mode et de voix.

Ajouter successivement au radical d'un verbe toutes les terminaisons dont il est susceptible, cela s'appelle *conjuguer.*

Les verbes neutres ont la même forme et se conjuguent de la même manière que les verbes actifs, mais ils n'ont point de passif.

Considérés relativement à la manière de les conjuguer, les verbes se divisent en *réguliers* et en *irréguliers*. Les verbes réguliers sont ceux qui suivent les modèles généraux que nous allons présenter ; les irréguliers sont ceux qui s'en écartent.

Il y a en latin quatre conjugaisons, que l'on distingue par la terminaison de l'infinitif et la deuxième personne du présent de l'indicatif.

La première conjugaison a le présent de l'infinitif en *are*, et la deuxième personne du présent de l'indicatif en *as.*

La deuxième fait au présent de l'infinitif *ere*, et à la deuxième personne du présent de l'indicatif *es.*

La troisième a le présent de l'infinitif en *ere*, et la deuxième personne du présent de l'indicatif en *is.*

La quatrième a le présent de l'infinitif en *ire*, et la deuxième personne du présent de l'indicatif en *is.*

Nous commencerons par le verbe *sum*, quoique très irrégulier, parce que, comme verbe substantif il tient le premier rang, et qu'il est d'ailleurs nécessaire à la conjugaison des verbes passifs.

§ 30.

INDICATIF.

PRÉSENT,	*S.*	Sum,	*je suis.*
		Es,	*tu es.*
		Est,	*il est.*
	P.	Sŭmus,	*nous sommes.*
		Estis,	*vous êtes.*
		Sunt,	*ils sont.*
IMPARFAIT,	*S.*	Eram,	*j'étais.*
		Eras,	*tu étais.*
		Erat,	*il était.*
	P.	Erāmus,	*nous étions.*
		Erātis,	*vous étiez.*
		Erant,	*ils étaient.*
PARFAIT,	*S.*	Fŭi,	*je fus, j'ai ou j'eus été.*
		Fŭīsti,	*tu fus, tu as ou tu eus été.*
		Fŭit,	*il fut, il a ou il eut été.*
	P.	Fŭïmus,	*nous fûmes, nous avons ou nous eûmes été.*
		Fŭistis,	*vous fûtes, vous avez ou vous eûtes été.*
		Fŭērunt *ou* fŭēre,	*ils furent, ils ont ou ils eurent été.*
PL.-PARFAIT,	*S.*	Fŭĕram,	*j'avais été.*
		Fŭĕras,	*tu avais été.*
		Fŭĕrat,	*il avait été.*
	P.	Fŭĕrāmus,	*nous avions été.*
		Fŭĕrātis,	*vous aviez été.*
		Fŭĕrant,	*ils avaient été.*
FUTUR.	*S.*	Ero,	*je serai.*
		Eris,	*tu seras.*
		Erit,	*il sera.*
	P.	Erĭmus,	*nous serons.*
		Erĭtis,	*vous serez.*
		Erunt,	*ils seront.*

FUTUR ANT.	*S.* Fŭĕro,	*j'aurai été.*
	Fŭĕris,	*tu auras été.*
	Fŭĕrit,	*il aura été.*
	P. Fŭĕrimus,	*nous aurons été.*
	Fŭĕrĭtis,	*vous aurez été.*
	Fŭĕrĭint,	*ils auront été.*

IMPÉRATIF.

PRÉSENT.	*S. Point de première personne.*	
	Es, *ou* esto,	*sois.*
	Esto,	*qu'il soit.*
	P. Sīmus,	*soyons.*
	Este *ou* estōte,	*soyez.*
	Sunto,	*qu'ils soient.*

SUBJONCTIF.

PRÉSENT.	*S.* Sim,	*que je sois.*
	Sis,	*que tu sois.*
	Sit,	*qu'il soit.*
	P. Sīmus,	*que nous soyons.*
	Sītis,	*que vous soyez.*
	Sint,	*qu'ils soient.*
IMPARFAIT.	*S.* Essem *ou* fŏrem,	*que je fusse* ou *je serais.*
	Esses *ou* fŏres,	*que tu fusses* ou *tu serais.*
	Esset *ou* fŏret,	*qu'il fût* ou *il serait.*
	P. Essēmus,	*que nous fussions* ou *nous serions.*
	Essētis,	*que vous fussiez* ou *vous seriez.*
	Essent *ou* fŏrent,	*qu'ils fussent* ou *ils seraient.*
PARFAIT.	*S.* Fŭĕrim,	*que j'aie été.*
	Fŭĕris,	*que tu aies été.*
	Fŭĕrit,	*qu'il ait été.*
	P. Fŭĕrĭmus,	*que nous ayons été.*
	Fŭĕrĭtis,	*que vous ayez été.*
	Fŭĕrint,	*qu'ils aient été.*

PL.-PARFAIT.

S. Fŭīssem ,   *que j'eusse ou j'aurais été.*
   Fŭisses ,   *que tu eusses ou tu aurais été.*
   Fŭisset ,   *qu'il eût ou il aurait été.*
P. Fŭissēmus, *que nous eussions ou n. aurions été.*
   Fŭissētis , *que vous eussiez ou vous auriez été.*
   Fŭissent,   *qu'ils eussent ou ils auraient été.*

INFINITIF.

PRÉS. Esse ,   *être.*
PARF. Fŭīsse , *avoir été.*
FUTUR. Fŏre *ou* futūrum, am, um esse, *devoir être.*
F. ANT. Futūrum, am, um fuisse, *avoir dû être.*

PARTICIPE.

FUTUR. Futūrus , a, um, *devant être.*

Ainsi se conjuguent les composés de *sum*, comme
adesse, être présent ; *abesse*, être absent ; *deesse*, man-
quer à, etc.

VERBES RÉGULIERS.

VOIX ACTIVE.

PREMIÈRE CONJUGAISON.

§ 31.   AM–ARE, AM–AS.

INDICATIF.

PRÉSENT.

S. Am–o ,   *j'aime.*
   Am–as ,   *tu aimes.*
   Am–at ,   *il aime.*
P. Am–āmus,   *nous aimons.*
   Am–ātis ,   *vous aimez.*
   Am–ant ,   *ils aiment.*

IMPARFAIT.	*S.* Am-ābam, *j'aimais.*
	Am-ābas, *tu aimais.*
	Am-ābat, *il aimait.*
	P. Am-abāmus, *nous aimions.*
	Am-abātis, *vous aimiez.*
	Am-ābant, *ils aimaient.*
PARFAIT.	*S.* Amāv-i, *j'aimai, j'ai ou j'eus aimé.*
	Amāv-īsti, *tu aimas, tu as ou tu eus aimé.*
	Amāv-it, *il aima, il a ou il eut aimé.*
	P. Amāv-ĭmus, *nous aimâmes, nous avons ou nous eûmes aimé.*
	Amāv-īstis, *vous aimâtes, vous avez ou vous eûtes aimé.*
	Amāv-ērunt *ou* ēre, *ils aimèrent, ils ont ou ils eurent aimé.*
PL.-PARFAIT.	*S.* Amāv-ĕram, *j'avais aimé.*
	Amāv-ĕras, *tu avais aimé.*
	Amāv-ĕrat, *il avait aimé.*
	P. Amāv-ĕrāmus, *nous avions aimé.*
	Amāv-ĕrātis, *vous aviez aimé.*
	Amāv-ĕrant, *ils avaient aimé.*
FUTUR.	*S.* Am-ābo, *j'aimerai.*
	Am-ābis, *tu aimeras.*
	Am-ābit, *il aimera.*
	P. Am-abĭmus, *nous aimerons.*
	Am-abĭtis, *vous aimerez.*
	Am-ābunt, *ils aimeront.*
FUTUR ANT.	*S.* Amāv-ĕro, *j'aurai aimé.*
	Amāv-ĕris, *tu auras aimé.*
	Amāv-ĕrit, *il aura aimé.*
	P. Amāv-ĕrĭmus, *nous aurons aimé.*
	Amāv-ĕrĭtis, *vous aurez aimé.*
	Amāv-ĕrint, *ils auront aimé.*

IMPÉRATIF.

<table>
<tr><td rowspan="6">PRÉSENT.</td><td colspan="2">S. Point de première personne.</td></tr>
<tr><td>Am—ā ou āto,</td><td>aime.</td></tr>
<tr><td>Am—āto,</td><td>qu'il aime.</td></tr>
<tr><td>P. Am—ēmus,</td><td>aimons.</td></tr>
<tr><td>Am—āte ou ātote,</td><td>aimez.</td></tr>
<tr><td>Am—anto,</td><td>qu'ils aiment.</td></tr>
</table>

SUBJONCTIF.

<table>
<tr><td rowspan="6">PRÉSENT.</td><td>S. Am—em,</td><td>que j'aime.</td></tr>
<tr><td>Am—es,</td><td>que tu aimes.</td></tr>
<tr><td>Am—et,</td><td>qu'il aime.</td></tr>
<tr><td>P. Am—ēmus,</td><td>que nous aimions.</td></tr>
<tr><td>Am—ētis,</td><td>que vous aimiez.</td></tr>
<tr><td>Am—ent,</td><td>qu'ils aiment.</td></tr>
<tr><td rowspan="6">IMPARFAIT.</td><td>S. Am—ārem,</td><td>que j'aimasse ou j'aimerais.</td></tr>
<tr><td>Am—āres,</td><td>que tu aimasses ou tu aimerais.</td></tr>
<tr><td>Am—āret,</td><td>qu'il aimât ou il aimerait.</td></tr>
<tr><td>P. Am—ārēmus,</td><td>que nous aimassions ou nous aimerions.</td></tr>
<tr><td>Am—ārētis,</td><td>que vous aimassiez ou vous aimeriez.</td></tr>
<tr><td>Am—ārent,</td><td>qu'ils aimassent ou ils aimeraient.</td></tr>
<tr><td rowspan="6">PARFAIT.</td><td>S. Amāv—ĕrim,</td><td>que j'aie aimé.</td></tr>
<tr><td>Amāv—ĕris,</td><td>que tu aies aimé.</td></tr>
<tr><td>Amāv—ĕrit,</td><td>qu'il ait aimé.</td></tr>
<tr><td>P. Amāv—ĕrĭmus,</td><td>que nous ayons aimé.</td></tr>
<tr><td>Amāv—ĕrĭtis,</td><td>que vous ayez aimé.</td></tr>
<tr><td>Amāv—ĕrint,</td><td>qu'ils aient aimé.</td></tr>
</table>

PLUS-QUE-PARFAIT.	*S.* Amāv–īssem,	*que j'eusse ou j'aurais aimé.*
	Amāv–issés,	*que tu eusses ou tu aurais aimé.*
	Amāv–isset,	*qu'il eût ou il aurait aimé.*
	P. Amāv–issēmus,	*que nous eussions ou nous aurions aimé.*
	Amāv–issētis,	*que vous eussiez ou vous auriez aimé.*
	Amāv–issent,	*qu'ils eussent ou ils auraient aimé.*

INFINITIF.

PRÉS.	Am–āre,	*aimer.*
Géron.	Am–andi,	*d'aimer.*
	Am–ando,	*en aimant.*
	Am–andum,	*à aimer ou pour aimer.*
Supin.	Amāt–um,	*à aimer.*
PARF.	Amāv–īsse,	*avoir aimé.*
FUTUR.	Amāt–ūrum, am,	um esse, *devoir aimer.*
F. ANT.	Amāt–ūrum, am,	um fuisse, *avoir dû aimer.*

PARTICIPE.

PRÉS.	Am–ans, antis,	*aimant.*
FUTUR.	Amāt–ūrus, a, um,	*devant aimer.* (*V.* § 81.)

DEUXIÈME CONJUGAISON.

§ 32.   MON-ERE, MON-ES.

INDICATIF.

PRÉSENT,	
S. Mon-ĕo,	*j'avertis.*
Mon-es,	*tu avertis.*
Mon-et,	*il avertit.*
P. Mon-ēmus,	*nous avertissons.*
Mon-ētis,	*vous avertissez.*
Mon-ent,	*ils avertissent.*

IMPARFAIT.	
S. Mon-ēbam,	*j'avertissais.*
Mon-ēbas,	*tu avertissais.*
Mon-ēbat,	*il avertissait.*
P. Mon-ēbāmus,	*nous avertissions.*
Mon-ēbātis,	*vous avertissiez.*
Mon-ēbant,	*ils avertissaient.*

PARFAIT.	
S. Monu-i,	*j'avertis, j'ai ou j'eus averti.*
Monu-īsti,	*tu avertis, tu as ou tu eus averti.*
Monu-it,	*il avertit, il a ou il eut averti.*
P. Monu-ĭmus,	*nous avertîmes, nous avons ou nous eûmes averti.*
Monu-istis,	*vous avertîtes, vous avez ou vous eûtes averti.*
Monu-ērunt *ou* ēre,	*ils avertirent, ils ont ou ils eurent averti.*

PL.-PARFAIT.	S. Monu–ĕram ,	*j'avais averti.*
	Monu–ĕras ,	*tu avais averti.*
	Monu–ĕrat ,	*il avait averti.*
	P. Monu–ĕrāmus ,	*nous avions averti.*
	Monu–ĕrātis ,	*vous aviez averti.*
	Monu–ĕrant ,	*ils avaient averti.*
FUTUR.	S. Mon–ēbo ,	*j'avertirai.*
	Mon–ēbis ,	*tu avertiras.*
	Mon–ēbit ,	*il avertira.*
	P. Mon–ēbĭmus ,	*nous avertirons.*
	Mon–ēbĭtis ,	*vous avertirez.*
	Mon–ēbunt ,	*ils avertiront.*
FUTUR ANT.	S. Monu–ĕro ,	*j'aurai averti.*
	Monu–ĕris ,	*tu auras averti.*
	Monu–ĕrit ,	*il aura averti.*
	P. Monu–ĕrĭmus ,	*nous aurons averti.*
	Monu–ĕrĭtis ,	*vous aurez averti.*
	Monu–ĕrint ,	*ils auront averti.*

IMPÉRATIF.

PRÉSENT.	S. *Point de première personne.*	
	Mon–ē *ou* mon–ēto ,	*avertis.*
	Mon–ēto ,	*qu'il avertisse.*
	P. Mon–ĕāmus ,	*avertissons.*
	Mon–ēte *ou* ēlōte,	*avertissez.*
	Mon–ento ,	*qu'ils avertissent.*

SUBJONCTIF.

PRÉSENT.	S. Mon–ĕam ,	*que j'avertisse.*
	Mon–ĕas ,	*que tu avertisses.*
	Mon–ĕat ,	*qu'il avertisse.*
	P. Mon–ĕāmus ,	*que nous avertissions.*
	Mon–ĕātis ,	*que vous avertissiez.*
	Mon–ĕant.	*qu'ils avertissent.*

IMPARFAIT.

S. Mon-ērem,   *que j'avertisse ou j'avertirais.*
Mon-ēres,   *que tu avertisses ou tu avertirais.*
Mon-ēret,   *qu'il avertît ou il avertirait.*
P. Mon-ērēmus, *que nous avertissions ou nous avertirions.*
Mon-ērētis,   *que vous avertissiez ou vous avertiriez.*
Mon-ērent,   *qu'ils avertissent ou ils avertiraient.*

PARFAIT.

S. Monu-ĕrim,   *que j'aie averti.*
Monu-ĕris,   *que tu aies averti.*
Monu-ĕrit,   *qu'il ait averti.*
P. Monu-ĕrĭmus, *que nous ayons averti.*
Monu-ĕrĭtis,   *que vous ayez averti.*
Monu-ĕrint,   *qu'ils aient averti.*

PLUS-QUE-PARFAIT.

S. Monu-īssem,   *que j'eusse ou j'aurais averti.*
Monu-isses,   *que tu eusses ou tu aurais averti.*
Monu-isset,   *qu'il eût ou il aurait averti.*
P. Monu-issēmus, *que nous eussions ou nous aurions averti.*
Monu-issētis,   *que vous eussiez ou vous auriez averti.*
Monu-issent,   *qu'ils eussent ou ils auraient averti.*

INFINITIF.

PRÉS. Mon-ēre,   *avertir.*

Géron.
Mon-endi,   *d'avertir.*
Mon-endo,   *en avertissant.*
Mon-endum,   *à ou pour avertir.*

Supin. Mon-itum,   *à avertir.*

PARF. Monu-isse,   *avoir averti.*
FUTU. Monit-ūrum, am, um esse, *devoir avertir.*
F.AN. Monit-ūrum, am, um fuisse, *avoir dû avertir.*

PARTICIPE.

PRÉS. Mon—ens, entis, *avertissant.*
FUT. Monit-ūrus, a, um, *devant avertir.* (*V.* § 82.)

TROISIÈME CONJUGAISON.

§ 33.   LEG—ERE, LEG—IS.

INDICATIF.

PRÉSENT.

S. Leg—o,   *je lis.*
Leg—is,   *tu lis.*
Leg—it,   *il lit.*
P. Leg—ĭmus,   *nous lisons.*
Leg—ĭtis,   *vous lisez.*
Leg—unt,   *ils lisent.*

IMPARFAIT.

S. Leg—ēbam,   *je lisais*
Leg—ēbas,   *tu lisais.*
Leg-ēbat,   *il lisait.*
P. Leg-ēbāmus,   *nous lisions.*
Leg-ēbātis,   *vous lisiez.*
Leg-ēbant,   *ils lisaient.*

PARFAIT.

S. Le-gi,   *je lus, j'ai* ou *j'eus lu.*
Le-gīsti,   *tu lus, tu as* ou *tu eus lu.*
Leg-it.   *il lut, il a* ou *il eut lu.*
P. Leg—ĭmus,   *nous lûmes, nous avons* ou
                    nous eûmes lu.
Leg-istis,   *vous lûtes, vous avez* ou
                    vous eûtes lu.
Leg—ērunt *ou* leg—ēre, *ils lurent, ils ont* ou
                    ils eurent lu.

<table>
<tr><td rowspan="6">PL.-PARFAIT.</td><td>S. Leg–ĕram ,</td><td>j'avais lu.</td></tr>
<tr><td>Leg–ĕras ,</td><td>tu avais lu.</td></tr>
<tr><td>Leg–ĕrat ,</td><td>il avait lu.</td></tr>
<tr><td>P. Leg–ĕrāmus ,</td><td>nous avions lu.</td></tr>
<tr><td>Leg–ĕrā t ,</td><td>vous aviez lu.</td></tr>
<tr><td>Leg ĕran .</td><td>ils avaient lu.</td></tr>
<tr><td rowspan="6">FUTUR.</td><td>S. Leg–am ,</td><td>je lirai.</td></tr>
<tr><td>Leg–es ,</td><td>tu liras.</td></tr>
<tr><td>Leg–et ,</td><td>il lira.</td></tr>
<tr><td>P. Leg–ēmus ,</td><td>nous lirons.</td></tr>
<tr><td>Leg–ētis ,</td><td>vous lirez.</td></tr>
<tr><td>Leg–ent ,</td><td>ils liront.</td></tr>
<tr><td rowspan="6">FUTUR ANT.</td><td>S. Leg–ĕro ,</td><td>j'aurai lu.</td></tr>
<tr><td>Leg–ĕris ,</td><td>tu auras lu.</td></tr>
<tr><td>Leg–ĕrit ,</td><td>il aura lu.</td></tr>
<tr><td>P. Leg–ĕrĭmus ,</td><td>nous aurons lu.</td></tr>
<tr><td>Leg–ĕrĭtis ,</td><td>vous aurez lu.</td></tr>
<tr><td>Leg–ĕrint ,</td><td>ils auront lu.</td></tr>
</table>

IMPÉRATIF.

<table>
<tr><td rowspan="6">PRÉSENT.</td><td>S. Point de première personne.</td><td></td></tr>
<tr><td>Leg–ĕ ou leg–ĭto ,</td><td>lis.</td></tr>
<tr><td>Leg–ĭto ,</td><td>qu'il lise.</td></tr>
<tr><td>P. Leg–āmus ,</td><td>lisons.</td></tr>
<tr><td>Leg–ĭte ou ĭtōte ,</td><td>lisez.</td></tr>
<tr><td>Leg–unto ,</td><td>qu'ils lisent.</td></tr>
</table>

SUBJONCTIF.

<table>
<tr><td rowspan="6">PRÉSENT.</td><td>S. Leg–am ,</td><td>que je lise.</td></tr>
<tr><td>Leg–as ,</td><td>que tu lises.</td></tr>
<tr><td>Leg–at ,</td><td>qu'il lise.</td></tr>
<tr><td>P. Leg–āmus ,</td><td>que nous lisions.</td></tr>
<tr><td>Leg–ātis ,</td><td>que vous lisiez.</td></tr>
<tr><td>Leg–ant ,</td><td>qu'ils lisent.</td></tr>
</table>

IMPARFAIT.	*S.* Leg–ĕrem,	*que je lusse* ou *je lirais.*
	Leg–ĕres,	*que tu lusses* ou *tu lirais.*
	Leg–ĕret,	*qu'il lût* ou *il lirait.*
	P. Leg–ĕrēmus,	*que nous lussions* ou *nous lirions.*
	Leg–ĕrētis,	*que vous lussiez* ou *vous liriez.*
	Leg–ĕrent,	*qu'ils lussent* ou *ils liraient.*

PARFAIT	*S.* Leg–ĕrim,	*que j'aie lu.*
	Leg–ĕris,	*que tu aies lu.*
	Leg–ĕrit,	*qu'il ait lu.*
	P. Leg–ĕrĭmus,	*que nous ayons lu.*
	Leg–ĕrĭtis,	*que vous ayez lu.*
	Leg–ĕrint,	*qu'ils aient lu.*

PLUS–QUE–PARFAIT.	*S.* Leg–īssem,	*que j'eusse* ou *j'aurais lu.*
	Leg–isses,	*que tu eusses* ou *tu aurais lu.*
	Leg–isset,	*qu'il eût* ou *il aurait lu.*
	P. Leg–issēmus,	*que nous eussions* ou *nous aurions lu.*
	Leg–issētis,	*que vous eussiez* ou *vous auriez lu.*
	Leg–issent,	*qu'ils eussent* ou *ils auraient lu.*

INFINITIF.

PRÉS.	Leg–ĕre,	*lire.*
Géron.	Leg–endi,	*de lire.*
	Leg–endo,	*en lisant.*
	Leg–endum,	*à lire* ou *pour lire.*
Supin.	Lect–um,	*à lire.*
PARF.	Leg–īsse,	*avoir lu.*
FUTUR.	Lect–ūrum, am, um esse,	*devoir lire.*
F. ANT.	Lect–ūrum, am, um fuisse,	*avoir dû lire.*

PARTICIPE.

PRÉS. . Leg–ens, entis, *lisant.*
FUTUR.Lect–ūrus, a, um, *devant lire.*

(*V.* § 83.)

§ 34. Quelques verbes de la troisième conjugaison ont le présent de l'indicatif terminé en *io*, au lieu de l'avoir en *o*. Ces verbes présentent avec *lego* les différences suivantes.

ACCIP-ERE, ACCIP-IO.

INDICATIF.

PRÉSENT.
S. Accip-ĭo,   *je reçois.*
   Accip-is,   *tu reçois.*
   Accip-it,   *il reçoit.*
P. Accip-ĭmus,   *nous recevons.*
   Accip–ĭtis,   *vous recevez.*
   Accip–ĭunt,   *ils reçoivent.*

IMPAR. Accip–ĭēbam,   *je recevais, etc.*
PARF. .Accep–i,   *je reçus, j'ai* ou *j'eus reçu, etc.*

P.PAR. Accep–ĕram,   *j'avais recu, etc.*
FUTUR. Accip–ĭam,   *je recevrai, etc.*
F. ANT. Accep–ĕro,   *j'aurai reçu, etc.*

IMPÉRATIF.

PRÉSENT.
S. Point de première personne,
   Accip–ĕ *ou* ĭto,   *reçois.*
   Accip–ĭto,   *qu'il reçoive.*
P. Accip–ĭāmus,   *recevons.*
   Accip–ĭte *ou* ĭtōte, *recevez.*
   Accip–ĭunto,   *qu'ils reçoivent.*

SUBJONCTIF.

PRÉS. Accip–ĭam ,   *que je reçoive, etc.*
IMPA. Accip–ĕrem ,   *que je reçusse* ou *je rece-*
                                                                vrais, etc.

PARF. Accep–ĕrim ,   *que j'aie reçu.*
P.PAR. Accep–īssem ,   *que j'eusse* ou *j'aurais re-*
                                                                çu, etc.

INFINITIF.

PRÉS. Accip–ĕre ,   *recevoir.*
Géron. { Accip–ĭendi ,   *de recevoir.*
{ Accip–ĭendo ,   *en recevant.*
{ Accip–ĭendum ,   *à* ou *pour recevoir.*
Supin. Accept–um ,   *à recevoir.*
PARF. Accep–īsse ,   *avoir reçu.*
FUTU. Accept–ūrum, am esse , *devoir recevoir.*
F. AN. Accept–ūrum, am fuisse , *avoir dû recevoir.*

PARTICIPE.

PRÉS. Accip–ĭens, entis ,   *recevant.*
FUTUR. Accept–ūrus, a , um , *devant recevoir.*

                                                (*V.* § 84.)

QUATRIÈME CONJUGAISON.

§ 35.   AUD-IRE , AU-DIS.

INDICATIF.

PRÉSENT.

S. Aud–ĭo ,   *j'entends* ou *j'écoute.*
Aud-is ,   *tu entends.*
Aud-it ,   *il entend.*
P. Aud–īmus .   *nous entendons.*
Aud–ītis ,   *vous entendez.*
Aud–ĭunt ,   *ils entendent.*

IMPARFAIT.

S. Aud–ĭēbam ,   *j'entendais.*
Aud–ĭēbas ,   *tu entendais.*
Aud–ĭēbat ,   *il entendait.*
P. Aud–ĭēbāmus ,   *nous entendions.*
Aud–ĭēbātis ,   *vous entendiez.*
Aud–ĭēbant ,   *ils entendaient.*

PARFAIT.

S. Audīv–i ,   *j'entendis , j'ai* ou *j'eus entendu.*
Audīv–īsti ,   *tu entendis , tu as* ou *tu eus entendu.*
Audīv–ĭt ,   *il entendit, il a* ou *il eut entendu.*
P. Audīv–ĭmus ,   *nous entendîmes , nous avons* ou *nous eûmes entendu.*
Audīv–istis ,   *vous entendîtes , vous avez* ou *vous eûtes entendu.*
Audīv–ērunt *ou* ēre, *ils entendirent , ils ont* ou *ils eurent entendu.*

GRAMMAIRE.

PL.-PARFAIT.	*S.* Audīv–ĕram ,	*j'avais entendu.*
	Audīv–ĕras ,	*tu avais entendu.*
	Audīv–ĕrat ,	*il avait entendu.*
	P. Audīv–ĕrāmus ,	*nous avions entendu.*
	Audīv–ĕrātis ,	*vous aviez entendu.*
	Audīv–ĕrant ,	*ils avaient entendu.*
FUTUR.	*S.* Aud–ĭam ,	*j'entendrai.*
	Aud–ĭes ,	*tu entendras.*
	Aud–ĭet ,	*il entendra.*
	P. Aud–ĭēmus ,	*nous entendrons.*
	Aud–ĭētis ,	*vous entendrez.*
	Aud–ĭent ,	*ils entendront.*
FUTUR ANT.	*S.* Audīv–ĕro ,	*j'aurai entendu.*
	Audīv–ĕris ,	*tu auras entendu.*
	Audīv–ĕrit ,	*il aura entendu.*
	P. Audīv–ĕrĭmus ,	*nous aurons entendu.*
	Audīv–ĕrĭtis ,	*vous aurez entendu.*
	Audīv–ĕrint ,	*ils auront entendu.*

IMPÉRATIF.

PRÉSENT.	*S.* Point de première personne.	
	Aud–ī ou aud–īto ,	*entends.*
	Aud–īto ,	*qu'il entende.*
	P. Aud–ĭāmus ,	*entendons.*
	Aud–īte ou ītōte ,	*entendez.*
	Aud–ĭunto ,	*qu'ils entendent.*

SUBJONCTIF.

PRÉSENT.	*S.* Aud–ĭam ,	*que j'entende.*
	Aud–ĭas ,	*que tu entendes.*
	Aud–ĭat ,	*qu'il entende.*
	P. Aud–ĭāmus ,	*que nous entendions.*
	Aud–ĭātis ,	*que vous entendiez.*
	Aud–ĭant ,	*qu'ils entendent.*

IMPARFAIT.	*S.* Aud–īrem ,	*que j'entendisse* ou *j'enten-drais.*
	Aud–īres ,	*que tu entendisses* ou *tu entendrais.*
	Aud–īret ,	*qu'il entendît* ou *il entendrait.*
	P. Aud–īrēmus ,	*que nous entendissions* ou *nous entendrions.*
	Aud–īrētis ,	*que vous entendissiez* ou *vous entendriez.*
	Aud–īrent ,	*qu'ils entendissent* ou *ils entendraient.*
PARFAIT.	*S.* Audĭv–ĕrim ,	*que j'aie entendu.*
	Audĭv–ĕris ,	*que tu aies entendu.*
	Audĭv–ĕrit ,	*qu'il ait entendu.*
	P. Audĭv–ĕrĭmus ,	*que nous ayons entendu.*
	Audĭv–ĕrĭtis ,	*que vous ayez entendu.*
	Audĭv–ĕrint ,	*qu'ils aient entendu.*
PLUS-QUE-PARFAIT.	*S.* Audĭv–īssem ,	*que j'eusse* ou *j'aurais entendu.*
	Audĭv–isses ,	*que tu eusses* ou *tu aurais entendu,*
	Audĭv–isset ,	*qu'il eût* ou *il aurait entendu.*
	P. Audĭv–issēmus ,	*que nous eussions* ou *nous aurions entendu.*
	Audĭv–issētis ,	*que vous eussiez* ou *vous auriez entendu.*
	Audĭv–issent ,	*qu'ils eussent* ou *ils auraient entendu.*

INFINITIF.

PRÉS. . Aud–īre ,   *entendre.*

Géron. { Aud–ĭendi ,   *d'entendre.*
         { Aud–ĭendo ,   *en entendant.*
         { Aud–ĭendum ,   *à* ou *pour entendre.*

Supin. Audĭt–um ,   *à entendre.*
PARF. Audīv–isse ,   *avoir entendu.*
FUTU. Audĭt–ūrum , am esse, *devoir entendre.*
F.ANT. Audĭt–ūrum , am fuisse, *avoir dû entendre.*

PARTICIPE.

PRÉS. Aud–ĭens , ĭentis ,   *entendant.*

FUTU. Audĭt–ūrus , a, um, *devant entendre.*

(*V.* § 85.)

REMARQUE. On peut faire une *syncope*, c'est-à-dire
retrancher quelques lettres dans les parfaits et dans les
temps qui en sont formés, en ôtant *ve* ou *vi*, et quelquefois le *v* seulement dans la quatrième conjugaison : ainsi
l'on dit *amârunt* pour *amaverunt* ; *implessem* pour
implevissem ; *audieram* pour *audiveram* ; *audiissem*
pour *audivissem.*

FORMATION DES TEMPS DE L'ACTIF.

§ 36. Considérés relativement à la manière de les
conjuguer, les temps des verbes se divisent en temps
primitifs et en temps dérivés.

Les temps primitifs ne sont formés d'aucun autre, et
c'est d'eux que se forment les temps dérivés dans les quatre conjugaisons.

Pour conjuguer un verbe, il faut d'abord en connaître
les temps primitifs , et ensuite savoir de quelle manière
les temps dérivés en sont formés.

Les temps primitifs se forment par l'analogie ou s'apprennent par l'usage. Ils sont d'ailleurs toujours indiqués dans les dictionnaires. Il y en a quatre en latin : le présent de l'indicatif, le parfait de l'indicatif, le présent de l'infinitif et le supin en *um*.

Du Présent de l'Indicatif, on forme :

1° L'imparfait de l'indicatif, en changeant *o* en *ābam* pour la première conjugaison, *am–o*, *am–ābam* ; *eo* en *ēbam* pour la deuxième, *mon–eo*, *mon–ēbam* ; en changeant *o* en *ēbam* pour la troisième et la quatrième, *le–go*, *leg–ēbam* ; *accip–io*, *accip–iēbam* ; *audio*, *aud–iēbam*.

2° Le futur de l'indicatif, en changeant *o* en *ābo* pour la première conjugaison, *am–o*, *am–ābo* ; en changeant *eo* en *ēbo* dans les verbes de la deuxième, *mon–eo*, *mon–ēbo* ; et en changeant *o* en *am* dans les verbes de la troisième et de la quatrième, *leg–o*, *leg–am* ; *accip–io*, *accip–iam* ; *aud–io*, *aud–iam*.

3° Le présent du subjonctif, en changeant *o* en *em* dans les verbes de la première conjugaison, *am–o*, *am–em* ; en changeant *o* en *am* pour les trois autres, *mon–eo*, *mon–eam* ; *leg–o*, *leg–am* ; *accip–io*, *accip–iam* ; *aud–io*, *aud–iam*.

4° Le participe présent, en changeant *o* en *ans* dans les verbes de la première conjugaison, *am–o*, *am–ans* ; en changeant *eo* en *ens* pour la deuxième, *mon–eo*, *mon–ens* ; et en changeant *o* en *ens* pour la troisième et la quatrième, *leg–o*, *leg–ens* ; *accip–io*, *accip–iens* ; *aud–io* ; *aud–iens*.

5° Les gérondifs, en changeant *o* en *andi*, *ando*, *andum*, dans les verbes de la première conjugaison, *am–o*, *am–andi*, *am–ando*, *am–andum* ; en changeant *eo* en *endi*, *endo*, *endum*, pour la deuxième, *mon–eo*, *mon–endi*, *mon–endo*, *mon–endum* ; en changeant *o* en *endi*, *endo, endum*, pour la troisième et quatrième, *leg-o, leg-endi, leg-endo, leg-endum; accip-io, accip-iendi, iendo, iendum; aud-io, aud-iendi, iendo, iendum.*

Du Parfait de l'Indicatif, on forme :

1º Le plus-que-parfait de l'indicatif, en changeant *i* en *ĕram* dans les quatre conjugaisons; *amav-i, amav-ĕram; monu-i, monu-ĕram; leg-i, leg-ĕram; accep-i, accep-ĕram; audiv-i, audiv-ĕram.*

2º Le futur antérieur, en changeant *i* en *ĕro, amav-i, amav-ĕro; monu-i, monu-ĕro; leg-i, leg-ĕro; audiv-i, audiv-ĕro.*

3º Le parfait du subjonctif, en changeant *i* en *ĕrim, amav-i, amav-ĕrim; monu-i, monu-ĕrim; leg-i; leg-ĕrim; audiv-i, audiv-ĕrim.*

4º Le plus-que-parfait du subjonctif, en changeant *i* en *issem, amav-i, amav-issem; monu-i, monu-issem, leg-i, leg-issem; audiv-i, audiv-issem.*

5º Le parfait de l'infinitif, en changeant *i* en *isse, amav-i, amav-isse; monu-i, monu-isse; leg-i, leg-isse; audiv-i, audiv-isse.*

Du Présent de l'Infinitif, on forme :

1º L'imparfait du subjonctif, en ajoutant *m, am-āre, am-ārem; mon-ēre, mon-ērem; leg-ĕre, leg-ĕrem; aud-īre, aud-īrem.*

2º L'impératif, en retranchant la dernière syllabe *re, am-āre, am-a; mon-ēre, mon-e; leg-ĕre, leg-e; aud-īre, aud-i.*

Trois verbes sont exceptés, *dico, duco, facio*, qui font à l'impératif *dic, duc, fac.*

Cette exception sert à distinguer ces impératifs des ablatifs *duce, face*, et des vocatifs *benedice, maledice.*

Du Supin, on forme :

1º Le participe futur, en changeant *m* en *rus, ra, rum ; amat–um , amat–ūrus , a , um ; monit–um, monit–ūrus, a, um ; lect–um, lect–ūrus, a, um ; au-dit–um, audit–ūrus, a, um.*

2º Le futur de l'infinitif, qui n'est autre chose que le participe futur à l'accusatif, en changeant *m* en *rum , ram, rum,* avec *esse* ou *fuisse ; amat–um, amat–ūrum, am; um esse,* etc.

Quand un verbe manque de quelques temps primi-tifs , il est évident qu'il manque aussi des temps dérivés qui en sont formés.

REMARQUE.

On peut simplifier la formation des temps par l'obser-vation suivante : Tout verbe se composant d'un ra-dical et d'une terminaison, il suffit, pour obtenir un temps quelconque, de savoir ajouter au radical la ter-minaison qui caractérise ce temps : seulement il est né-cessaire de remarquer qu'il y a trois radicaux dans les verbes latins. Cette manière toute simple de former les temps est rendue sensible par le tableau suivant.

TABLEAU DE LA FORMATION DES TEMPS.

(VOIX ACTIVE.)

§ 37.

MODES.	TEMPS.	1re CONJUG.	2e CONJUG.	3e CONJUG.	4e CONJUG.
			PREMIER RADICAL.		
INDICATIF.	*Présent...*	Am-o.	Mon-ĕo.	Leg-o.	Aud-ĭo.
	Imparfait..	ābam.	ēbam.	ēbam.	ĭēbam.
	Futur...	ābo.	ēbo.	am, es, *etc.*	ĭam, es, *etc.*
IMPÉRATIF.	*Présent...*	ā.	ē.	ĕ.	ī.
SUBJONCT.	*Présent...*	ēm.	ĕam.	ām.	ĭam.
	Imparfait..	ārem.	ērem.	ĕrem.	īrem.
INFINITIF.	*Présent...*	āre.	ēre.	ĕre.	īre.
	Gérondif..	andi, o, um.	endi, o, um.	endi, o, um.	ĭendi, o, um.
PAR ICIPE.	*Présent...*	ans.	ens.	ens.	ĭens.

DEUXIÈME RADICAL.

		Amāv-i	Monu-i	Leg-i.	Audiv-i.
INDICATIF.	Parfait. . .				
	Pl.-parfait .	ĕram.	ĕram.	ĕram.	ĕram.
	Fut. ant . .	ĕro.	ĕro.	ĕro.	ĕro.
SUBJONCT.	Parfait. . .	ĕrim.	ĕrim.	ĕrim.	ĕrim.
	Pl.-parfait.	issem.	issem.	issem.	issem.
INFINITIF.	Parfait . .	isse.	isse.	isse.	isse.

TROISIÈME RADICAL.

		Amāt-um.	Monit-um.	Lect-um.	Audīt-um.
INFINITIF. .	Supin. . . .				
	Futur. . .	ūrum.	ūrum.	ūrum.	ūrum.
PARTICIPE. .	Futur. . .	ūrus.	ūrus.	ūrus.	ūrus.

VOIX PASSIVE.

Tout verbe actif a son passif de la même conjugaison.

PREMIÈRE CONJUGAISON.

AM—ARI.

§ 38.   INDICATIF.

PRÉSENT.

S. Am—or,   *je suis aimé.*
Am—āris,   *tu es aimé.*
Am—ātur,   *il est aimé.*
P. Am—āmur,   *nous sommes aimés.*
Am—āmĭni,   *vous êtes aimés.*
Am—antur,   *ils sont aimés.*

IMPARFAIT.

S. Am—ābar,   *j'étais aimé.*
Am—ābāris,   *tu étais aimé.*
Am—ābātur,   *il était aimé.*
P. Am—ābāmur,   *nous étions aimés.*
Am—ābāmĭni,   *vous étiez aimés.*
Am—ābantur,   *ils étaient aimés.*

PARFAIT.

S. Amāt—us sum *ou* fui, *je fus aimé, j'ai ou j'eus été aimé.*
Amat—us es *ou* fuisti, *tu fus aimé, tu as ou tu eus été aimé.*
Amat—us est *ou* fuit, *il fut aimé, il a ou il eut été aimé.*
P. Amat—i sumus *ou* fuimus, *nous fûmes aimés, nous avons ou nous eûmes été aimés.*
Amat—i estis *ou* fuistis, *vous fûtes aimés, vous avez ou vous eûtes été aimés.*
Amat—i sunt *ou* fuerunt, *ils furent aimés, ils ont ou ils eurent été aimés.*

PL.-PARFAIT.

- *S.* Amāt–us eram *ou* fueram , *j'avais été aimé.*
- Amat–us eras *ou* fueras, *tu avais été aimé.*
- Amat–us erat *ou* fuerat, *il avait été aimé.*
- *P.* Amat–i eramus *ou* fueramus , *nous avions été aimés.*
- Amat–i eratis *ou* fueratis, *vous aviez été aimés.*
- Amat–i erant *ou* fuerant, *ils avaient été aimés.*

FUTUR.

- *S.* Am–ābor, *je serai aimé.*
- Am–āběris, *tu seras aimé.*
- Am–ābĭtur, *il sera aimé.*
- *P.* Am–ābĭmur, *nous serons aimés.*
- Am–ābĭmĭni, *vous serez aimés.*
- Am–ābuntur, *ils seront aimés.*

FUTUR. ANT.

- *S.* Amāt–us ero *ou* fuero , *j'aurai été aimé.*
- Amat–us eris *ou* fueris, *tu auras été aimé.*
- Amat–us erit *ou* fuerit, *il aura été aimé.*
- *P.* Amat–i erimus *ou* fuerimus , *nous aurons été aimés.*
- Amat–i eritis *ou* fueritis, *vous aurez été aimés.*
- Amat–i erunt *ou* fuerint, *ils auront été aimés.*

IMPÉRATIF.

PRÉSENT.

- *S.* *Point de première personne.*
- Am–āre *ou* am–ātor, *sois aimé.*
- Am–ātor, *qu'il soit aimé.*
- *P.* Am–ēmur, *soyons aimés.*
- Am–āmĭni, *soyez aimés.*
- Am–antor, *qu'ils soient aimés.*

GRAMMAIRE

SUBJONCTIF.

PRÉSENT.

S. Am—er, que je sois aimé.
Am—ēris, que tu sois aimé.
Am—ētur, qu'il soit aimé.
P. Am—ēmur, que nous soyons aimés.
Am—ēmĭni, que vous soyez aimés.
Am—entur, qu'ils soient aimés.

IMPARFAIT.

S. Am—ārer, que je fusse ou je serais aimé.
Am—ārēris, que tu fusses ou tu serais aimé.
Am—ārētur, qu'il fût ou il serait aimé.
P. Am—ārēmur, que nous fussions ou nous se-
  rions aimés.
Am—ārēmĭni, que vous fussiez ou vous se-
  riez aimés.
Am—ārentur, qu'ils fussent ou ils seraient aimés.

PARFAIT.

S. Amāt-us sim ou fuerim, que j'aie été aimé.
Amat-us sis ou fueris, que tu aies été aimé.
Amat-us sit ou fuerit, qu'il ait été aimé.
P. Amat-i simus ou fuerimus, que nous ayons été
  aimés.
Amat-i sitis ou fueritis, que vous ayez été aimés.
Amat-i sint ou fuerint, qu'ils aient été aimés.

PLUS-QUE-PARFAIT.

S. Amāt—us essem ou fuissem, que j'eusse ou j'aurais été aimé.
Amat—us esses ou fuisses, que tu eusses ou tu
  aurais été aimé.
Amat—us esset ou fuisset, qu'il eût ou il aurait
  été aimé.
P. Amat-i essemus ou fuissemus, que nous eussions
  ou nous aurions été aimés.
Amat-i essetis ou fuissetis, que vous eussiez ou
  vous auriez été aimés.
Amat-i essent ou fuissent, qu'ils eussent ou ils
  auraient été aimés.

INFINITIF.

PRÉS... Am–āri ,   *être aimé.*
Supin.. Amāt–ū,   *à être aimé.*
PARF .. Amāt–um, am esse *ou* fuisse, *avoir été aimé.*
FUTUR. $\left\{\begin{array}{l}\text{Amāt–um (} indéc. \text{) īri } ou \\ \text{Am–andum, am esse ,}\end{array}\right.$ $\left.\begin{array}{l}\text{devoir être ai-} \\ mé.\end{array}\right.$
F. ANT. Am–andum, am fuisse , *avoir dû être aimé.*

PARTICIPE.

PASSÉ.. Amāt-us, a, um, *aimé, étant* ou *ayant été aimé.*
FUTUR. Am–andus , a , um , *devant être aimé.*
(*V.* § 86.)

DEUXIÈME CONJUGAISON.

MON–ERI.

§ 39.   INDICATIF.

PRÉSENT.
S. Mon–ĕor,   *je suis averti.*
Mon–ēris ,   *tu es averti.*
Mon–ētur,   *il est averti.*
P. Mon–ēmur,   *nous sommes avertis.*
Mon–ēmĭni,   *vous êtes avertis.*
Mon–entur,   *ils sont avertis.*

IMPARFAIT.
S. Mon–ēbar,   *j'étais averti.*
Mon–ēbāris,   *tu étais averti.*
Mon–ēbātur,   *il était averti.*
P. Mon–ēbāmur,   *nous étions avertis.*
Mon–ēbāmĭni,   *vous étiez avertis.*
Mon–ēbantur,   *ils étaient avertis.*

S. Monit—us sum *ou* fui, *je fus averti, j'ai* ou *j'eus été averti.*

Monit—us es *ou* fuisti, *tu fus averti, tu as ou tu eus été averti.*

Monit—us est *ou* fuit, *il fut averti, il a ou il eut été averti.*

P. Monit—i sumus *ou* fuimus, *nous fûmes avertis, nous avons* ou *nous eûmes été avertis.*

Monit—i estis *ou* fuistis, *vous fûtes avertis, vous avez* ou *vous eûtes été avertis.*

Monit—i sunt *ou* fuerunt, *ils furent avertis, ils ont* ou *ils eurent été avertis.*

PARFAIT.

S. Monit—us eram *ou* fueram, *j'avais été averti.*

Monit—us eras *ou* fueras, *tu avais été averti.*

Monit—us erat *ou* fuerat, *il avait été averti.*

P. Monit—i eramus *ou* fueramus, *nous avions été avertis.*

Monit—i eratis *ou* fueratis, *vous aviez été avertis.*

Monit—i erant *ou* fuerant, *ils avaient été avertis.*

PLUS-QUE-PARF.

S. Mon—ēbor,　　　*je serai averti.*

Mon—ēbĕris,　　　*tu seras averti.*

Mon—ēbĭtur,　　　*il sera averti.*

P. Mon—ēbĭmur,　　*nous serons avertis.*

Mon—ēbĭmĭni,　　*vous serez avertis.*

Mon—ēbuntur,　　*ils seront avertis.*

FUTUR.

S. Monit—us ero *ou* fuero, *j'aurai été averti.*

Monit—us eris *ou* fueris, *tu auras été averti.*

Monit—us erit *ou* fuerit, *il aura été averti.*

P. Monit—i erimus *ou* fuerimus, *nous aurons été avertis.*

Monit—i eritis *ou* fueritis, *vous aurez été avertis.*

Monit—i erunt *ou* fuerint, *ils auront été avertis.*

FUTUR ANTÉR.

IMPÉRATIF.

PRÉSENT.

S. *Point de première personne.*
Mon–ēre où mon–ētor, *sois averti.*
Mon–ētor, *qu'il soit averti.*
P. Mon–ĕāmur, *soyons avertis.*
Mon–ēmĭni, *soyez avertis.*
Mon–entor, *qu'ils soient avertis.*

SUBJONCTIF.

PRÉSENT.

S. Mon–ĕar, *que je sois averti.*
Mon–ĕāris, *que tu sois averti.*
Mon–ĕātur, *qu'il soit averti.*
P. Mon–ĕāmur, *que nous soyons avertis.*
Mon–ĕāmĭni, *que vous soyez avertis.*
Mon–ĕantur, *qu'ils soient avertis.*

IMPARFAIT.

S. Mon–ērer, *que je fusse* ou *je serais averti.*
Mon–ērēris, *que tu fusses* ou *tu serais averti.*
Mon–ērētur, *qu'il fût* ou *il serait averti.*
P. Mon–ērēmur, *que nous fussions* ou *nous se–*
rions avertis.
Mon–ērēmĭni, *que vous fussiez* ou *vous seriez*
avertis.
Mon–ērentur, *qu'ils fussent* ou *ils seraient*
avertis.

PARFAIT.

S. Monit–us sim *ou* fuerim, *que j'aie été averti.*
Monit–us sis *ou* fueris, *que tu aies été averti.*
Monit–us sit *ou* fuerit, *qu'il ait été averti.*
P. Monit–i simus *ou* fuerimus, *que nous ayons*
été avertis.
Monit–i sitis *ou* fueritis, *que vous ayez été*
avertis.
Monit–i sint *ou* fuerint, *qu'ils aient été avertis.*

PLUS-QUE-PARFAIT.

S. Monit–us essem *ou* fuissem , *que j'eusse ou j'aurais été averti.*

Monit–us esses *ou* fuisses , *que tu eusses ou tu aurais été averti.*

Monit–us esset *ou* fuisset , *qu'il eût ou il aurait été averti.*

P. Monit–i essemus *ou* fuissemus, *que nous eussions ou nous aurions été avertis.*

Monit–i essetis *ou* fuissetis, *que vous fussiez ou vous auriez été avertis.*

Monit–i essent *ou* fuissent, *qu'ils eussent ou ils auraient été avertis.*

INFINITIF.

PRÉS. Mon–ēri ,　　　*être averti.*
Supin. Monit–ū ,　　　*à être averti.*
PARF. Monit–um, am esse *ou* fuisse, *avoir été averti.*
FUTU. { Monit–um (*indéc.*) īri ou }　　*devoir être*
　　　 { Mon–endum , am esse, 　　　}　　*averti.*
F. ANT. Mon–endum , am fuisse , *avoir dû être averti.*

PARTICIPE.

PASS. Monit–us , a, um , *averti, étant ou ayant été averti.*

FUTU. Mon–endus , a , um , *devant être averti.*

（*V.* § 87.）

TROISIÈME CONJUGAISON.

LEG-I.

§ 40.   INDICATIF.

PRÉSENT.
- *S.* Leg–or,   je suis lu.
- Leg–ĕris *ou* ĕre, tu es lu.
- Leg–ĭtur,   il est lu.
- *P.* Leg–ĭmur,   nous sommes lus.
- Leg–ĭmĭni,   vous êtes lus.
- Leg–ŭntur,   ils sont lus.

IMPARFAIT.
- *S.* Leg–ēbar,   j'étais lu.
- Leg–ēbāris *ou* ēbāre, tu étais lu.
- Leg–ēbātur,   il était lu.
- *P.* Leg–ēbāmur,   nous étions lus.
- Leg–ēbāmĭni,   vous étiez lus.
- Leg–ēbantur,   ils étaient lus.

PARFAIT.
- *S.* Lect–us sum *ou* fui, je fus lu, j'ai *ou* j'eus été lu.
- Lectus es *ou* fuisti, tu fus lu, tu as *ou* tu eu été lus
- Lectus est *ou* fuit, il fut lu, il a *ou* il eut été lu.
- *P.* Lect–i sumus *ou* fuimus, nous fûmes lus, nous avons *ou* nous eûmes été lus.
- Lect–i estis *ou* fuistis, vous fûtes lus, vous avez *ou* vous eûtes été lus.
- Lect–i sunt *ou* fuerunt, ils furent lus, ils ont *ou* ils eurent été lus.

PLUS.–PARF.
- *S.* Lect–us eram *ou* fueram, j'avais été lu.
- Lect–us eras *ou* fueras, tu avais été lu.
- Lect–us erat *ou* fuerat, il avait été lu.
- *P.* Lect–i eramus *ou* fueramus, nous avions été lus.
- Lect–i eratis *ou* fueratis, vous aviez été lus.
- Lect–i erant *ou* fuerant, ils avaient été lus.

FUTUR.

S. Leg–ar,   je serai lu.
Leg–ĕris *ou* ēre,   tu seras lu.
Leg–ētur,   il sera lu.
P. Leg–ēmur,   nous serons lus.
Leg–ēmĭni,   vous serez lus.
Leg–entur,   ils seront lus.

FUTUR ANT.

S. Lect–us ero *ou* fuero, j'aurai été lu.
Lect–us eris *ou* fueris, tu auras été lu.
Lect–us erit *ou* fuerit, il aura été lu.
P. Lect–i erimus *ou* fuerimus, nous aurons été lus.
Lect–i eritis *ou* fueritis, vous aurez été lus.
Lect–i erunt *ou* fuerint, ils auront été lus.

IMPÉRATIF.

PRÉSENT.

S. Point de première personne.
Leg–ĕre *ou* legĭt–or, sois lu.
Leg–ĭtor,   qu'il soit lu.
P. Leg–āmur,   soyons lus.
Leg–ĭmĭni,   soyez lus.
Leg–untor,   qu'ils soient lus.

SUBJONCTIF.

PRÉSENT.

S. Leg–ar,   que je sois lu.
Leg–āris,   que tu sois lu.
Leg–ātur,   qu'il soit lu.
P. Leg–āmur,   que nous soyons lus.
Leg–āmĭni,   que vous soyez lus.
Leg–antur,   qu'ils soient lus.

IMPARFAIT.

S. Leg–ĕrer,   que je fusse *ou* je serais lu.
Leg–ĕrēris,   que tu fusses *ou* tu serais lu.
Leg–ĕrētur,   qu'il fût *ou* il serait lu.
P. Leg–ĕrēmur,   que nous fussions *ou* nous se-
                                            rions lus.
Leg–ĕrēmĭni, que vous fussiez *ou* v. seriez lus.
Leg–ĕrentur, qu'ils fussent *ou* ils seraient lus.

PARFAIT

S. Lect-us sim *ou* fuerim , *que j'aie été lu.*
Lect-us sis *ou* fueris,   *que tu aies été lu.*
Lect-us sit *ou* fuerit ,   *qu'il ait été lu.*
P. Lect-i simus *ou* fuerimus , *que nous ayons été*
                                                          lus.
Lect-i sitis *ou* fueritis , *que vous ayez été lus.*
Lect-i sint *ou* fuerint ,   *qu'ils aient été lus.*

PLUS-QUE-PARFAIT.

S. Lect-us essem *ou* fuissem , *que j'eusse été ou*
                                           j'aurais été lu.
Lect-us esses *ou* fuisses, *que tu eusses été ou tu*
                                             aurais été lu.
Lect-us esset *ou* fuisset , *qu'il eût été ou il au-*
                                             rait été lu.
P. Lect-i essemus *ou* fuissemus, *que nous eussions*
                                été ou nous aurions été lus.
Lect-i essetis *ou* fuissetis , *que vous eussiez été*
                                ou vous auriez été lus.
Lect-i essent *ou* fuissent , *qu'ils eussent été ou*
                                ils auraient été lus.

INFINITIF.

PRÉS. . Leg-ī,   *être lu.*
Supin. Lect-ū ,   *à être lu.*
PARF. . . Lect-um, am esse *ou* fuisse, *avoir été lu.*
FUTUR. { Lect-um (*indéc.*) īri *ou* } *devoir être lu.*
            { Leg-endum , am esse , }
F.ANT. Leg-endum , am fuisse , *avoir dû être lu.*

PARTICIPE.

PASSÉ. . Lect-us, a, um, *lu, étant ou ayant été lu.*
FUTUR. Leg-endus , a, um, *devant être lu.*
                                  (*V.* §88.)

ACCIP-I.

§ 41.   INDICATIF.

PRÉSENT.
S. Accip-ĭor,   *je suis reçu.*
    Accip-ĕris *ou* ĕre,   *tu es reçu.*
    Accip-ĭtur,   *il est reçu.*
P. Accip-ĭmur,   *nous sommes reçus.*
    Accip-ĭmĭni ,   *vous êtes reçus.*
    Accip-ĭuntur,   *il sont reçus.*

MPAR. Accip-ĭēbar,   *j'étais reçu, etc.*

PARF. Accept-us sum *ou* fui, *je fus reçu, j'ai ou j'eus été reçu , etc.*

P.PAR. Accept-us eram *ou* fueram , *j'avais été reçu.*

FUTUR. Accip-ĭar ,   *je serai reçu, etc.*

F. ANT. Accept-us ero *ou* fuero, *j'aurai été reçu.*

IMPÉRATIF.

PRÉSENT.
S. Point de première personne.
    Accip-ĕre *ou* ĭtor ,   *sois reçu.*
    Accip-ĭtor,   *qu'il soit reçu.*
P. Accip-ĭāmur,   *soyons reçus.*
    Accip-ĭmĭni ,   *soyez reçus.*
    Accip-ĭuntor,   *qu'ils soient reçus.*

SUBJONCTIF.

PRÉS. . Accip-ĭar,   *que je sois reçu , etc.*

IMPAR. Accip-ĕrer, *que je fusse ou je serais, etc.*

PARF. . Accept-us sim *ou* fuerim, *que j'aie été reçu, etc.*

P.PAR. Accept-us essem *ou* fuissem , *que j'eusse ou j'aurais été reçu , etc.*

INFINITIF.

PRÉS. . Accip–i, *être reçu.*

Supin. Accept–ū, *à être reçu.*

PARF.. Accept-um, am esse *ou* fuisse, *avoir été reçu.*

FUTU. { Accept–um (*indéc.*) īri *ou* } devoir être
{ Accip–iendum , am esse , } *reçu.*

F. ANT. Accip–iendum, am fuisse, *avoir dû être reçu.*

PARTICIPE.

PASSÉ.. Acceptus, a , um , *reçu, étant* ou *ayant été reçu.*

FUTUR. Accip–ĭendus , a, um, *devant être reçu.*

QUATRIÈME CONJUGAISON.

AUD–IRI.

§ 42. INDICATIF.

PRÉSENT.
S. Aud-ĭor, *je suis entendu.*
Aud–īris *ou* īre, *tu es entendu.*
Aud–ītur, *ils est entendu.*
Aud–īmur, *nous sommes entendus.*
P. Aud–īmĭni , *vous êtes entendus.*
Aud–ĭuntur, *ils sont entendus.*

IMPARFAIT.
S. Aud–ĭēbar , *j'étais entendu.*
Aud–ĭēbāris *ou* iēbāre , *tu étais entendu.*
Aud-ĭēbātur, *il était entendu.*
P. Aud–ĭēbāmur , *nous étions entendus.*
Aud–ĭēbāmĭni , *vous étiez entendus.*
Aud–ĭēbantur, *ils étaient entendus.*

PARFAIT.

S. Audit–us sum *ou* fui, *je fus entendu, j'ai ou j'eus été entendu.*

Audit-us es *ou* fuisti, *tu fus entendu, tu as ou tu eus été entendu.*

Audit-us est *ou* fuit, *il fut entendu, il a ou il eut été entendu.*

P. Audit–i sumus *ou* fuimus, *nous fûmes entendus, nous avons ou nous eûmes été entendus.*

Audit-i estis *ou* fuistis, *vous fûtes entendus, vous avez ou vous eûtes été entendus.*

Audit–i sunt *ou* fuerunt, *ils furent entendus, ils ont ou ils eurent été entendus.*

PLUS-QUE-PARFAIT.

S. Audit–us eram *ou* fueram, *j'avais été entendu.*

Audit-us eras *ou* fueras, *tu avais été entendu.*

Audit-us erat *ou* fuerat, *il avait été entendu.*

P. Audit–i eramus *ou* fueramus, *nous avions été entendus.*

Audit–i eratis *ou* fueratis, *vous aviez été entendus.*

Audit–i erant *ou* fuerant, *ils avaient été entendus.*

FUTUR.

S. Aud–ĭar,   *je serai entendu.*

Aud–ĭēris *ou* ĭēre,   *tu seras entendu.*

Aud–ĭētur,   *il sera entendu.*

P. Aud–ĭēmur,   *nous serons entendus.*

Aud–ĭēmĭni,   *vous serez entendus.*

Aud–ĭentur,   *ils seront entendus.*

FUTUR ANTÉR.

S. Audit–us ero *ou* fuero, *j'aurai été entendu.*
Audit–us eris *ou* fueris, *tu auras été entendu.*
Audit–us erit *ou* fuerit, *il aura été entendu.*
P. Audit–i erimus *ou* fuerimus , *nous aurons été entendus.*
Audit–i eritis *ou* fueritis , *vous aurez été entendus.*
Audit–i erunt *ou* fuerint , *ils auront été entendus.*

IMPÉRATIF.

PRÉSENT.

S. *Point de première personne.*
Aud–īre *ou* ītor, *sois entendu.*
Aud–ītor,   *qu'il soit entendu.*
P. Aud–ĭāmur,   *soyons entendus.*
Aud–ĭmĭni ,   *soyez entendus.*
Aud–ĭuntor,   *qu'ils soient entendus.*

SUBJONCTIF.

PRÉSENT.

S. Aud–ĭar,   *que je sois entendu.*
Aud–īāris,   *que tu sois entendu.*
Aud–ĭātur,   *qu'il soit entendu.*
P. Aud–ĭāmur,   *que nous soyons entendus.*
Aud–ĭāmĭni,   *que vous soyez entendus.*
Aud–ĭantur ,   *qu'ils soient entendus.*

IMPARFAIT.

S. Aud–īrer, *que je fusse ou je serais entendu.*
Aud–īrēris, *que tu fusses ou tu serais entend.*
Aud–īrētur, *qu'il fût ou il serait entendu.*
P. Aud–īrēmur , *que nous fussions ou nous serions entendus.*
Aud–īrēmĭni , *que vous fussiez ou vous seriez entendus*
Aud–īrentur , *qu'ils fussent ou ils seraient entendus.*

PARFAIT.

S. Audit-us sim *ou* fuerim, *que j'aie été entendu.*
Audi-tus sis *ou* fueris, *que tu aies été entendu.*
Audit-us sit *ou* fuerit, *qu'il ait été entendu.*
P. Audit-i simus *ou* fuerimus, *que nous ayons été entendus.*
Audit-i sitis *ou* fueritis, *que vous ayez été entendus.*
Audit-i sint *ou* fuerint, *qu'ils aient été entendus.*

PLUS-QUE-PARFAIT.

S. Audit-us essem *ou* fuissem, *que j'eusse ou j'aurais été entendu.*
Audit-us esses *ou* fuisses, *que tu eusses ou tu aurais été entendu.*
Audit-us esset *ou* fuisset, *qu'il eût ou il aurait été entendu.*
P. Audit-i essemus *ou* fuissemus, *que nous eussions ou nous aurions été entendus.*
Audit-i essetis *ou* fuissetis, *que vous eussiez ou vous auriez été entendus.*
Audit-i essent *ou* fuissent, *qu'ils eussent ou ils auraient été entendus.*

INFINITIF.

PRÉS.. Aud-īri,   *être entendu.*
Supin. Audit-ū,   *à être entendu.*
PARF. Audit-um, am esse *ou* fuisse, *avoir été enten.*
FUTU. {Audit-um (*indéc.*) īri *ou* } devoir être en-
{Aud-ĭendum, am esse, } tendu.
F. ANT. Aud-ĭendum, am fuisse, *avoir dû être ent.*

PARTICIPE.

PASSÉ. Audi-tus, a, um, *entendu, étant ou ayant été entendu.*
FUTUR. Aud-ĭendus, a, um, *devant être entendu.*

(*V.* § 89.

FORMATION DES TEMPS DU PASSIF.

§ 43. Les temps du passif se divisent en temps *simples* et en temps *composés*.

Les temps simples sont ceux qui ne sont formés que d'un seul mot, comme *am–or*, *am–ābor* ; les temps composés sont ceux qui empruntent un des temps du verbe substantif *sum*, comme *amat–us sum, amat–us essem*.

Les temps simples du passif se forment des mêmes temps de l'actif, en ajoutant *r* à ceux qui sont terminés en *o* ; *am–o, am–or* ; *mon–ēbo, mon–ēbor* ; et en changeant *m* en *r* aux temps de l'actif qui sont terminés en *m* ; *am–ābam, am–ābar* ; *leg–am, leg–ar*.

Le participe futur passif se forme du présent de l'indicatif actif, suivant la même analogie que les gérondifs ; *am–o, am–andus, a, um* ; *mon–eo, mon–endus, a, um*.

Quant aux temps composés, il suffit pour les former de joindre au participe passé du verbe que l'on conjugue, les divers temps du verbe *sum*, comme on le voit dans les modèles des conjugaisons passives : le participe passé est lui–même formé du supin en *um*, par le changement de *m* en *s*.

REMARQUE.

On pourrait aussi former les temps du passif, comme nous l'avons fait pour l'actif, en ajoutant à chaque radical les terminaisons convenables. On remarquerait alors qu'il n'y a plus que deux radicaux, le deuxième radical, c'est–à–dire celui du parfait, se trouvant remplacé par le troisième.

REMARQUE SUR L'IMPÉRATIF ACTIF ET PASSIF.

§ 44. L'impératif n'a point de première personne au singulier, parce qu'on ne se parle pas à soi–même ; et, si on le fait quelquefois, ce ne peut être qu'en em–

ployant la deuxième personne.—Les Latins n'ont point non plus de forme particulière pour la première personne plurielle du même mode. Ils y suppléent, soit à l'actif, soit au passif, par la première personne du subjonctif, qui suppose toujours un verbe sous-entendu qui le régit.

La deuxième personne de l'impératif actif, au singulier, est formée de l'infinitif par le retranchement de la syllabe *re*; et à la voix passive, elle est semblable au présent de l'infinitif actif; *am-āre*, aimer, et sois aimé. — Au pluriel, la deuxième personne de l'impératif passif est semblable à la même personne du présent de l'indicatif passif, dans les quatre conjugaisons; *am-āmini*, vous êtes aimés, et soyez aimés; *mon-ēmini*, vous êtes avertis, et soyez avertis, etc.

La troisième personne plurielle de l'impératif actif se forme, dans les quatre conjugaisons, de la même personne du présent de l'indicatif, par l'addition de la lettre *o*; *am-ant*, *am-anto*, *mon-ent*, *mon-ento*; et l'on obtient la même personne de l'impératif passif, en ajoutant la lettre *r* à l'actif; *am-anto*, *am-antor*; *mon-ento*, *mon-entor*.

CONJUGAISON DES VERBES IRRÉGULIERS.

VERBES DÉPONENS.

§ 45. On appelle *déponens* certains verbes latins qui ont la signification active et la terminaison passive. C'est en cela qu'ils sont irréguliers.

Il y a des verbes déponens de chacune des quatre conjugaisons, que l'on distingue aussi par la terminaison de l'infinitif.

Les verbes déponens de la première conjugaison ont l'infinitif présent terminé en *āri*, et se conjuguent, pour le latin, comme *am-ari*: ceux de la deuxième ont l'in-

finitif en *ēri*, et se conjuguent comme *mon–ēri* : ceux
de la troisième ont l'infinitif en *ī*, et se conjuguent comme
leg–ī : enfin ceux de la quatrième ont l'infinitif en *īri*,
et se conjuguent sur *aud–īri*.

Pour conjuguer ces sortes de verbes, on peut leur
supposer un actif de la même conjugaison, d'où l'on
formera leurs temps d'après les règles données ci-dessus
pour les verbes passifs.

Comme ces diverses conjugaisons ne présentent d'ailleurs aucune irrégularité, nous nous contenterons de
présenter le modèle de la première, avec l'infinitif et le
participe des trois autres.

Les verbes déponens empruntent à la voix active
les formes du futur de l'infinitif, des gérondifs et du
supin en *um*, celles du participe présent et du participe
futur. Le participe futur en *dus*, *da*, *dum*, a la signification et la terminaison passive.

(1re CONJUGAISON.)
IMIT–ARI.

§ 46. INDICATIF.

PRÉS. Imit–or, *j'imite, etc.*
IMPAR. Imit–ābar, *j'imitais, etc.*
PARF. Imitat–us sum *ou* fui, *j'imitai, j'ai* ou *j'eus*
imitĕ, etc.
PL.-PARF. Imitat–us eram *ou* fueram, *j'avais imité.*
FUTUR. Imit–ābor, *j'imiterai, etc.*
F. ANT. Imitat–us ero *ou* fuero, *j'aurai imité, etc.*

IMPÉRATIF.

PRÉS. Imit–āre *ou* imit–ātor, *imite, etc.*

SUBJONCTIF.

PRÉS. Imit–er, *que j'imite, etc.*

IMPAR. Imit–ārer, *que j'imitasse* ou *j'imiterais,etc.*
PARF. Imitat–us sim *ou* fuerim, *que j'aie imité,etc.*
PL.-PARF. Imitat–us essem *ou* fuissem, *que j'eusse*
ou j'aurais imité, etc.

INFINITIF.

PRÉS. Imit–āri,   *imiter.*

Géron. {
Imit–andi,   *d'imiter.*
Imit–ando,   *en imitant.*
Imit–andum,   *à* ou *pour imiter.*

Supins. {
Imitāt–um,   *à imiter.*
Imitāt–u,   *à être imité.*

PARF. Imitāt–um, am esse *ou* fuisse, *avoir imité.*
FUTUR. Imitāt–ūrum, am esse, *devoir imiter.*
F.ANT. Imitāt–ūrum, am fuisse, *avoir dû imiter.*

PARTICIPE.

PRÉS. . . Imit–ans, antis,   *imitant.*
P. ACT. Imitāt–us, a, um, *ayant imité.*
F. ACT. Imitāt–ūrus, a, um, *devant imiter.*
F.PAS. . . Imit–andus, a,um, *devant être imité.*

(*V.* § 86.)

(2ᵉ CONJUGAISON.)

INFINITIF.

PRÉS. . . Pollic–ēri,   *promettre.*

Géron. {
Pollic–endi,   *de promettre.*
Pollic–endo,   *en promettant.*
Pollic–endum,   *à* ou *pour promettre.*

Supins. {
Pollicit–um,   *à promettre.*
Pollicit–ū,   *à être promis.*

PARF. . . Pollicit–um, am esse *ou* fuisse, *avoir prom.*
FUTUR. Pollicit–ūrum, am esse, *devoir promettre.*
F.ANT. Pollicit–ūrum, am fuisse, *avoir dû promettre.*

PARTICIPE.

PRÉS. Pollic–ens, entis,   *promettant.*
P. ACT. Pollicit–us, a, um, *ayant promis.*

F. act. Pollicit–ūrus , a, um, *devant promettre.*
F. pas. Pollic–endus, a, um, *devant être promis.*

(*V.* § 87.)

(3ᵉ CONJUGAISON.)

INFINITIF.

prés. . Ut-i ,   *se servir.*

Géron. { Ut–endi ,   *de se servir.*
        Ut–endo ,   *en se servant.*
        Ut–endum ,   *à ou pour se servir.*

Supins. { Us–um ,   *à se servir.*
        Us–ū,   *à être employé.*

parf. . Us–um , am esse *ou* fuisse , *s'être servi.*
futur. Us–ūrum, am esse, *devoir se servir.*
F. ant. Us–ūrum, am fuisse, *avoir dû se servir.*

PARTICIPE.

prés. . Ut–ens ,   *se servant.*
p. act. Us–us, a, um , *s'étant servi.*
F. act. Us–ūrus, a, um, *devant se servir.*
F. pas. Ut–endus, a, um, *dont on doit se servir.*

(*V.* § 88.)

(4 CONJUGAISON.)

INFINITIF.

prés. . Bland–īri ,   *flatter.*

Géron. { Bland–ĭendi ,   *de flatter.*
        Bland–ĭendo ,   *en flattant.*
        Bland–ĭendum ,   *à ou pour flatter.*

Supins. { Blandĭt–um ,   *à flatter.*
        Blandīt–ū ,   *à être flatté.*

parf. . Blandĭt–um, am esse *ou* fuisse, *avoir flatté.*
futur. Blandit–ūrum, am esse, *devoir flatter.*
F. ant. Blandit–ūrum, am fuisse, *avoir dû flatter.*

PARTICIPE.

PRÉS. . Bland–ïens, ïentis, *flattant.*
P. ACT. Blandit-us, a, um, *ayant flatté.*
F. ACT. Blandit–ūrus, a, um, *devant flatter.*
F. PAS. Bland–ïendus, a, um, *devant être flatté.*

(*V.* § 89.)

COMPOSÉS DE *SUM.*

POSSUM.

§ 47.   INDICATIF.

PRÉSENT.	S. Possum,	*je puis* ou *je peux.*
	Potes ,	*tu peux.*
	Potest,	*il peut.*
	P. Possumus,	*nous pouvons.*
	Potestis ,	*vous pouvez.*
	Possunt,	*ils peuvent.*
IMPAR.	Poteram,	*je pouvais, etc.*
PARF.	Potui ,	*je pus, j'ai* où *j'eus pu, etc.*
P.PAR.	Potueram,	*j'avais pu, etc.*
FUTUR.	Potero .	*je pourrai, etc.*
F.ANT.	Potuero ,	*j'aurai pu, etc.*

SUBJONCTIF.

PRÉS. . Possim,   *que je puisse, etc.*
IMPAR. Possem, *que je pûsse* ou *je pourrais, etc.*
PARF. . Potuerim,   *que j'aie pu , etc.*
P. PAR. Potuissem, *que j'eusse* où *j'aurais pu , etc.*

INFINITIF.

PRÉS. . Posse ,   *pouvoir.*
PARF. . Potuisse ,   *avoir pu.*

PROSUM.

INDICATIF.

PRÉSENT.

S.	Prosum,	*je suis utile.*
	Prodes,	*tu es utile.*
	Prodest,	*il est utile.*
P.	Prosumus,	*nous sommes utiles.*
	Prodestis,	*vous êtes utiles.*
	Prosunt,	*ils sont utiles.*

IMPAR. Proderam,   *j'étais utile, etc.*

PARF.. Profui, *je fus, j'ai ou j'eus été utile, etc.*

P.-PAR. Profueram,   *j'avais été utile, etc.*

FUTU. Prodero,   *je serai utile, etc.*

F.ANT. Profuero,   *j'aurai été utile, etc.*

IMPÉRATIF.

PRÉSENT.

S.	Prodes *ou* prodesto,	*sois utile.*
	Prodesto,	*qu'il soit utile.*
P.	Prosimus,	*soyons utiles.*
	Prodeste *ou* prodestote,	*soyez utiles.*
	Prosunto.	*qu'ils soient utiles.*

SUBJONCTIF.

PRÉS.. Prosim,   *que je sois utile, etc.*

IMPAR. Prodessem,   *que je fusse ou je serais utile, etc.*

PARF.. Profuerim,   *que j'aie été utile, etc.*

P.-PAR. Profuissem,   *que j'eusse ou j'aurais été utile, etc.*

INFINITIF.

PRÉS.. Prodesse,   *être utile.*

PARF.. Profuisse,   *avoir été utile.*

6.

FUTUR. Profuturum, am esse, *devoir être utile.*
F. ANT. Profuturum, am fuisse, *avoir dû être utile.*

PARTICIPE.

FUTUR. Profuturus, a, um, *devant être utile.*

Le verbe *possum*, composé de *potis sum*, conserve le *t*
aux temps et aux personnes où le verbe *sum* commence
par une voyelle; et, pour adoucir la prononciation, le *t*
se change en *s* aux temps du verbe *sum* qui commencent
par une *s*. — C'est également par euphonie, que *prosum*,
composé de *pro* et *sum*, prend un *d* devant une voyelle,
et qu'on dit *prodes, prodest, etc.* au lieu de *proes, proest:*
telle est la différence de ces deux verbes avec les autres
composés de *sum.*

GAUD-EO (2ᵉ CONJUGAISON).

§ 48. Il y a quelques verbes de la deuxième conjugaison qui sont déponens au parfait et aux temps qui en
sont formés, et qui conservent les formes actives dans
tous les autres temps.

INDICATIF.

PRÉS. Gaud-ĕo,   *je me réjouis, etc.*
IMPAR. Gaud-ēbam,   *je me réjouissais, etc.*
PARF. Gavis-us sum *ou* fui, *je me réjouis; je me suis*
                     ou je me fus réjoui, etc.
P.-PAR. Gavis-us eram *ou* fueram, *je m'étais réjoui.*
FUTUR. Gaud-ēbo,   *je me réjouirai, etc.*
F.-ANT. Gavis-us ero *ou* fuero, *je me serai réjoui, etc.*

IMPÉRATIF.

PRÉS. Gaud-ē *ou* ēto, *réjouis-toi, etc.*

SUBJONCTIF.

PRÉS.   Gaud–ĕam ,   *que je me réjouisse, etc.*
IMPAR.Gaud–ērem ,   *que je me réjouisse* ou *je me*
                                  réjouirais, etc.
PARF. Gavis–us sim *ou* fuerim, *que je me sois réjoui, etc.*
P.-PAR.Gavis–us essem *ou* fuissem , *que je me fusse* ou
                                  je me serais réjoui, etc.

INFINITIF.

PRÉS.   Gaud–ēre ,   *se réjouir.*
Géron. ⎰ Gaud–endi ,   *de se réjouir.*
       ⎱ Gaud–endo ,   *en se réjouissant.*
         Gaud–endum,   *à* ou *pour se réjouir.*
Supins. ⎰ Gavis–um ,   *à se réjouir.*
        ⎱ Gavis–ū,   *à être réjoui.*
PARF. Gavis–um, am esse *ou* fuisse, *s'être réjoui.*
FUTUR.Gavis–ūrum, am esse , *devoir se réjouir.*
F.ANT. Gavis–ūrum , am fuisse , *avoir dû se réjouir.*

PARTICIPE.

PRÉS. Gaud–ens, entis, *se réjouissant.*
PASSÉ. Gavis–us , a, um, *s'étant réjoui.*
FUTUR.Gavis–ūrus, a, um, *devant se réjouir.*

(*V.* § 90.)

MÉ POENIT-ET.

§ 49. Ce verbe n'est employé qu'à la troisième personne du singulier, et se conjugue dans tous ses temps
avec l'accusatif du nom ou du pronom qui forme le sujet du verbe français. Du reste , il suit régulièrement le
modèle de la deuxième conjugaison.   (*V.* § 188.)

INDICATIF.

PRÉSENT.

S. Me pœnit–et,   *je me repens.*
Te pœnit–et,   *tu te repens.*
Illum, illam pœnit–et, *il ou elle se repent.*
P. Nos pœnit–et,   *nous nous repentons.*
Vos pœnit–et,   *vous vous repentez.*
Illos, illas pœnit–et , *ils ou elles se repentent.*

IMPAR. Me pœnit–ēbat, *je me repentais, etc.*
PARF. . Me pœnitu–it , *je me repentis , je me suis ou
                    je me fus repenti , etc.*
P.-PAR. Me pœnitu–ĕrat, *je m'étais repenti, etc.*
FUTUR. Me pœnit–ēbit,   *je me repentirai, etc.*
F. ANT. Me pœnitu–ĕrit, *je me serai repenti, etc.*

SUBJONCTIF.

PRÉS. . Me pœnit–ĕat , *que je me repente, etc.*
IMPAR. Me pœnit–ēret , *que je me repentisse, ou je me
                    repentirais, etc.*
PARF. . Me pœnitu–ĕrit, *que je me sois repenti, etc.*
P.-PAR. Me pœnitu–isset, *que je me fusse ou je me
                    serais repenti , etc.*

INFINITIF.

PRÉS. . Pœnit–ēre ,   *se repentir.*
Pœnit–endi ,   *de se repentir.*
Géron. Pœnit–endo ,   *en se repentant.*
Pœnit–endum ,   *à ou pour se repentir.*
PARF. . Pœnitu–isse ,   *s'être repenti.*

PARTICIPE.

PRÉS. . Pœnit–ens, entis, *se repentant.*
F. PAS. Pœnit–endus, a, um, *dont on doit se repentir.*
                              (*V.* § 90.

FIO (3ᵉ CONJUGAISON).

§ 50. Le verbe *facio* fait au passif *fio*, *factus sum*, *fieri*, qui signifie *être fait* ou *devenir*.

INDICATIF.

PRÉSENT.	*S.* Fio,	*je suis fait* ou *je deviens.*
	Fis,	*tu deviens.*
	Fit,	*il devient.*
	P. Fimus,	*nous devenons.*
	Fitis,	*vous devenez.*
	Fiunt,	*ils deviennent.*

IMPAR. Fiebam, *je devenais, etc.*

PARF. . Factus sum *ou* fui, *je devins, je suis* ou *je fus devenu, etc.*

P.-PAR. Factus eram *ou* fueram, *j'étais devenu, etc.*

FUTUR. Fiam, *je deviendrai, etc.*

F. ANT. Factus ero *ou* fuero, *je serai devenu, etc.*

IMPÉRATIF.

PR. *S.* Fi, *deviens.*
P. Fite *ou* fitote, *devenez.*

SUBJONCTIF.

PRÉS. . Fiam, *que je devienne, etc.*

IMPAR. Fierem, *que je devinsse* ou *je deviendrais, etc.*

PARF. . Factus sim *ou* fuerim, *que je sois devenu, etc.*

P.-PAR. Factus essem *ou* fuissem, *que je fusse* ou *je serais devenu, etc.*

INFINITIF.

PRÉS. . Fieri, *devenir.*

Supin. Factu, *à devenir.*

PARF. . Factum, am esse *ou* fuisse, *être devenu.*

FUTUR. {Factum iri *ou* / Faciendum, amesse,} *devoir devenir.*

F. ANT. Faciendum, am fuisse, *avoir dû devenir.*

PARTICIPE.

PASSÉ. Factus, a, um, *devenu, étant devenu.*
FUTUR. Faciendus, a, um, *devant devenir.*

FER-O.

§ 51. Le verbe *fero* emprunte à d'autres verbes inusités son parfait et son supin. Du reste il se conjugue régulièrement, excepté au présent de l'indicatif.

INDICATIF.

PRÉSENT.	*S.* Fer-o,	*je porte.*
	Fer-s,	*tu portes.*
	Fer-t,	*il porte.*
	P. Fer-ĭmus,	*nous portons.*
	Fer-tis,	*vous portez.*
	Fer-unt,	*ils portent.*

IMPAR. Fer-ēbam,   *je portais, etc.*
PARF. . Tul-i,   *je portai, j'ai ou j'eus porté, etc.*
P.-PAR. Tul-ĕram,   *j'avais porté, etc.*
FUTUR. Fer-am ,   *je porterai, etc.*
F. ANT. Tul-ĕro,   *j'aurai porté, etc.*

IMPÉRATIF.

PRÉSENT.	*S.* Fer *ou* fert-o ,	*porte.*
	Fert-o.,	*qu'il porte.*
	P. Fer-āmus,	*portons.*
	Fer-te *ou* tōte ,	*portez.*
	Fer-unto,	*qu'ils portent.*

SUBJONCTIF.

PRÉS. . Fer-am,   *que je porte, etc.*

IMPAR. Fer–rem, *que je portasse ou je porterais, etc.*
PARF.. Tul–ĕrim, *que j'aie porté, etc.*
P.-PAR. Tul–issem, *que j'eusse ou j'aurais porté.*

INFINITIF.

PRÉS.. Fer–re, *porter.*

Géron. { Fer–endi, *de porter.*
{ Fer–endo, *en portant.*
{ Fer–endum, *à ou pour porter.*

Supin. Lat–um, *à porter.*
PARF.. Tul–isse, *avoir porté.*
FUTUR. Lat–ūrum, am esse, *devoir porter.*
F. ANT. Lat–ūrum, am fuisse, *avoir dû porter.*

PARTICIPE.

PRÉS.. Fer–ens, entis, *portant.*
FUTUR. Lat–ūrus, a, um, *devant porter.*

PASSIF. FER–OR.

INDICATIF.

PRÉSENT { S. Fer–or, *je suis porté.*
{ Fer–is *ou* fer–re, *tu es porté.*
{ Fer-tur, *il est porté.*
{ P. Fer–ĭmur, *nous sommes portés.*
{ Fer–ĭmĭni, *vous êtes portés.*
{ Fer–untur, *ils sont portés.*

IMPAR. Fer ēbar, *j'étais porté, etc.*
PARF.. Lat-us sum *ou* fui, *je fus, j'ai ou j'eus été*
porté, etc.
P-.PAR. Lat-us eram *ou* fueram, *j'avais été porté, etc.*
FUTUR. Fer–ar, *je serai porté, etc.*
F. ANT. Lat-us ero *ou* fuero, *j'aurai été porté, etc.*

IMPÉRATIF.

PRÉSENT.

S. Fer–re *ou* fer-tor,   sois porté.
Fer–tor,   qu'il soit porté.
P. Fer–āmur,   soyons portés.
Fer–ĭmĭni,   soyez portés.
Fer–untor,   qu'ils soient portés.

SUBJONCTIF.

PRÉS. . Fer–ar,   que je sois porté, etc.
IMPAR. Fer–rer,   que je fusse *ou* je serais porté, etc.
PARF. . Lat–us sim *ou* fuerim, que j'aie été porté, etc.
P.-PAR. Lat–us essem *ou* fuissem, que j'eusse *ou* j'au-
                                   rais été porté, etc.

INFINITIF.

PRÉS. . Fer–ri,   être porté.
Supin. Lat–ū,   à être porté.
PARF. . Lat–um, am esse *ou* fuisse, avoir été porté.
FUTUR. {Lat–um iri *ou*
        {Fer–endum, am esse, } devoir être porté.
F. ANT. Fer–endum, am fuisse, avoir dû être porté.

PARTICIPE.

PASSÉ. Lat-us, a, um, *porté, étant ou ayant été porté.*
FUTUR. Fer–endus, a, um, *devant être porté.*

Ainsi se conjuguent les composés de *fer-o*, comme :
Offer o, offer-s, obtul-i, oblat-um, offer-re, offrir.
Differ-o, differ-s, distul-i, dilat-um, differ-re, différer, etc.

§ 52.   VOLO.

PRÉSENT.

S. Volo,   je veux.
Vis,   tu veux.
Vult,   il veut.
P. Volumus,   nous voulons.
Vultis,   vous voulez.
Volunt,   ils veulent.

IMPAR.	Volebam,	*je voulais, etc.*
PARF..	Volui,	*je voulus, j'ai ou j'eus voulu, etc.*
P.-PAR.	Volueram,	*j'avais voulu, etc.*
FUTUR.	Volam,	*je voudrai, etc.*
F. ANT.	Voluero,	*j'aurai voulu, etc.*

SUBJONCTIF.

PRÉS..	Velim,	*que je veuille, etc.*
IMPAR.	Vellem,	*que je voulusse ou je voudrais.*
PARF..	Voluerim,	*que j'aie voulu, etc.*
P.-PAR.	Voluissem,	*que j'eusse voulu, etc.*

INFINITIF.

PRÉS..	Velle,	*vouloir.*
PARF..	Voluisse,	*avoir voulu.*

PARTICIPE.

PRÉS..	Volens, entis, *voulant.*	

NOLO.

INDICATIF.

S.	Nolo,	*je ne veux pas.*
	Non vis,	*tu ne veux pas.*
	Non vult,	*il ne veut pas.*
P.	Nolumus,	*nous ne voulons pas.*
	Non vultis,	*vous ne voulez pas.*
	Nolunt,	*ils ne veulent pas.*

(PRÉSENT.)

IMPÉRATIF.

S.	Noli *ou* nolito,	*ne veuille pas.*
	Nolito,	*qu'il n e veuille pas.*
P.	Nolimus,	*ne veuillons pas.*
	Nolite *ou* itote,	*ne veuillez pas.*
	Nolunto,	*qu'ils ne veuillent pas.*

(PRÉSENT.)

SUBJONCTIF.

PRÉS. . Nolim ,   *que je ne veuille pas, etc.*

INFINITIF.

PRÉS. . Nolle ,   *ne vouloir pas.*

MALO.

INDICATIF.

	S. Malo,	*j'aime mieux.*
	Mavis ,	*tu aimes mieux.*
	Mavult,	*il aime mieux.*
PRÉSENT.	**P.** Malumus ,	*nous aimons mieux.*
	Mavultis ,	*vous aimez mieux.*
	Malunt,	*ils aiment mieux.*

SUBJONCTIF.

PRÉS. . Malim ,   *que j'aime mieux, etc.*

INFINITIF.

PRÉS. . Malle ,   *aimer mieux.*

(*Les autres temps de ces deux verbes, comme Volo.*)
Nolo est composé de *non volo* et *malo,* de *magis volo.*

EO (4e CONJUGAISON).

§ 53.   **INDICATIF.**

	S. Eo ,	*je vais.*
	Is,	*tu vas*
	It ,	*il va.*
PRÉSENT.	**P.** Imus ,	*nous allons.*
	Itis ,	*vous allez.*
	Eunt ,	*ils vont.*

IMPAR. Ibam ,   *j'allais , etc.*
PARF. Ivi ,   *j'allai, je suis ou je fus allé, etc.*
P.-PAR. Ivĕram,   *j'étais allé, etc.*
FUTUR. Ibo,   *j'irai, etc.*
F. ANT. Ivĕro ,   *je serai allé , etc.*

IMPÉRATIF.

PRÉSENT.
S. I *ou* ito ,   *va.*
Ito,   *qu'il aille.*
P. Eāmus ,   *allons.*
Ite *ou* itōte ,   *allez.*
Eunto ,   *qu'ils aillent.*

SUBJONCTIF.

PRÉS. . Eam,   *que j'aille, etc.*
IMPAR. Irem ,   *que j'allasse ou j'irais , etc.*
PARF. . Ivĕrim,   *que je sois allé , etc.*
P.-PAR. Ivissem,   *que je fusse ou je serais allé, etc.*

INFINITIF.

PRÉS. . Ire ,   *aller.*
Géron. Eundi ,   *d'aller.*
        Eundo ,   *en allant.*
        Eundum ,   *à aller ou pour aller.*
Supin. Itum,   } *à aller.*
        Itū,
PARF. . Ivisse ,   *être allé.*
FUTUR. Itūrum, am esse, *devoir aller.*
F. ANT. Itūrum, am fuisse , *avoir dû aller.*

PARTICIPE.

PRÉS. . Iens , ĕuntis,   *allant.*
FUTUR. Itūrus, a, um, *devant aller.*

Ainsi se conjuguent les composés de *eo*, comme:

Exeo, is, exivi, exitum, exire, sortir.

Pereo, is, perivi, peritum, perire, périr, etc.

A ces verbes on peut ajouter :

Queo, is, quivi, quitum, quire, être capable de, en ob-servant qu'il n'a ni impératif, ni participe, ni supins, ni gérondifs.

VERBES DÉFECTIFS.

§ 54. On appelle *défectifs* certains verbes qui manquent de quelques temps ou de quelques personnes.

La langue latine a un petit nombre de verbes dans lesquels le parfait a la signification du présent.

MEMIN–I.

INDICATIF.

PARFAIT.	S. Memin–i ,	*je me souviens.*
	Memin–isti ,	*tu te souviens.*
	Memin–it ,	*il se souvient.*
	P. Memin–ĭmus ,	*nous nous souvenons.*
	Memin–istis ,	*vous vous souvenez.*
	Memin–ērunt ,	*ils se souviennent.*
P.-PAR.	Memin–ĕram ,	*je me souvenais, etc.*
F.-ANT.	Memin–ĕro,	*je me souviendrai, etc.*

IMPÉRATIF.

PARF.	S. Memento ,	*souviens-toi.*
	Memento ,	*qu'il se souvienne.*
	P. Mementōte ,	*souvenez-vous.*

SUBJONCTIF.

PARF. Memin–ĕrim, *que je me souvienne, etc.*
P.–PAR. Memin–issem, *que je me souvinsse ou je me souviendrais, etc.*

INFINITIF.

PARF. Memin–isse, *se souvenir.*

Ainsi se conjuguent *nov-i, nov-isse,* connaître ; *cœp-i, cœp-isse,* commencer ; *od-i, od-isse,* haïr ; ce dernier forme son parfait et les temps qui en dépendent, du supin *osum ; osus sum,* j'ai haï. Ils n'ont point d'impératif.

On rend compte de l'irrégularité de ces verbes, en faisant la remarque suivante :

Le verbe incoactif *nosco* (§ XXXIV) signifie, *je prends connaissance ;* parfait, *novi, j'ai pris connaissance ou je connais.*

Meno (inusité) veut dire, *je confie à ma mémoire ;* parfait, avec redoublement de la première syllabe, *memini, j'ai confié à ma mémoire ou je me souviens.*

Odio (inusité), *je conçois de la haine ;* parfait *odi, j'ai conçu de la haine ou je hais.*

Cœpio n'est plus usité ; le parfait *cœpi* signifie, *je commence ou j'ai commencé.*

§ 55. Les verbes suivans ne sont guère usités qu'aux temps et aux personnes ci-dessous indiqués,

AIO.

INDICATIF.

PRÉSENT.	S. Aio,	*je dis*
	Ais,	*tu dis.*
	Ait,	*il dit.*
	P. Aïunt,	*ils disent.*

IMPARFAIT,	S. Aĭēbam ,	je disais.
	Aĭēbas ,	tu disais.
	Aĭēbat ,	il disait.
	P. Aĭēbāmus ,	nous disions.
	Aĭēbātis ,	vous disiez.
	Aĭēbant ,	ils disaient.
PAR.	S. Aisti,	tu as dit.
	P. Aistis,	vous avez dit.

IMPÉRATIF.

PR. *S.* Ai,   dis.

SUBJONCTIF.

PRÉSENT.	S. Aĭam,	que je dise.
	Aĭat ,	qu'il dise.
	P. Aĭātis ,	que vous disiez.
	Aĭānt ,	qu'ils disent.

PARTICIPE.

PRÉS. . Aĭens , entis ,   disant.

INQUAM.

INDICATIF.

PRÉSENT.	S. Inquam ,	dis—je.
	Inquis ,	dis—tu.
	Inquit ,	dit—il.
	P. Inquĭmus ,	disons-nous.
	Inquītis ,	dites—vous.
	Inquĭunt ,	disent—ils.
IMP.	S. Inquĭēbat,	disait—il.
	P. Inquĭēbant ,	disaient—ils.

PARF.	*S.* Inquisti,	*as-tu dit.*
	Inquit,	*a-t-il dit.*
	P. Inquistis,	*avez-vous dit.*
FUT.	*S.* Inquĭes,	*diras-tu.*
	Inquĭet,	*dira-t-il.*

IMPÉRATIF.

PR. *S.* Inque *ou* inquito, *dis*.

SUBJONCTIF.

PR. *S.* Inquĭat,   *qu'il dise.*

VALE.

§ 56. Le verbe *valere*, se porter bien, était communément employé par les Latins, comme formule de *salut*, en quittant quelqu'un. Dans ce sens, il n'est usité qu'à l'impératif et au subjonctif, employé comme optatif, et peut, au singulier comme au pluriel, être traduit par le mot *adieu*.

IMPÉRATIF.

PRÉ.	*S.* Valē *ou* valēto,	*porte-toi bien.*	} } *Adieu.* }
	Valēto,	*qu'il se porte bien,*	
	P. Valēte,	*portez-vous bien.*	
	Valento,	*qu'ils se portent bien.*	

SUBJONCTIF.

PRÉS.	*S.* Valĕas,	*que tu te portes bien.*	} } *Adieu.* }
	Valĕat,	*qu'il se porte bien.*	
	P. Valĕātis,	*que vous vous portiez bien.*	
	Valĕant,	*qu'ils se portent bien.*	

SALVE.

Salve, impératif du verbe *salvere*, être en bonne santé, était le salut du matin, et la formule usitée quand on s'abordait. Dans ce sens, ce verbe ne s'emploie qu'à l'impératif, et peut se traduire par *je te salue, bonjour*.

IMPÉRATIF.

PSRÉ { S. Salvē *ou* salvēto, *sois en bonne santé, je te salue.* P. Salvēte *ou* salvētōte *soyez en bonne santé, je vous salue.* } Bonjour.

AVE.

Ave ou *aveto*, *avete* ou *avetote*, impératif du verbe *avere*, s'emploie aussi comme formule de *salut*, et peut se rendre en français par *bonjour* ou *bonsoir*.

ITUR.

§ 57. Nous avons dit que les verbes neutres n'ont pas de passif : cependant la plupart de ces verbes sont fréquemment employés à cette voix, mais seulement à la 3e personne du singulier, et dans un sens unipersonnel : *itur*, il est allé *ou* on va ; *pugnatur*, il est combattu *ou* on combat. (*V.* § 247.)

INDICATIF.

PRÉS. Itur,   *on va.*
IMPAR. Ibātur,   *on allait.*
PARF. Itum est *ou* fuit, *on est allé ou on alla.*
PL.–P. Itum erat *ou* fuerat, *on était allé.*
FUTUR. Ibĭtur,   *on ira.*
F. ANT. Itum erit *ou* fuerit, *on sera allé.*

SUBJONCTIF.

PRÉS. . Eātur, *qu'on aille.*
IMPAR. Irētur, *qu'on allât.*
PARF. Itum sit *ou* fuerit, *qu'on soit allé.*
PL.–P. Itum esset *ou* fuisset , *qu'on fût allé* ou on se-
                                    rait allé.

INFINITIF.

PRÉS. . Iri ,
                        } *être allé.*
PARF. . Itum esse ,

DU PARTICIPE.

§ 58. Le participe est un mot qui tient du verbe et de l'adjectif. Il tient du verbe , en ce que , comme lui , il est susceptible de temps; il tient de l'adjectif, en ce que, comme lui, il sert à qualifier un nom.

Les verbes actifs ont deux participes ; celui du présent terminé en *ns, am-o, am–ans ; mon–eo, mon–ens, etc ;* et celui du futur, en *urus , amat–urus , monit–urus.*

Les verbes passifs ont aussi deux participes ; le participe passé terminé en *us , amat-us monit–us ;* et le participe futur terminé en *ndus, am–andus, mon-endus, leg–endus, aud–iendus.*

Les verbes neutres ont deux participes comme les verbes actifs : *plac–eo, plac-ens, placit–urus;* quelques-uns même ont des participes passifs : *placit–us, plac-endus.*

Les verbes déponens en ont trois ; le présent, *imit–*

ans ; le passé , *imitat-us* ; le futur , *imitat-urus*. — Quelquefois le participe passé a aussi la signification passive : *imitatus* , ayant imité *ou* ayant été imité. Beaucoup de verbes déponens ont encore le participe futur passif, *imit-andus*, devant être imité.

Le participe présent en *ns* se décline comme *prud-ens* ; tous les autres suivent le modèle *bon-us* , *a*, *um*.

DE LA PRÉPOSITION.

§ 59. La **Préposition** est un mot indéclinable qui lie ensemble **deux** mots d'une même proposition et les met en rapport. Dans cet exemple , *mori pro patriâ* , mourir pour la patrie , *pro* ndique un rapport entre *mori* , mourir, et *patriâ*, la patrie. La nature du rapport est déterminée par la signification de la préposition. Le deuxième mot est appelé complément ou régime de la préposition.

Parmi les prépositions, les unes régissent l'accusatif, les autres l'ablatif. (§§ 130 et 157.)

DE L'ADVERBE.

§ 60. L'adverbe est un mot indéclinable , qui se joint le plus souvent au verbe et en détermine la signification ; il se joint aussi aux adjectifs et aux noms qualifi-catifs : *verè probus* , *verè civis*.

On peut réduire les adverbes à certaines classes.

ADVERBES DE LIEU.

Le lieu où l'on est (UBI).

Ubi ,	*où.*
Hic ,	*ici où je suis.*
Istic,	*là où tu es.*
Illic ,	*là où il est.*
Ibi ,	*là.*
Alibi ,	*ailleurs.*
Alicubi,	*quelque part.*
Ubicumque ,	*en quelque lieu que ce soit.*
Foris ,	*dehors.*

Le lieu où l'on va (QUÒ).

Quò ,	*où.*
Huc ,	*ici où je suis.*
Istùc ,	*là où tu es.*
Illùc ,	*là où il est.*
Eò ,	*là.*
Aliò ,	*ailleurs.*
Aliquò ,	*quelque part.*
Quocumquè,	*en quelque lieu que ce soit.*
Foràs,	*dehors.*

Le lieu d'où l'on vient (UNDÈ).

Undè,	*d'où.*
Hinc ,	*d'ici où je suis.*
Istinc ,	*de là où tu es.*
Illinc ,	*de là où il est.*
Indè ,	*de là.*
Aliundè ,	*d'autre part.*
Alicundè ,	*de quelque part.*
Undecumquè ,	*de quelque part que ce soit.*

Le lieu par où l'on passe (QUÀ).

Quà ,	*par où.*

Hàc ,   *par ici où je suis.*
Istàc ,   *par là où tu es.*
Illàc ,   *par là où il est.*
Eà ,   *par là.*
Alià ,   *par un autre endroit.*
Aliquà ,   *par quelque lieu.*
Quacumquè ,   *par quelque endroit que ce soit.*

ADVERBES DE TEMPS.

Hodiè,   *aujourd'hui.*
Cras,   *demain.*
Heri,   *hier.*
Pridiè,   *la veille.*
Postridiè ,   *le lendemain.*
Quondam ,   *autrefois, un jour.*
Nunc ,   *maintenant.*
Diù,   *long-temps.*
Semper ,   *toujours.*
Olim , etc.   *autrefois, etc.*

ADVERBES DE NOMBRE.

Semel ,   *une fois.*
Bis ,   *deux fois.*
Iterùm ,   *de nouveau, une 2e fois.*
Pluries ,   *plusieurs fois.*
Quoties ,   *combien de fois.*
Primùm *ou* primò ,   *pour la première fois.*
Secundùm ,   *pour la 2e fois.*
Tertiùm ,   *pour la 3e fois , etc.*

(V. § 97.)

ADVERBES D'AFFIRMATION.

Etiam ,   *aussi.*

Certè,
Sanè,
Profectò,
Quidem, equidem, etc.
} certes, assurément.

ADVERBES DE NÉGATION.

Non, haud,   non, ne pas.
Frustrà, nequicquàm,   en vain.
Nequaquàm,   } nullement, point du
Neutiquàm, minimè, etc. } tout, etc.

ADVERBES DE RESSEMBLANCE.

Ita, sic,   ainsi.
Pariter, etc.   également, etc.

ADVERBES DE DOUTE.

Forsan, forsitan,   peut-être.
Fortè, fortassè, etc.   par hasard, etc.

ADVERBES D'UNION ET DE DIVISION.

Simul, unà,   ensemble.
Conjunctim,   conjointement.
Universim,   généralement.
Privatim,   séparément.
Seorsim,   à part.
Aliter, etc.   autrement, etc.

ADVERBES D'INTERROGATION.

Cur, quarè, quamobrem,   pourquoi?
Quorsùs, quorsùm,   à quoi bon?
Quandò,   quand?
An, nùm ou nè (après un mot), est-ce que? etc.

ADVERBES DE QUANTITÉ.

Multùm ,	*beaucoup.*
Parùm ,	*peu.*
Satis ,	*assez.*
Tantùm ,	*autant.*
Minùs ,	*moins.*
Nimis ,	*trop.*
Minimùm ,	*très peu.*
Plurimùm, etc.	*en très grande quantité.*

§ 61.   ADVERBES DE MANIÈRE.

Cette classe d'adverbes est la plus nombreuse de toutes; car la plupart des adjectifs qualificatifs ont chacun leur adverbe de manière, qui en est formé.

Sauf quelques exceptions que l'usage apprendra, les adjectifs en *us*, *a*, *um*; *er*, *a*, *um*, forment leurs adverbes du génitif singulier, en changeant *i* en *è* : *doctus*, savant, gén. *doct–i*; *doct–è*, savamment : *integer*, *integr–i*, entier ; *integr–è*, entièrement.

Les adjectifs de la 3ᵉ déclinaison forment généralement leurs adverbes du datif singulier, par l'addition de la syllabe *ter* ; *lev–is*, *lev–i*, léger ; *lev–iter*, légèrement; *par*, *par–i*, pareil ; *par–iter*, pareillement.

Cependant, par euphonie, les adjectifs de la 3ᵉ déclinaison, qui ont un *t* devant la terminaison, forment ordinairement leurs adverbes du datif, en changeant *i* en *er*; *prudens*, *prudent–i*, prudent; *prudent–er*, prudemment ; *solers*, *solert–i*, adroit; *solert–er*, adroitement.

Comme les adjectifs qualificatifs, les adverbes de manière sont susceptibles de degrés de signification.

Leur comparatif se forme du comparatif masculin de l'adjectif en changeant *or* en *ùs* ; et leur superlatif, du superlatif de l'adjectif en changeant *us* en *è*.

Timid-us,	timid-ior,	timid-issimus,	*timide.*
Timid-è ,	timid-iùs,	timid-issimè ,	*timidement.*
Pulcher,	pulchr-ior,	pulcher-rimus ,	*beau.*
Pulchr-è ,	pulchr-iùs,	pulcher-rimè ,	*bien.*
Liber,	liber-ior,	liber-rimus ,	*libre.*
Liber-è,	liber-iùs,	liber-rimè,	*librement*
Felix,	felic-ior ,	felic-issimus,	*heureux.*
Felic-iter,	felic-iùs,	felic-issimè ,	*heureusement.*
Facil-is,	facil-ior ,	facil-limus,	*facile.*
Faciliter *ou* facil-è,	facil-iùs,	facil-limè ,	*facilement.*
Bon-us,	mel-ior,	opt-imus ,	*bon.*
Ben-è,	mel-iùs,	opt-imè ,	*bien, etc.*

Ainsi que les adjectifs , les adverbes qui ont une voyelle devant la terminaison , forment leurs degrés de signification en ajoutant *magis* et *maximè* devant le positif : *piè* , pieusement ; *magis piè* , plus pieusement ; *maximè piè* , très pieusement.

Quelques adverbes , autres que les adverbes de manière , ont aussi des degrés de signification , mais ils sont en petit nombre.

Sæpè, *souvent;* sæpiùs, *plus souvent* ; sæpissimè , *très souvent.*
Diù, *long-temps;* diutiùs, *plus long-t;* diutissimè, *très long-t.*
Propè, *de près* ; propiùs, *plus près* ; proximè, *très près.*
Satis, *assez* ; satiùs, *mieux, plus à propos.*
Nuper, *récemment,* »   »   nuperrimè , *très récemment.*

DE LA CONJONCTION.

§ 62. La conjonction est un mot indéclinable qui sert à lier ensemble deux propositions et à les mettre en rapport.

Certaines conjonctions sont souvent employées à réunir deux propositions en une : *La vertu* et *la science sont estimables*, c'est à-dire *la vertu est estimable* et *la science est estimable. Cet enfant est docile*, mais *indolent*, c'est-à-dire *cet enfant est docile*, mais *il est indolent*.

V. § XLV.

Les conjonctions sont :

Simplement COPULATIVES.

Et, ac, atque,
Que (après un mot), } *et.*

ADVERSATIVES.

Sed, at, autem, verùm, *mais.*
Tamen,   *cependant.*
Etiamsi,
Quamvis, quanquam, } *quoique, etc.*

CAUSATIVES.

Nam, namque,
Enim, etenim,   } *car.*
Quia, quoniam,   *parce que.*
Ut, etc.   *afin que, etc.*

CONDITIONNELLES.

Si,   *si.*
Nisi,   *à moins que.*
Dùm, etc.   *pourvu que, etc.*

DUBITATIVES.

Aut, vel,
Ve (après un mot), } *ou, ou bien.*

DE TEMPS.

Ut,	*dès que.*
Cùm,	*lorsque.*
Priusquàm, antequàm,	*avant que, etc.*

CONCLUSIVES.

Ergò, igitur,	*donc.*
Quocircà	
Quapropter, itaque,	} *c'est pourquoi, etc.*

Nous n'étendrons pas plus loin cette distinction, parce que les mêmes conjonctions sont souvent employées à exprimer des rapports différens.

DE L'INTERJECTION.

§ 63. L'interjection est un mot indéclinable qui sert à marquer les différens mouvemens de l'âme.

LA JOIE :	O ! evax !	*o ! oh ! bon !*
LA DOULEUR :	{ Ah ! hei !	*ah !*
	Heu ! eheu!	*hélas !*
L'INDIGNATION :	Proh ! heu!	*ô ! oh! ah !*
L'ADMIRATION :	Papæ ! hui !	*ô ! ah !*
LA MENACE :	Væ !	*malheur !*
P. APPELER :	{ Heus !	*hé ! holà!*
	Hem!	*hem ! hé !*
P. ENCOURAGER :	Eu ! age!	*bien ! courage !*

RÈGLE GÉNÉRALE DES GENRES.

§ 64. De ce que les noms propres d'hommes sont du genre masculin, et les noms propres de femmes du féminin (V. § 1), il s'ensuit , 1° que les noms communs, qui ne peuvent convenir qu'à l'homme, sont aussi du masculin, et que ceux qui ne peuvent convenir qu'à la femme, sont du féminin. Tels sont :

NOMS MASCULINS.	NOMS FÉMININS.
Avuncul-us, i, *oncle.*	Amit-a, æ , *tante.*
Levir, i, *beau-frère.*	Nur-us, ûs, *bru.*
Marit-us, i, *mari.*	Uxor, is , *épouse.*
Pater, patr-is, *père,*	Mater, matr-is, *mère.*
Satyr-us , i, *satyre.*	Nymph-a, æ, *nymphe.*
Senator, is, *sénateur , etc.*	Vestal-is, is, *vestale.*

2° Les noms qui conviennent à l'homme et à la femme sont du genre commun, c.-à-d. masculins, quand ils désignent un homme; féminins, quand ils désignent une femme. Tels sont :

Civ-is, is, ...	*citoyen , citoyenne.*
Comes, comit-is, . . .	*compagnon, compagne.*
Conjux, conjug-is, . .	*époux , épouse.*
Conviv-a, æ, ...	*convive.*
Custos, custod-is, . .	*gardien, gardienne.*
Hæres, hæred-is, . . .	*héritier, héritière.*
Host-is, is, ...	*ennemi, ennemie.*
Municeps, municip-is,	*citoyen, citoyenne d'une ville municipale.*
Parens, parent-is , . .	*père , mère, etc.*
Sacerdos, sacerdot-is,	*prêtre, prêtresse.*
Test-is, is, ...	*témoin.*
Vates, vat-is, ...	*poëte, prophète, prophétesse.*
Vindex , vindic-is , . .	*vengeur, vengeresse.*

Cependant les noms suivans, quoique pouvant convenir à l'homme et à la femme, ne prennent que le genre
masculin.

Agricol-a, æ, *laboureur.*	Latro, latron-is, *voleur, voleuse.*
Alienigen-a, *étranger*, *étran-*	Obses, obsidi-s, *otage.*
gère.	Opifex, opific-is, *ouvrier*, *ouvrière.*
Assecl-a, . . *suivant, laquais.*	Parricid-a, . . *parricide.*
Aurig-a, . . *cocher.*	Pedes, pedit-is, *fantassin.*
Eques, equit-is, *cavalier.*	Poet-a, ... *poète.*
Exul, is, . . *exilé, exilée.*	Præsul, is, . . *chef, prélat.*
Fur, is, . . *voleur de nuit,*	Princeps, princip-is, *le premier*,
voleuse.	*prince.*
Homicid-a, . *homicide.*	Prophet-a, . . *prophète.*
Hospes, hospit-is, *hôte.*	Pugil, is, . . . *athlète.*
Lanist-a, . . *maître d'exercice.*	Senex, sen-is, *vieillard*, *vieille,*
	femme.

Cette différence de genre entre ces noms et ceux qui
précèdent, provient sans doute de ce que ceux-ci désignent plus habituellement des hommes que des femmes.
Quand ils sont employés à désigner des femmes, on y
joint alors le mot *femina.* C'est ainsi que nous disons en
français, *une femme auteur, une femme bon poète.*

§ 65. Quelques noms d'animaux sont du genre commun, c.-à-d. que sous une même forme, ils sont masculins, quand ils désignent le mâle, et féminins, quand
ils désignent la femelle. Tels sont :

> Can-is, is, ... *un chien, une chienne.*
> Sus, su-is, ... *un cochon, une truie.*
> Bos, bov-is, ... *un bœuf, une vache.*

Cependant, pour les animaux les plus appropriés aux
besoins de l'homme, le genre féminin est ordinairement
distingué par un changement dans la terminaison du
masculin. Quelquefois aussi le mâle et la femelle sont
désignés par des noms indépendans l'un de l'autre.

MASCULINS.	FÉMININS.
Aries, ariet-is, *un bélier.*	Ov-is, is, . . . *une brebis.*
Taur-us, . . . *un taureau.*	Vacc-a, . . . *une vache.*
Gall-us, . . . *un coq.*	Gallin-a, . . . *une poule.*
Caper, capr-i, *un bouc.*	Capr-a, . . . *une chèvre.*

Cerv-us, . . . *un cerf.*	Cerv-a, ... *une biche.*
Vitul-us, . . . *un veau.*	Vitul-a, ... *une génisse.*
Leo, leon-is, . *un lion.*	Leæn-a, . . . *une lionne.*
Lup-us, ... *un loup.*	Lup-a, ... *une louve.*

Mais il est un grand nombre d'animaux, dans lesquels la distinction des sexes est inutile à l'homme, et quelquefois même ne pourrait pas être facilement aperçue. Les noms qui les désignent, abstraction faite du sexe, ont été compris invariablement sous un seul genre, masculin ou féminin; et quand on veut distingner les sexes, on ajoute les mots *masculus*, *femina*.

Le genre de ces noms est ordinairement déterminé par la terminaison de leur nominatif, d'après les règles que nous allons incessamment remarquer.

NOMS MASCULINS.	NOMS FÉMININS.
Accipiter, accipitr-is, *un épervier.*	Alaud-a, . . *une alouette.*
Anser, is, ... *une oie.*	Aquil-a, . . *un aigle.*
Aper, apr-i , . . *un sanglier.*	Arane-a, . . *une araignée.*
Bubo, bubon-is, *un hibou.*	Ap-is, is, . . *une abeille.*
Camel-us, ... *un chameau.*	Balæn-a , . *une baleine.*
Cancer, cancer-i, *une écrevisse.*	Cicad-a, . . *une cigale.*
Coluber, colubr-i, *une couleuvre.*	Feles, fel-is, *un chat,*
Cucul-us, i, . . . *un coucou.*	Formic-a , *une fourmi.*
Culex, culic-is, . *un moucheron.*	Vultur, is , *un vautour.*
Cygn-us , ... *un cygne.*	Grus, gru-is, *une grue.*
Gracul-us , . . . *un geai.*	Hirudo, hirudin-is, *une sang-sue.*
Hæd-us, ... *un chevreau.*	Hirundo, din-is, *une hirondelle.*
Lepus, lepor-is, *un lièvre.*	Luscini-a, . . *un rossignol.*
Mus, mur-is , . *un rat.*	Musc-a , . . *une mouche.*
Pard-us , ... *un léopard.*	Parr-a , . . *une corneille.*
Pavo, pavon-is, . *un paon.*	Perdix, perdic-is, *une perdrix.*
Psittac-us, i , . *un perroquet.*	Talp-a, . . *une taupe.*
Sorex, soric-is, . *une souris.*	Ulul-a, . . *un hibou.*
Turtur, is , . . . *une tourterelle.*	Vesp-a , . . *une guèpe.*
	Vulpes, vulp-is, *un renard.*

§ 66. Quant aux êtres inanimés, on peut établir en principe que les noms qui servent à désigner les espèces, suivent généralement le genre des noms génériques dont ils dépendent. De ce principe on déduit les règles suivantes :

1° Les noms d'îles et de provinces sont du féminin,

s'accordant, les premiers avec *insula*, les seconds avec *provincia* ou *regio*.

ILES.		PROVINCES.	
Britanni-a, . . .	*l'Angleterre.*	Ægypt-us, . . .	*l'Egypte.*
Cyclad-es, um,	*les Cyclades.*	Epir-us, ...	*l'Epire.*
Cypr-us, . . .	*Chypre.*	Elidis, Elid-is, .	*l'Élide.*
Del-os, i, . . .	*Délos.*	Galli-a, . .	*la Gaule, la France.*
Paros *et* Par-us, i,	*Paros.*	Hispani-a, . .	*l'Espagne.*
Rhod-us, i, . .	*Rhodes, etc.*	Peloponnes-us,	*le Pésoponnèse, etc*

2° Les noms de vent et de mois sont du masculin, s'accordant avec les noms *ventus* et *mensis.*

Aquilo, aquilon-is, .	*aquilon.*	Marti-us, i, .	*mars.*
Bore-as, æ, ...	*borée.*	April-is, . . .	*avril.*
Auster, austr-i, ...	*auster.*	Mai-us, . . .	*mai.*
Not-us, ...	*not-us.*	Juni-us, . . .	*juin.*
Etesi-æ, arum, . . .	*étésies.*	Juli-us, . . .	*juillet.*
Ornithi-æ, *certains vents du nord.*		August-us, . .	*août.*
Zephyr-us, ...	*zéphir,*	September, br-is,	*septembre.*
Favoni-us, ...	*favonius.*	October, . . .	*octobre.*

3° Les noms de villes sont du féminin, se rapportant au nom générique *urbs.*

Athen-æ, arum,	*Athènes.*	Neapol-is, is,	*Naples.*
Colch-us, i, . .	*Colchos.*	Rom-a, . . .	*Rome.*
Corynth-us, . .	*Corynthe.*	Sagunt-us, .	*Sagonte.*
Luteti-a, . . .	*Paris.*	Tyr-us, . . .	*Tyr.*
Milet-us, . . .	*Milet.*	Vesontio, n-is,	*Besançon, etc.*

4° Les noms d'arbres sont du féminin, à cause du nom générique *arbor.*

Abies, abiet-is,	*sapin.*	Coryl-us, . . .	*coudrier.*
Aln-us, ...	*aune.*	Fag-us, ...	*hêtre.*
Citr-us, ...	*citronnier.*	Fic-us, ...	*figuier.*
Bux-us, . . .	*buis.*	Ilex, ilic-is, .	*yeuse, chêne vert.*
Cedr-us, . . .	*cèdre.*	Laur-us, . . .	*laurier.*
Ceras-us, . . .	*cerisier.*	Myrt-us, . . .	*myrte.*
Cupress-us, . .	*cyprès.*	Pin-us, . . .	*pin.*

Pir-us, . . . *poirier.*
Platan-us, . *platane.*
Mal-us, . . }
Pom-us, . . } *pommier.*
Popul-us, . *peuplier.*

Prun-us, . . *prunier.*
Querc-us, ûs, *chêne.*
Sorb-us, . . . *cormier.*
Tili-a, ... *tilleul.*
Ulm-us, . . . *orme, etc.*

5° Les noms de fleuves sont du masculin, ainsi que e nom générique *amnis* auquel ils se rappportent.

Acheron-s, tis, . *l'Achéron.*
Arar *ou* Arar-is, *la Saône.*
Euphrat-es, . . *l'Euphrate.*
Gang-es, . . . *le Gange.*
Garumn-a, . . *la Garonne.*
Matron-a, . . . *la Marne.*

Rhodan-us, . *le Rhône.*
Sequan-a, . . *la Seine.*
Tiber-is, . . *le Tibre.*
Tigr-is, . . . *le Tigre.*
Tames-is, . . *la Tamise.*
Xanth-us, . . *le Xante.*

Il serait possible d'étendre plus loin l'application de ce principe; mais cela serait d'une faible utilité pour la pratique, parce que le genre de ces sortes de noms est souvent déterminé par la terminaison de leur nominatif. C'est ce qui a surtout lieu, quand cette terminaison indique le genre neutre.

C'est par exception à ce principe, que les noms de villes et d'arbres qui suivent, ont reçu des genres différens de ceux indiqués par la règle générale.

VILLES.

MASCULINS.   { Delph-i, orum, . . . *Delphes.*
               { Divio, Divion-is, . *Dijon.*

NEUTRES. .   { Lugdun-um , ... *Lyon.*
            { Londin-um , ... *Londres.*
            { Praenest-e, is , . . . *Préneste.*
            { Tibur, is, ... *Tivoli.*

ARBRES.

MASCULINS.   { Oleaster, oleastr-i, *olivier sauvage (et tous les noms d'arbres en* ster.)
             { Rub-us *et* dum-us, i, *buisson.*

NEUTRES. . . { Acer, acer-is, ... *érable.*
            { Eben-um , ... *ébène.*
            { Robur , robor-is , . . *chêne très dur.*

MOTS RACINES DE LA LANGUE LATINE.

§ 67.   DÉCLINEZ SUR *ROS-A* :

Ærumn-a , . . peine, affliction.
Al-a, *aile d'oiseau* ou *d'armée.*
Alap-a, ... soufflet.
Ancill-a, . . . servante.
Anchor-a, . . . ancre de navire.
Ans-a, ... anse.
Antenn-a , . . antenne.
Aqu-a, ... eau.
Ar-a, ... autel.
Arc-a, ... coffre.
Are-a, ... aire.
Aren-a , . . . sable, arène.
Aur-a, ... souffle, vent.
Armill-a, . . . bracelet.
Aul-a , ... cour, salle.
Aven-a, . avoine, chalumeau.
Barb-a, ... barbe.
Bellu-a , . . . bête énorme.
Besti-a, ... bête.
Brum-a , . . . brume, hiver.
Bucc-a, ... bouche.
Bull-a, ... bulle d'air.
Camer-a, . . . chambre.
Cann-a , . . . canne, roseau.
Carin-a , . . . carène.
Cas-a, ... cabane.
Caterv-a, . . . bande, troupe.
Caud-a, ... queue.
Caus-a, ... cause, procès.
Cer-a, ... cire.
Chart-a, . . . carte, papier.
Chord-a , . corde d'instrument.
Cicut-a, . . . ciguë.
Clitell-æ, . . . bât.
Cœn-a, ... souper, repas.
Cochle-a, . . . limaçon.
Column-a, . . . colonne.
Copi-a, . . abondance, faculté.
Copul-a, ... lien.
Coron-a , ... couronne.
Cost-a, ... côte.

Crapul-a , . . crapule, ivresse.
Crepid-a , . . . semelle.
Crist-a, . . . crête, aigrette.
Crumen-a, . . bourse.
Crust-a, . . . croûte.
Culin-a, . . . cuisine.
Culp-a, . . . faute.
Cun-æ , . . . berceau.
Cymb-a, . . . nacelle, barque.
Epistol-a , . . épître, lettre.
Esc-a, . . . nourriture, mets.
Fab-a, ... fève.
Fam-a, . . . renommée.
Favill-a, . . . cendre chaude.
Flamm-a, . . flamme.
Fenestr-a, . . fenêtre.
Fibr-a , . . . fibre.
Fistul-a , . . tuyau, flûte.
Form-a, . . . forme, beauté.
Fove-a, . . . fosse.
Furc-a, . . . fourche.
Gale-a. . . . . casque.
Gane-a, cabaret, lieu de débauche.
Gaz-a, ... richesse.
Gemm-a, . . pierre précieuse.
Gen-a, ... joue.
Gleb-a, . . glèbe, motte de terre.
Glori-a, . . . gloire.
Grati-a, . . . grâce, faveur.
Gul-a, ... gueule.
Gutt-a, . . . goutte.
Hast-a, . . . lance.
Heder-a, . . . lierre.
Herb-a, . . . herbe.
Histori-a, . . histoire.
Hosti-a, . . . victime.
Hora, ... heure.
Industri-a, activité, application.
Insul-a, . . . île.
Janu-a, . . . porte.
Jub-a, ... crinière.

Lacrym-a , . larme.
Lagen-a , . . bouteille.
Lamin-a, lame, feuille de métal.
Lun-a, . . . lune.
Lance-a, . . lance.
Larv-a, . . . masque.
Lepr-a , . . . lèpre.
Libr-a, livre, poids, balance.
Lim-a, . . . lime.
Line-a, . . . ligne.
Lingu-a, . . langue.
Litter-a, . . lettre.
Loric-a , . . cuirasse.
Luct-a, . . . lutte.
Lyr-a , . . . lyre.
Macul-a, . . tâche.
Mal-a, . . . joue.
Mamm-a, . . mamelle.
Mapp-a, . . . serviette.
Mass-a, . . . masse, bloc.
Materi-a, . . matière.
Maxill-a, . . mâchoire.
Medul-a, . . moelle.
Mend-a, . . faute, tort.
Mens-a, . . . table à manger.
Mic-a , . . . miette.
Monet-a, . . monnaie.
Mus-a, . . . muse.
Mulct-a, . . amende.
Norm-a, . . règle, modèle.
Not-a, . . . note.
Nug-æ , . . bagatelles.
Ocre-a, . . botte.
Oll-a, . . . pot, marmite.
Or-a, ... bord, rivage.
Palæstr-a , . palestre, lutte.
Pale-a, . . . paille.
Palm-a , . . . palme.
Parm-a, . . petit bouclier ovale.
Paus-a, . . . pause.
Penn-a, . . . plume, aile.
Penul-a , . . manteau.
Per-a, ... besace, sac.
Petr-a , . . . pierre, roche.
Pharetr-a, . . carquois.
Pil-a, ... pilier.
Pituit-a, . . . pituite.

Plag-a . . . plaie, plage.
Plant-a , . . plante.
Plate-a, . . place d'une ville.
Plum-a, . . plume.
Pœn-a , . . . peine.
Pomp-a, . . . pompe.
Popin-a , . . taverne, cabaret.
Port-a, . . . porte.
Præd-a , . . proie.
Pror-a, . . . proue.
Procell-a, . . tempête.
Pros-a, . . . prose.
Pruin-a, bruine, gelée blanche.
Popul-a , . prunelle de l'œil.
Purpur-a , . pourpre.
Rap-a, . . . rave.
Rim-a , . . fente, crevasse.
Rix-a, . . . rixe, querelle.
Rot-a , . . . roue.
Rug-a, . . . ride.
Sag-a, . . . sorcière.
Sagitt-a , . . flèche.
Scen-a, . . . scène.
Schol-a, . . . école.
Scintill-a, . . étincelle.
Semit-a, . . . sentier.
Ser-a, ... serrure.
Set-a, ... soie, poil.
Sicc-a, ... poignard.
Seliqu-a , . . cosse.
Sylv-a, . . . forêt.
Simil-a, . . . fleur de farine.
Sole-a, . . . sandale.
Sphær-a, . . sphère.
Spic-a, . . . épi.
Spin-a, . . . épine.
Spum-a, . . . écume.
Squamm-a, . . écaille.
Stell-a, . . . étoile.
Still-a, . . . goutte.
Stup-a, . . . étoupe.
Stren-a, . . . étrenne.
Tabern-a , . . cabaret.
Tabul-a, . . . table, planche.
Tæni-a , . . . bandelette.
Terr-a, . . . terre.
Test-a, . . . vase, coquille.

The-ca,	. . . étui, cassette.	Uv-a,	. . . raisin.
Tibi-a,	. os de la jambe, flûte.	Vagin-a,	. . fourreau.
Tub-a,	. . . trompette.	Ven-a,	. . . veine.
Tunic-a,	. . . tunique.	Veni-a,	. pardon, permission.
Turb-a,	. . . foule.	Vi-a,	. . . chemin.
Turm-a,	. . . escadron.	Victim-a,	. victime.
Uv-a,	. plante de marais.	Vill-a,	. maison des champs.
Umbr-a,	. . . ombre.	Viol-a,	. . violette.
Und-a,	. . . onde, eau.	Virg-a,	. . verge, baguette.
Urin-a,	. . . urine.	Vitt-a,	. . bandelette.
Urn-a,	. , . urne.	Zon-a,	. . . zône, ceinture.

Ce modèle ne renferme que des noms terminés en *a*
au nominatif. Ils sont tous du féminin, à l'exception de
cometa, la comète, et *planeta*, la planète, qui sont du
masculin. Ces noms, en passant de la langue grecque
dans la langue latine, y ont conservé le genre qu'ils
avaient dans la première de ces langues.   (*V.* § 64.)

§ 68.   DÉCLINEZ SUR *DOMINUS*.

Abac-us,	. . . buffet, table.	Clype-us,	. . bouclier.
Acerv-us,	. monceau, amas.	Coloss-us,	. . colosse.
Alve-us,	lit d'un fleuve, ruche.	Con-us,	. . . cône.
Angel-us,	. . ange.	Cothurn-us,	. cothurne.
Angul-us,	. . angle.	Croc-us,	. . . safran.
Annul-us,	. . anneau.	Cubit-us,	. coude, coudée.
Ann-us,	. . . an, année.	Cub-us,	. . . cube.
Bacul-us,	. . bâton.	Cule-us,	. . . sac de cuir.
Balte-us,	. . baudrier.	Cune-us,	. . . coin.
Barbit-us,	. luth.	Cyath-us,	. . coupe, tasse.
Botr-us,	. . grappe de raisin.	Cylindr-us,	. . cylindre.
Caball-us,	. mauvais cheval.	Dactyl-us,	. . dactyle.
Cad-us,	. . . grand vase.	Digit-us,	. . doigt.
Calam-us,	. . roseau, plume à	Dol-us,	. mauvaise foi, ruse.
	écrire.	Eleg-us,	. . plainte, élégie.
Calath-us,	panier, corbeille.	Ereb-us,	. . l'érèbe, l'enfer.
Camin-us,	fourneau, cheminée.	Fav-us,	. . rayon de miel.
Camp-us,	. . . champ.	Fisc-us,	panier, fisc, trésor.
Cap-us,	. . . chapon.	Flocc-us,	. . flocon.
Cardu-us,	. chardon.	Fuc-us,	. . . guêpe, fard.
Catin-us,	. . plat.	Fum-us,	. . . fumée.
Cest-us,	. . . ceinture, ceste.	Fund-us,	. fond, fonds de terre.
Cib-us,	. . . nourriture.	Furn-us,	. . . four, fournaise.
Cliv-us,	. . . pente.	Gibb-us,	. . . bosse.

Gladi-us, ... *épée.*
Glob-us, ... *globe, peloton.*
Grabat-us, .. *lit, grabat.*
Gyr-us, ... *tour, rond.*
Hariol-us, .. *devin.*
Her-us, *maître de la maison.*
Hort-us, .. *jardin.*
Humer-us, .. *épaule.*
Hymn-us, .. *hymne.*
Iamb-us, ... *iambe.*
Junc-us, ... *jonc.*
Lacert-us, ... *avant-bras.*
Lani-us, ... *boucher.*
Laque-us, .. *filet.*
Lemb-us, ... *barque.*
Lim-us, ... *limon, boue.*
Litu-us, ... *clairon.*
Luc-us, ... *bois sacré.*
Lumb-us, .. *rein.*
Mag-us, ... *magicien.*
Malle-us, . *marteau, maillet.*
Mendic-us, .. *mendiant.*
Mim-us, .. *mime, bouffon.*
Modi-us, .. *boisseau.*
Mod-us, .. *mode, manière.*
Mœchus, .. *adultère.*
Morb-us, .. *maladie.*
Mur-us, .. *mur.*
Musc-us, .. *mousse.*
Nas-us, ... *nez.*
Ner-vus, ... *nerf.*
Nid-us, ... *nid.*
Nimb-us, .. *grande pluie.*
Nod-us, ... *nœud.*
Numm-us, .. *pièce d'argent.*
Ocean-us, .. *océan.*
Ocul-us, ... *œil.*
Pag-us, ... *bourg.*
Paliur-us, .. *ronce.*
Pal-us, ... *pieu, poteau.*
Pampin-us, . *pampre.*
Pann-us, .. *drap.*
Parasit-us, . *parasite.*
Petas-us, .. *chapeau.*
Pil-us, ... *poil.*

Pol-us, ... *pôle, le ciel.*
Popul-us, .. *peuple.*
Pont-us, .. *la mer.*
Proc-us, *amant, prétendant.*
Pugn-us, .. *poing.*
Pull-us, *petit d'un animal.*
Pulvin-us, *matelat, coussin.*
Pup-us, .. *poupon, enfant.*
Pute-us, ... *puits.*
Racem-us, *grappe de raisin.*
Radi-us, ... *rayon.*
Ram-us, ... *branche.*
Riv-us, ... *ruisseau.*
Rog-us, ... *bûcher.*
Sacc-us, ... *sac.*
Satyr-us, ... *satyre.*
Scopul-us, ... *rocher, écueil.*
Scrupul-us, *petite pierre, scru-*
                       pule.
Scyphus, ... *tasse, coupe.*
Sobrin-us, . *cousin germain.*
Socc-us, ... *brodequin.*
Som-nus, .. *sommeil.*
Styl-us, ... *poinçon, style.*
Succ-us, ... *suc.*
Sulc-us, ... *sillon.*
Surcul-us, .. *rejeton.*
Susurr-us, *murmure des ruis-*
                      seaux.
Tal-us, ... *talon, dé.*
Termin-us, . *terme, fin.*
Thalam-us, .. *lit nuptial.*
Thesaur-us, .. *trésor.*
Titul-us, ... *titre.*
Tom-us, ... *tome, volume.*
Torn-us, ... *tour.*
Tor-us, ... *lit.*
Triumphus, .. *triomphe.*
Unc-us, ... *croc.*
Urce-us, ... *petit vase.*
Uter-us, ... *ventre.*
Vent-us, ... *vent.*
Vic-us, ... *bourg, village.*
Visc-us, ... *glu, gui.*
Zel-us, ... *zèle.*

Ce modèle ne contient que des noms terminés en *us.*

Ils sont tous du masculin, excepté les suivans, qui sont du féminin :

Alv-us,	*ventre.*
Carbas-us,	*lin très fin, voile.*
Fic-us,	*figue.*
Hum-us,	*terre.*
Vann-us,	*van.*

On excepte encore plusieurs noms en *us*, dérivés du grec en *os*. Ils retiennent en latin le genre qu'ils ont en grec, et les suivans sont du féminin.

Abyss-us,	*abyme.*	Diphthong-us,	*diphthongue.*
Atom-us,	*atome.*	Exod-us,	*sortie, issue.*
Antidot-us,	*antidote.*	Erem-us,	*un désert.*
Balan-us,	*gland, marron.*	Method-us,	*méthode.*
Bibl-us,	*livre.*	Papyr-us,	*papier.*
Chrysolith-us,	*pierre précieuse.*	Period-us,	*période.*
Chrystall-us,	*crystal.*	Synod-us,	*assemblée.*

§ 69. DÉCLINEZ SUR *PUER.*

NOMS MASCULINS.

Adulter, i,	*adultère.*	Arbiter, arbitr-i,	*arbitre.*
Gener, i,	*gendre.*	Culter, cultr-i,	*couteau.*
Socer, i,	*beau-père.*	Faber, fabr-i,	*ouvrier qui emploie le marteau.*
Vesper, i,	*le soir.*		
Vir, i,	*l'homme.*	Magister, magistr-i,	*maître.*
Ager, agr-i,	*champ.*	Minister, ministr-i,	*ministre.*

§ 70. DÉCLINEZ SUR *TEMPLUM.*

Adyt-um,	*sanctuaire.*	Barathr-um,	*gouffre.*
Æv-um,	*âge, vie.*	Basi-um,	*baiser.*
Alli-um,	*ail.*	Bell-um,	*guerre.*
Ament-um,	*lien.*	Brachi-um,	*bras.*
Antr-um,	*antre.*	Butyr-um,	*beurre.*
Argent-um,	*argent.*	Cæment-um,	*moellon, déblai.*
Arm-a, orum,	*armes.*	Castr-um,	*forteresse.*
Astr-um,	*astre.*	Centr-um,	*centre.*
Asyl-um,	*asile.*	Cerebr-um,	*cervelle.*
Atri-um,	*salle, gallerie.*	Cili-um,	*cil.*
Aur-um,	*or.*	Cœn-um,	*bourbier.*
Auxili-um,	*secours.*	Collum,	*cou.*
Balsam-um,	*baume.*	Compit-um,	*carrefour.*

Cori-um , . . *euir.*
Cribr-um,.. *crible.*
Cupr-um, .. *cuivre.*
Dors-um , . . *dos.*
Element-um , *élément.*
Fascin-um, . *charme, maléfice.*
Fastidi-um,. . *dégoût.*
Fastigi-um, . *faîte.*
Fen-um, .. *foin.*
Ferr-um, .. *fer.*
Fil-um, . . . *fil.*
Fim-um, .. *fumier.*
Flagell-um , *fouet.*
Foli-um,. . *feuille.*
Fren-um, . *frein.*
Fret-um , . *détroit.*
Frument-um, *froment.*
Frust-um, . *morceau.*
Gran-um, . *grain.*
Gremi-um, . *giron, sein.*
Gymnasi-um, *gymnase, école.*
Horde-um, . *orge.*
Horre-um, . *grenier.*
Jugul-um, . *gorge.*
Labr-um,.. *lèvre.*
Lard-um, . *lard.*
Lign-um , . *bois.*
Lili-um,. . *lis.*
Lin-um, .. *lin.*
Loli-um , . *ivraie.*
Lor-um,.. *courroie.*
Lucr-um , . *gain.*
Lut-um,.. *boue.*
Martyri-um , *martyre.*
Membr-um , *membre.*
Ment-um, . *menton.*
Metall-um, . *métal.*
Moment-um , *moment.*
Negoti-um,. *chose.*
Nitr-um,.. *nitre.*
Obsoni-um, *provision de bouche.*
Oppid-um, . *ville forte.*
Organ-um, . *instrument.*
Ostr-um, .. *pourpre.*
Oti-um,... *loisir.*
Ov-um, ... *œuf.*
Pabul-um, . *pâturage.*

Palati-um, . *palais.*
Palat-um, *palais de la bouche.*
Palli-um , . . *manteau grec.*
Ped-um , . . *houlette.*
Pelag-us, .. *la mer.*
Pericul-um, . *danger:*
Pharmac-um, *remède.*
Plumb-um, . *plomb.*
Pocul-um , . *coupe.*
Præli-um , . *combat.*
Præmi-um , . *prix.*
Prædi-um , . *héritage, terre.*
Prat-um, .. *pré.*
Preti-um , . *prix, valeur.*
Probr-um, . *crime honteux.*
Prodigi-um , *prodige,*
Rastr-um , . *râteau , soc de charrue.*
Rostr-um , *bec, éperon de navire.*
Sabul-um , . *sable.*
Sacchar-um, . *sucre.*
Secul-um, .. *siècle.*
Sax-um, ... *rocher.*
Scamn-um, . *banc.*
Sceptr-um , . *sceptre.*
Scort-um , . *cuir, femme débauchée.*
Scrini-um , . *écrin.*
Scut-um,. . *bouclier.*
Sign-um, .. *signe, étendard.*
Soli-um, . . *trône.*
Sol-um, .. *sol, terrain.*
Spati-um , . *espace.*
Spoli-um , . *dépouille.*
Suffragi-um , *suffrage.*
Talent-um , . *talent, somme.*
Tel-um, . . *trait.*
Terg-um, . . *dos.*
Theatr-um , . *théâtre.*
Tign-um, .. *poutre.*
Tropæ-um, . *trophée.*
Tympan-um,. *tambour.*
Vall-um, .. *rempart.*
Vel-um , . . *voile.*
Venen-um , . *venin, poison.*
Verb-um, .. *parole, verbe.*
Vestigi-um , . *trace.*

Vin-um, . vin.
Viti-um, . vice.
Vitr-um, . vitre, verre.
Vulg-us, , le vulgaire.

§ 71. DÉCLINEZ SUR *SOROR*.

NOMS MASCULINS.

Clangor, clangor-is, *son de la trompette.*
Color, .. *couleur.*
Cruor, ... *sang qui coule d'une blessure.*
Honor, . *honneur.*
Labor, . *travail.*
Lepor, . *agrément.*
Luror, .. *pâleur.*
Mœror, . *affliction.*
Odor, .. *odeur.*
Pavor, .. *peur.*
Plangor, *retentissement, tamen-tations.*
Rigor, *grand froid, roideur.*
Rumor, .. *rumeur, bruit.*
Sopor, .. *sommeil profond.*
Squalor, . *aspérité, saleté.*
Vap-or, .. *vapeur.*

Tous les noms abstraits en or sont du genre masculin.

Calo, calon-is, *goujat.*
Carbo, .. *charbon.*
Fullo, .. *foulon.*
Harpago, .. *croc.*
Helluo, *gourmand, débauché.*
Histrio, . *histrion, comédien.*
Mucro, .. *pointe.*
Nebulo, . *vaurien.*
Sermo, .. *entretien, discours.*
Spado, .. *eunuque.*
Temo, .. *timon.*
Umbo, *le milieu d'un bouclier, bouclier.*

Vomer, .. *soc de charrue.*
Interpres, interpret-is, *interprète.*
Paries, . *mur.*
Cinis, ciner-is, *cendre.*
Pulvis, . *poussière.*
Cardo, cardin-is, *gond.*
Homo.. *homme.*
Ordo, . *ordre.*
Turbo, . *tourbillon, sabot.*
Calix, calic-is, *coupe, calice.*
Codex, codic-is, *tronc d'arbre, tablette.*
Cortex, . *écorce.*
Fornix, . *voûte.*
Frutex, . *arbrisseau.*
Index, . *indicateur.*
Judex, . *juge.*
Pollex, . *pouce.*
Pontifex, *pontife.*
Pumex, . *pierre ponce.*
Silex, . *caillou.*
Vertex, . *sommet*
Cespes, cespit-is, *gazon.*
Gurges, . *gouffre.*
Limes, . *sentier, limite.*
Miles, . *soldat.*
Poples, . *jarret.*
Satelles, . *garde.*
Stipes, . *pieu.*
Trames, . *sentier.*

Asser, asser-is, *soliveau.*
Carcer, .. *prison.*
Lat-er, .. *brique, tuile.*
Pauper, . *pauvre.*

Imber, imbr-is, *gen. pl.* ium, *pluie.*
Linter, lintr-is, *g. pl.* ium, *nacelle.*
Uter, utr-is,, *g. pl.* ium. *outre.*

8.

Venter, . . *g. pl.* ium, *ventre.* Sanguis, sanguin-is, *sang.*
Lapis, lapid-is, *pierre.*   Vas, vad-is, *répondant.*
Rudens, rudent-is, *g. p.* ium, *câble.*

NOMS FÉMININS.

Æmulatio, æmulation-is, *émula-* Cuspis, *pointe, lance.*
                tión, rivalité. Cervix, cervic-is, *cou, tête.*
Ditio , . *domination.*   Cicatrix, *cicatrice.*
Mentio, . *mention.*   Radix , , *racine.*
Ratio , . *raison, compte.*
Seditio, . *sédition.*   Juventus, juventut-is, *jeunesse.*
                               Palus, palud-is, *marais.*
Æstas, æstat-is, *été.*   Salus, salut-is, *salut.*
Ætas , . *âge, vie.*   Tellus, tellur-is, *la terre.*
Voluptas, *plaisir.*   Virtus, virtut-is, *vertu.*

Arundo, arundin-is, *roseau.* Hiems, hiem-is, *hiver.*
Caligo, . *obscurité.*   Mulier, -is, . *femme.*
Fuligo, . *suie.*   Seges, seget-is, . *moisson.*
Grando , *grêle.*   Merces, merced-is, *salaire.*
Imago, . *image.*   Quies, quiet-is, . *repos.*
Margo, . *bord, margelle.*
Siligo, . *froment choisi.*   Arbor, arbor-is, . *arbre.*
Uligo , . *humidité.*   Caro, carn-is, *g. pl.* ium, *chair.*
Virgo, . *vierge, jeune fille.* Cohors, cohort-is, *g. pl.* ium,
                               Mater, matr-is, *mère.* (cohorts.
Cassis, cassid-is, *casque.*   Stirps. stirp-is, *souche.*

§ 72.   DÉCLINEZ SUR *AVIS.*

NOMS MASCULINS.

Amn-is, . *fleuve.*   Orb-is, . *cercle, l'univers.*
Angu-is, . *serpent.*   Pisc-is, . *poisson.*
Ax-is , . . *axe.*   Post-is, . *poteau, porte.*
Caul-is , . *tuyau des plantes.* Sent-is, . . *buisson épineux.*
Coll-is , . *colline.*   Sodal-is, . *compagnon.*
Crin-is , . *cheveu, crin.*   Torqu-is, *collier.*
Ens-is , . *épée.*   Ungu-is , *ongle.*
Fasc-is , . *faisceau.*   Vepr-es, . *buisson.*
Fin-is , . *fin.*   Verm-is, . *ver.*
Foll-is , . *soufflet.*   As , assis, *livre romaine, sou.*
Fust-is, . *bâton.*   Dens, dent-is, *dent,*
Fun-is , . *corde.*   Dis, dit-is, *riche.*
Ign-is , . *feu.*   Fons, font-is, . *source, fontaine.*

Lar, is, *Lare, Dieu domestique.*   Mus, mur-is, *rat.*
Mas, mar-is, *mâle.*   Pons, pont-is, *pont.*
Mons, mont-is, *montagne.*   Ros, ror-is, *rosée.*

NOMS FÉMININS.

Æd-es, æd-is, *temple.*   Tab-es, . . *pus, corruption.*
Aur-is, . . *oreille.*   Ars, art-is, *art.*
Clad-es , . *défaite.*   Arx, arc-is, *citadelle.*
Class-is , . *flotte, classe.*   Calx, calc-is, *talon, pied.*
Clun-is , . *fesse.*   Cos, cot-is, *pierre à aiguiser.*
Cut-is, . . *cuir, peau.*   Dos, dot-is, *dot, avantage.*
For-es, ium, *portes.*   Falx, falc-is, *faux.*
Lab-es, . . *tache.*   Faux, fauc-is, *gorge, défilé.*
Mol-es, . . *masse, difficulté.*   Fax, fac-is, *flambeau.*
Nub-es, . . *nuage.*   Frons, frond-is, *feuillage.*
Pell-is , . . *peau.*   Frons, front-is, *front.*
Pest-is, . . *peste, désastre.*   Gens, gent-is, *nation, famille.*
Prol-es, . . *race, enfant.*   Glans, gland-is, *gland.*
Pub-es, . . *jeunesse.*   Lens, lent-is, *lentille.*
Rat-is , . . *radeau, navire.*   Lis, lit-is, . . *procès.*
Sep-es , . . *haie.*   Mens, ment-is, *esprit.*
Sobol-es, . *race, enfans.*   Merx, merc-is, *marchandise.*
Sord-es, ium, *ordures.*   Nix, niv-is. . . *neige.*
Vall-is , . *vallée.*   Nox, noct-is, . *nuit.*
Vest-is, . . *vêtement, habit.*   Pars , part-is, *partie.*
Vit-is , . . *vigne.*   Plebs, pleb-is, *peuple.*
Fid-es, . . *instrument à cordes.*   Sors, sort-is, *sort.*
Lu-es , . . *contagion.*   Trabs, trab-is, *solive.*
Rup-es, . . *rocher.*   Urbs, urb-is, *ville.*

Tous ces noms ont le génitif pluriel en *ium*, comme leur modèle. Les suivans, quoique appartenant à la même classe, font exception à cette règle, et ont le génitif pluriel en *um*.

NOMS MASCULINS.

Can-is, *g. pl.* can-um, *chien.*   Fur, *g. pl.* fur-um, *voleur.*
Juven-is, *jeune homme.*   Flos, *g. pl.* flor-um, *fleur.*
Pan-is, *g. pl.* pan-um, *pain.*   Mos, *g. pl.* mor-um, *coutume.*
Vat-es, *g. pl.* vat-um, *poète.*   Pes, *g. pl.* ped-um, *pied.*
Daps, *g. pl.* dap-um, *festin.*   Ren, *pl.* ren-es, ren-um, *reins.*
Dux, *g. pl.* duc-um, *chef.*   Rex, . . *pl.* reg-um, *roi.*

NOMS FÉMININS.

Fraus *g. pl.* fraud-um, *fraude.* Laus. *g. pl.* laud-um, *louange.*
(Frux, *inus.*), *g. pl.* frug-um, *fruit.*

Strigil-is, *g. pl.* um, *étrille.*   (Prex, *inus.*), *g. pl.* prec-um,
Ops. *g. pl.* op-um, *la terre, se-*   *prière.*
                    cours. Nux, nuc-is, *g. pl.* um, *noix.*

Les monosyllabes *pax, fax, fex, nex, pix, lux, me,
fel, sol* et *plebs,* ne sont pas usités au génitif pluriel.

§ 73.   DÉCLINEZ SUR *SECURIS.*

NOMS MASCULINS.

Arar *ou* Arar-is, *la Saône.*   Tiber-is, . . . *le Tibre.*

NOMS FÉMININS.

Amuss-is, . . *cordeau, règle.*   Rav-is, . . . *enrouement.*
Bur-is, . . . *manche de charrue.* Sit-is , . . . *soif.*
Decuss-is, . . *dizaine.*   Tuss-is, . . . *toux.*
Pelv-is, . . . *bassin.*   Vis, *pl.* vir-es, ium, *force.*

SUR *CLAVIS.*

Aqual-is, . . *aiguière,* . ac. aqualem, *ou* aqualim, *plus usité.*
Febr-is, . . . *fièvre,* . . . ac. febrem *et* febrim.
Nav-is, . . . *vaisseau,* . ac. navem *et* navim (*le 1*er *plus usité*),
Pupp-is, . . *poupe,* . . . ac. puppem *et* puppim,   *plus usité.*
Rest-is, . . . *corde,* . . . ac. restem *ou* restim,   *plus usité.*
Sement-is, . *semence,* . ac. sementem *et* sementim.
Turr-is, . . *tour,* . . . ac. turrem *et* turrim. *plus usité.*

Tous les noms qui suivent ce modèle sont du féminin.

§ 74.   DÉCLINEZ SUR *CORPUS.*

Decus, decor-is, *honneur.*   Cadaver, -is, *cadavre.*
Fenus, . . *intérêt, usure.*   Cicer, . . *pois chiche.*
Frigus, . . *froid, frais.*   Papaver, . *pavot.*
Littus, . . *rivage.*   Piper, . . *poivre.*
Nemus, . . *bois, forêt.*   Uber, . . *mamelle.*
Pectus, . . *poitrine.*   Verber, . *fouet.*
Pecus, . . *troupeau.*   Ver, ver-is, *printemps.*
Pignus , . *gage.*
Stercus, . *fiente.*   Fœdus, fœder-is, *alliance.*
Tempus, . *temps.*   Funus , . *funérailles.*
Ador, -is, . *pur froment.*   Latus, . . *côté.*
Marmor, . *marbre.*   Munus, . *charge, présent.*
Ebur, ebor-is, *ivoire.*   Olus, . . *légume.*
Femur, . *cuisse.*   Onus, . . *fardeau.*
Jecur, . . *foie.*   Opus, . . *ouvrage.*

Pond-us, . . *poids.*
Scel-us, . . *crime.*
Sid-us, . . . *astre.*
Vuln-us, . . *blessure.*

Agmen, agmin-is, *bataillon.*
Cacumen, . *sommet.*
Carmen, . . *vers, poëme.*
Crimen, . *crime, accusation.*
Culmen, . . *comble.*
Examen, . . *essaim, examen.*
Fulmen, . . *foudre.*
Germen, . . *germe.*
Gluten, . . *glu.*
Gramen, . . *gazon.*
Inguen, . . *aine.*
Limen, . . *seuil.*
Legumen, . *légume.*
Nomen, . . *nom.*
Numen, . . . *divinité.*
Omen, . . . *présage.*

Semen, . *semence.*
Vimen, . . *osier,*

Guttur, guttur-is, *gosier.*
Murmur, . *murmure, bruit*
Sulphur, . *soufre.*   (*sourd.*
Crus, crur-is, *jambe, cuisse.*
Jus, ... *droit, justice.*
Pus, ... *pas.*
Thus, . . . *encens.*
Æs, ær-is, . *airain, monnaie.*
Caput, capit-is, *tête.*
Cor, cord-is, *cœur.*
Fel, fell-is, . *fiel.*
Iter, itiner-is, *voyage.*
Lac, lact-is, *lait.*
Mel, mell-is, *miel.*
Os, or-is, . *bouche.*
Os, oss-is, . *os.*

§ 75.   DÉCLINEZ SUR *CUBILE*.

Altar-e, . . *autel.*
Ancil-e, . . *bouclier.*
Conclav-e, . *appartement.*
Mantil-e , . *serviette.*
Mar-e , . . *mer.*

Animal, animal-is, *animal.*
Vectigal, . *impôt.*
Calcar, -is, *éperon.*
Exemplar, *modèle.*
Pulvinar, . *coussin.*

Nectar, boisson des dieux, et Jubar, éclat des astres, font à l'ac-blatif Nectare et Jubare.

SUR *POEMA*.

Ænigma, ænigmat-is, *énigme.*
Aroma , . *parfum.*
Axioma, . *axiome.*
Diadema , *diadème.*
Dogma , . *dogme.*
Epigramma, *épigramme.*
Emblema, *emblème.*

Problema, *problème.*
Schema, . *forme, figure.*
Stemma, . *guirlande.*
Stigma , . *stigmate.*
Stratagema, *stratagème.*
Systema, . *système.*
Them-a, . *thème.*

Ces noms ont été, dans le principe, de la 2ᵉ déclinaison, et l'on disait *themat-um, i; dogmat-um, i.* Ils en ont conservé le datif et l'ablatif pluriels.

§ 76.   **DÉCLINEZ SUR *MANUS*.**

Ast-us, . . .	*ruse.*	Rit-us , . .	*rit, cérémonie.*
Cens-us, . .	*cens.*	Ruct-us, . .	*rot, rapport.*
Fast-us, . .	*faste.*	Sex-us , . .	*sexe.*
Fœt-us, . .	*produit, portée.*	Sin-us , . .	*sein.*
Gust-us, . .	*goût.*	Spirit-us , .	*souffle, esprit.*
Lux-us , . .	*luxe.*	Sumpt-us, .	*dépense.*
Nut-us , . .	*signe de tête.*	Tumult-us ,	*tumulte.*
Pass-us, . .	*pas.*	Vult-us, . .	*visage.*

Les noms en *us*, à la 4ᵉ et comme à la 2ᵉ déclinaison, sont du masculin. Cependant les suivans sont du féminin.

Ac-us, . . .	*aiguille.*	Id-us, id-uum,	*les ides.*
Col-us , . .	*quenouille.*	Portic-us, .	*portique.*
Fic-us , . .	*figue.*		

SUR *CORNU.*

Gen-u, . .	*le genou.*	Tonitr-u , .	*le tonnerre.*
Test-u , . .	*vase de terre cuite.*		

§ 77.   **DÉCLINEZ SUR *DIES*.**

Aci-es, . .	*tranchant, combat.*	Pernici-es,	*perte, ruine.*
Cari-es , .	*carie.*	Rabi-es , .	*rage.*
Faci-es , .	*face, visage.*	Res, . . .	*chose.*
Fid-es, . .	*foi.*	Sani-es, .	*sang corrompu.*
Glaci-es, .	*glace.*	Speci-es, .	*apparence.*
Maci-es, .	*maigreur.*	Spes, . . .	*espérance.*

Cette déclinaison ne renferme que des noms en *es* au nominatif. Ils sont tous du féminin, excepté *dies*, qui est masculin et féminin.

§ 78.   **DÉCLINEZ SUR *MUSICE*.**

Epitom-e, .	*l'abrégé.*	Penelop-e,	*Pénélope.*
Grammatic-e,	*la grammaire.*	Physic-e , .	*la physique.*
Od-e, . . .	*l'ode.*	Rhetoric-e ;	*la rhétorique.*

Tous les noms qui suivent ce modèle, sont féminins en latin, comme ils le sont en grec.

SUR *COMETES.*

Alcid-es, . *Hercule.*
Anchis-es, . *Anchise.*
Philoctet-es, *Philoctète.*

Geometr-es, *géomètre.*
Pelid-es, . *Achille, fils de Pélée.*
Pyrit-es , . *pierre à feu.*

Ce modèle, en latin comme en grec, ne contient que des noms masculins.

SUR *ÆNEAS.*

Jonath-as, . *Jonathas.*
Andre-as, . *André.*

Bore-as, . *Borée (vent du nord).*
Tiar-as, . . *la tiare.*

Les noms qui suivent ce modèle sont masculins en latin comme en grec.

SUR *ORPHEUS.*

Perse-us, . *Persée.*
These-us, . *Thésée.*

Morphe-us, . *Morphée.*

Ce modèle ne renferme que des noms masculins.

SUR *HÆRESIS.*

Anabas-is, . *retraite.*
Bas-is, . . . *base.*
Cris-is, . . *crise.*
Genes-is, . . *la Genèse.*

Metamorphos-is, *métamorphose.*
Phras-is , . *phrase.*
Poes-is, . . *poésie.*
Thes-is, . . *thèse.*

Les noms qui suivent ce modèle sont du féminin.

SUR *HEROS.*

NOMS MASCULINS.

Aer, aer-is, . *l'air.*
Æther, -is, *l'éther, air pur.*
Grater, -is, *coupe.*
Tapes, tapet-is, *tapis.*
Arcas, arcad-is, *l'Arcadien.*
Thrax, thrac-is, *le Thrace.*
Phryx, Phrygis, *le Phrygi-en.*
Elephas, elephant-is, *éléphant.*

Gigas, gigant-is, *géant.*
Adamas, ant-is, *diamant.*
Tigris, tigrid-is ou -os, *le Tigre.*
Tripus, tripod-is ou os, *trépied.*
Macedo, on-is, *le Macédonien.*
Laomedon , ont-is, *Laomédon.*
Tros, Tro-is, . *Troyen.*
Rhetor, -is, . *rhéteur.*

NOMS FÉMININS.

Charis, charit-is, *grâce.*

Lampas, lampad-is, *lampe.*

Æneis, æneid-is *ou* os, *l'Enéide.* Isis, Isid-is, ... *Isis.*
Iris, irid-is *ou* os, *Iris,* (*arc-en-ciel.*) Thorax, thorac-is, . *cuirasse.*
Pallas, palad-is *ou* os, *Pallas.* Tyrannis, id-is, . *tyrannie.*

Plusieurs de ces noms, comme on le voit, ont aussi le génitif en *os.* Quelques-uns même, et surtout les noms propres d'hommes et de fleuves en *is,* ont l'accusatif en *in,* sans accroissement. — Les accusatifs singuliers en *a* sont particulièrement usités en poésie.

§ 79.　　　　　DÉCLINEZ SUR *BON-US, A, UM.*

Acerb-us, a, um, *acerbe.*	Fer-us,	. .	*sauvage.*
Æqu-us, . . *uni, juste.*	Fess-us,	. .	*fatigué.*
Alb-us, . . . *blanc.*	Fest-us,	. .	*de fête.*
Alt-us, . . . *haut, profond.*	Firm-us,	. .	*ferme.*
Amar-us, . . *amer.*	Flaccid-us,		*flasque.*
Amœn-us, . *agréable à la vue.*	Flav-us,	. .	*jaune, blond.*
Ampl-us, . *ample.*	Frivol-us,	.	*frivole.*
Apric-us, . *exposé au soleil.*	Fulv-us,	. .	*fauve.*
Apt-us, . . *propre à.*	Fusc-us,	. .	*brun.*
Ardu-us, . *escarpé.*	Gemin-us,	.	*double.*
Auster-us, . *austère.*	Gnar-us,	. .	*qui sait.*
Balb-us, . *bègue.*	Hirsut-us,	.	*hérissé de poils.*
Barbar-us, *barbare.*	Hispid-us,	.	*velu, barbu.*
Cæc-us, . . *aveugle.*	Idoneus,	. .	*propre à.*
Cærul-us, . *d'azur.*	Industri-us,		*industrieux.*
Callid-us, . *rusé.*	Inclyt-us,	.	*fameux.*
Calv-us, . . *chauve.*	Invit-us,	. .	*qui agit malgré lui.*
Can-us, *qui a les cheveux blancs.*	Jejun-us,	.	*à jeun.*
Car-us, . . *cher.*	Jucund-us,	.	*agréable.*
Cast-us, . . *chaste.*	Larv-us,	. .	*à gauche, sinistre.*
Cels-us, . . *élevé.*	Lasciv-us,	.	*folâtre, lascif.*
Cert-us, . . *certain.*	Lass-us,	. .	*las.*
Clar-us, . . *clair, illustre.*	Lat-us,	. .	*large.*
Claud-us, . *boiteux.*	Lax-us,	. .	*lâche, relâché.*
Commod-us, *commode, avanta-*	Lent-us,	. .	*lent, flexible.*
Crass-us, . *lourd.* (*geux.*	Limpid-us,		*limpide.*
Crisp-us, . *crépu.*	Lipp-us,	. .	*chassieux.*
Curt-us, . *raccourci.*	Long-us,	.	*long.*
Dens-us, . *épais.*	Lubric-us,	.	*glissant.*
Dign-us, . . *digne.*	Lusc-us,	. .	*louche, borgne.*
Dur-us, . . *dur.*	Manc-us, *manchot, imparfait.*
Ebri-us, . . *ivre.*	Manifestus, *manifeste.*
Exigu-us, . *petit, mince.*	Matur-us, . *mûr, prompt.*
Fecund-us, *fécond.*	Mer-us, . . *pur.*

Mucid-us, . moisi.
Mut-us, . . muet.
Nav-us, . . actif, vigilant.
Nov-us, . . nouveau.
Nud-us, . . nu.
Obes-us, . gros, épais.
Obliqu-us, : oblique.
Obscur-us, . obscur.
Opac-us, . épais, opaque.
Opim-us, . gras, riche.
Orb-us, . . privé de.
Perit-us, . habile dans.
Plan-us, . . plain, uni.
Plen-us, . . plein.
Prav-us, . . tortu, pervers.
Prisc-us, . ancien.
Prob-us, . probe, honnête.
Procer-us, . haut, grand.
Pron-us, . penché vers, porté à.
Proper-us, qui va vite, prompt.
Public-us, . public.
Pur-us, . . pur.
Rancid-us, . rance.
Rar-us, . . râre.
Ruf-us, . . roux.
Sæv-us, . . cruel.
Sanct-us, . saint.
San-us, . . sain,
Secur-us, qui se croit en sûreté.

Sedul-us, . soigneux, exact.
Seren-us, . serein.
Ser-us, . . tardif.
Sever-us, . sévère.
Sincer-us, . sincère.
Sobri-us, . sobre.
Soci-us, . . allié.
Solid-us, . . solide, massif.
Spiss-us, . . épais.
Spurc-us, . . sale.
Strenu-us, . brave.
Stult-us, . . fou, insensé.
Sud-us, . . pur, serein.
Superb-us, . superbe, fier.
Supin-us, . renversé.
Surd-us, . . sourd.
Tard-us, . . tardif, lent.
Torv-us, . . qui regarde de travers, menaçant.
Tragic-us, . tragique.
Tranquill-us, tranquille.
Trunc-us, . tronqué, mutilé.
Ud-us, . . humide.
Van-us, . . vain.
Vari-us, . . varié.
Vast-us, . . vaste.
Ver-us, . . vrai.
Vicin-us, . voisin.
Vidu-us, . vide.

Æger, ægr-a, ægr-um, malade.
Ater, . . noir.
Creber, . . fréquent.
Niger, . . noir.
Piger, . . paresseux.

Ruber, . . rouge.
Sacer, . . sacré.
Sinister, . sinistre, gauche.
Teter, . . noir, méchant.
Vafer, . . fin, rusé.

Asper, asper-a, asper-um, âpre.
Deter, . . mauvais.
Dexter, . . droit, adroit.
Liber, . . libre.

Miser, . . malheureux,
Prosper, . heureux.
Satur, . . soûl, rassasié.
Tener, . . tendre.

§ 80. DÉCLINEZ SUR *PRUDENS.*

Clemens, clement-is, clément.
Elegans, . élégant.
Frequens, fréquent, nombreux.
Ingens, . . grand.
Sons, . . accusé, coupable.
Hebes, hebet-is, émoussé.

Perpes , . *perpétuel,*
Locuples, *riche.*
Solers, solert-is , *adroit.*
Par, par-is , *pareil, égal.*
Cicur, is, *apprivoisé.*
Atrox, atroc-is , *atroce.*
Felix, felic-is, *heureux.*
Minax, minac-is , *menaçant.*

Pernix , *léger, rapide.*
Procax , *insolent , impudent.*
Trux, truc-is, *affreux, cruel.*
Velox, oc-is , *rapide, prompt.*
Duplex, duplic-is, *double.*
Simpl-ex, . . *simple,*
Vecors , . vecord-is , *bas , pervers.*

SUR *FORTIS , E.*

Brev-is, . . *court.*
Com-is, . . *doux, poli.*
Debil-is , . *faible.*
Dulc-is , . . *doux.*
Exil-is, . . *grêle, mince.*
Gracil-is , . *effilé.*
Grand-is , . *grand.*
Grav-is, . . *grave, pesant.*
Hilar-is, . . *gai.*
Inan-is , . . *vide, vain.*
Incolum-is, . *sain et sauf.*
Len-is , . . *doux, paisible.*
Lev-is , . . *léger.*
Lev-is, . . *poli, uni.*

Mit-is, . . *doux, traitable.*
Moll-is , . . *mou.*
Pingu-is , . *gras.*
Rud-is , . . *brut, ignorant.*
Segn-is , . . *lâche, paresseux.*
Solemn-is, . *solennel.*
Steril-is , . . *stérile.*
Suav-is , . . *suave.*
Sublim-is , . *sublime, fier.*
Subtil-is , . *subtil, délié.*
Tenu-is , . . *petit, léger.*
Trist-is , . . *triste.*
Turp-is , . *sale, honteux.*
Vil-is , . . *vil.*

SUR *CELEBER.*

Acer, acr-is, acr-e, *vif.*
Alac-er , . . *actif.*

Saluber , . . *salutaire.*
Celer, celer-is, e, *prompt.*

§ 84.   CONJUGUEZ SUR *AM-O.*

Æstim—o, æstimāv-i, æstimāt—um, æstim-āre, *estimer.*

Ambul-o, . *se promener.*
Ar-o. . . . *labourer.*
Bajul-o, . . *porter des far-*
Bal-o , . . *bêler.* (*deaux.*
Be-o , . . *rendre heureux.*
Cæl-o, . . *graver.*
Cachinn-o, . *éclater de rire.*
Castig-o , . *châtier.*
Cel-o , . . *cacher.*
Cert-o, . . *combattre.*
Clam-o, . . *crier.* (*cliner.*
(Clin-o, . *inns,) inclin-o , in-*

Coaxo , . . *coasser.*
Cogit-o, . . *penser.*
Corusc-o , . *briller.*
Crem-o, . . *brûler, embraser.*
Cre-o, . . . *créer.*
Cruci-o, . . *tourmenter.*
Cumul-o , . *combler.*
Cur-o , . . *soigner.*
Curv-o , . . *courber.*
Damn-o, . . *condamner.*
Destin-o, . . *fixer, destiner.*
Dissip-o, . . *dissiper.*

Dubit-o, . : douter.
Err-o, . . errer.
Fatig-o, . . fatiguer.
Fecund-o, . féconder.
Festin-o, . . se hâter.
Flagit-o, . . demander avec in-
    stance.
Flagr-o, . brûler, être en feu.
Fœd-o, . . . souiller.
Fl-o, ... souffler.
Formid-o, . redouter.
Fragr-o, . . rendre une odeur.
Fri-o, émier, mettre en miette.
(Fut-o, inus.), refut-o, réfuter.
Gubern-o, . gouverner.
Gust-o, . . goûter.
Habit-o, . : habiter.
Hal-o, . . . rendre une odeur.
Hi-o, . . bâiller, s'entr'ouvrir.
Imper-o, . commander.
Incho-o, . commencer.
Inquin-o, . souiller.
Invit-o, . . inviter.
Irrit-o, . . irriter, exciter.
Jent-o, . . déjeûner.
Jurg-o, . . gourmander.
Jur-o, . . jurer.
Lab-o, . . chanceler.
Lacer-o, . . déchirer.
Latr-o, . . aboyer.
Leg-o, . . députer.
Lib-o, . . faire des libations,
    effleurer.
Lig-o, . . lier.
Lit-o, . . faire un sacrifice.
Lux-o, . . luxer, déboiter.
Mact-o, . . immoler.
Man-o, . . couler.
Mand-o, . . donner une com-
    mission, confier.
Me-o, . . . couler, passer.
Migr-o, . changer de demeure.
Monstr-o, . montrer.
(Mulg-o, inus.), promulg-o,
    promulguer.
Mund-o, . . nettoyer.
Muss-o, . . parler bas.

Mutil-o, . . mutiler.
Mut-o, . . changer.
Narr-o, . . raconter.
Neg-o, . . nier.
N-o, . . . nager,
Nunt-io, . annoncer.
Opt-o, . . choisir.
Orn-o, . . orner.
Palp-o, . toucher doucement.
Par-o, , . . préparer.
Pecc-o, . . pécher.
Patr-o, . . achever.
Penetr-o, . . pénétrer.
Plac-o, . . apaiser.
Plor-o, . . pleurer.
Popul-o, . . ravager.
Postul-o, . . solliciter.
Priv-o, . . priver.
Propin-o, . . boire à la santé.
Put-o, . . couper, penser.
Rig-o, . . arroser.
Rog-o, . . interroger, prier.
Rumin-o, . . ruminer.
Sagin-o, . . engraisser.
Sauci-o, . . blesser.
Sed-o, . . . apaiser.
Serv-o, . . conserver.
Sibil-o, . . siffler.
Sicc-o, . . dessécher.
Simul-o, . . feindre.
Sollicit-o, . . solliciter.
Spir-o, . . souffler.
(Staur-o, inus.), instaur-o, re-
    nouveler.
Stip-o, . épaissir, environner.
Strangul-o, . étrangler.
Sud-o, . . suer.
Temer-o, . . souiller.
Temper-o, . . tempérer.
Tent-o, . . essayer.
Titill-o, . . chatouiller.
Titub-o, . . chanceler.
Trepid-o, s'agiter en désordre.
Turb-o, . . troubler.
Ulul-o, . . hurler.
Vac-o, . . être vide, vaquer à
Vacill-o, . . vaciller.

Vex-o, . . .	*agiter, vexer.*	Vit-o, . . . *éviter.*
Vibr-o, . . .	*brandir.*	Vituper-o, . . *blâmer.*
Vigil-o, . . .	*veiller.*	Voc-o, . . . *appeler.*
Viol-o, . . .	*violer.*	Vor-o, . . . *dévorer.*

Tous ces verbes suivent, dans la formation des temps primitifs, l'analogie du modèle *amo.* Les suivans les forment ainsi qu'il suit :

Crep-o, .	crepu-i, .	crepit-um, .	crep-are, .	*craquer.*
Cub-o, . .	cubu-i, . .	cubit-um, . .	cub-are, . .	*être couché.*
Dom-o, .	domu-i, .	domit-um, . .	dom-are, .	*dompter.*
Vet-o, . . .	vetu-i, . .	vetit-um, . .	ve-tare . . .	*défendre.*
Nec-o, . {	necav-i *et* { necu-i, . .	necat-um *et* { nect-um, . .	{ nec-are, . .	*tuer.*
Plic-o, . {	plicav-i *et* { plicu-i, .	plicat-um, *ou* { plicit-um, . .	{ plic-are, .	*plier.*
Fric-o, . .	fricu-i, .	frict-um, . .	fric-are, . .	*frotte.*
Sec-o, .	secu-i, .	sect-um, . .	sec-are, . .	*couper.*
Mic-o, .	micu-i, .	»	mic-are, .	*briller.*
Pot-o, .	potav-i, . {	potat-um *et* { pot-um, . .	{ pot-are, .	*boire.*
Juv-o, .	juv-i, . .	jut-um, . .	juv-are, .	*aider.*
Lav-o, . {	lavav-i, *et* { lav-i, . .	lavat-um, . { laut-um, .	{ lav-are, . .	*laver.*

§ 82.   CONJUGUEZ SUR *MON-EO*,

Arc-ĕo, arcŭ-i, arcĭt-um, arc-ēre, *repousser.*

Cal-eo, . .	*être chaud.*	Noc-eo, . .	*nuire.*
Care-o, . .	*manquer.*	Ol-eo, . . .	*exhaler une odeur.*
Deb-eo, . .	*devoir.*	Pare-o, . .	*paraître.*
Dol-eo, . .	*être affligé.*	Placeo, . .	*plaire.*
Jac-eo, . .	*être couché.*	Tac-eo, . .	*se taire.*
Lat-eo, . .	*être caché.*	Terr-eo, .	*épouvanter.*
Mere-o, . .	*mériter.*	Val-eo, . . .	*valoir.*

Les verbes suivans n'ont pas de supin.

Ar-eo, . . .	*être sec.*	Langu-eo, . *languir.*
Cand-eo,	*être d'une blancheur éblouissante, être embrasé.*	Liqu-eo, . *se fondre.*
		Made-o, . . *être trempé.*
Call-eo, .	*s'endurcir.*	Nit-eo, . . *reluire.*
Eg-eo, . .	*manquer de.*	Palle-o, . . *pâlir.*
Frig-eo, .	*avoir froid.*	Pat-eo, . . *être ouvert.*
Immin-eo (*de* mane-o),	*être suspendu sur.*	Put-eo, . . *puer.*
		Putr-eo, . . *se pourrir.*

Sil-eo, . . . *faire silence.*   Tep-eo, . . *être tiède.*
Splend-eo, . *briller.*   Tim-eo, . . *craindre.*
Strid-eo, *rendre un son perçant.* Torp-eo, . . *être engourdi.*
Stud-eo, . . *étudier.*   Tum-eo, . . *être enflé.*
Stup-eo, . . *être étourdi.*   Vig-eo, . . *être en vigueur.*
Tabe-o, . . . *se putréfier.*   Vir-eo, . . *être vert.*

Les suivans n'ont ni parfait, ni supin.

Av-eo, . . *désirer ardemment.* Liv-eo , . *devenir terne.*
Fet-eo, . . *sentir mauvais.*   Poll-eo , . *pouvoir beaucoup.*
Hum-eo, . *être humide.*   Rauc-eo, . *être enroué.*

———

Doc-eo, . . docu-i, . . . doct-um, . doc-ere, . . *instruire.*
Cens-eo, . . censu-i , . cens-um, . . cens-ere, . { *être d'avis,*
                                                     penser.
Misc-eo , . miscu-i, . { mist-um *et* } misc-ere , . *mêler.*
                        { mixt-um , }
Torr-eo, . torr-ui, . tost-um, . torr-ere, . . *rôtir.*

———

Del-eo, . . delev-i, . delet-um, . del-ere, . . *effacer.*
Fl-eo, . . flev-i, . . flet-um , . fl-ere, . . . *pleurer.*
N-eo , . . nev-i, . . ne-tum, . n-ere, . . . *filer.*
Ci-eo, . . civ-i, . . cit-um, . . ci-ere, . . { *exciter,*
                                                 appeler.

———

Fov-eo, . . fov-i, . . fot-um, . . fov-ere, . . *échauffer*
Mov-eo, . mov-i, . mot-um, . mov-ere, . { *mouvoir,*
                                          émouvoir.
Vov-eo, . . vov-i, . . vot-um, . . vov-ere, . *vouer.*

———

Cav-eo, . cav-i, . . caut-um, . cav-ere , . { *prendre*
                                               garde.
Fav-eo, . fav-i , . . faut-um, . fav-ere, . . *favoriser.*
Ferv-eo, . ferbu-i, . ” ferv-ere, . *bouillir.*
Pav-eo , . pav-i, . . ” pav-ere , . *avoir peur.*
Sorb-eo, . sorbu-i, . sorpt-um, . sorb-ere, . *humer.*

———

Prand-eo, . prand-i, . prans-um, . prand-ere, . *dîner.*
Possid-eo,)
(*de* potis } possed-i, . possess-um, possid-ere, . *posséder.*
et sed-eo).)
Vid-eo, . vid-i, . . vis-um, . . vid-ere, . . *voir.*

9.

Mord-eo, . mormord-i, mors-um, mord-ere, *mordre.*
Pend-eo, . pepend-i, . pens-um, pend-ere, *être suspendu.*
Spond-eo, spopond-i, . spons-um, spond-ere, { *engager sa pa-
role d'honneur* }
Respond-eo, respond-i, . respons-um, respond-ere, *répondre.*
Tond-eo, . totond-i , . tons-um, . tond-ere, . *tondre.*

Jub-eo, . juss-i, . juss-um, . . jub-ere, . *ordonner.*
Mulc-eo, . muls-i, . muls-um, . mulc-ere, *adoucir.*
Ard-eo , . ars-i, . . ars-um, . . ard-ere, . { *brûler, être en
feu.* }
Rid-eo , . ris-i, . . ris-um. . . rid-ere, . *rire.*
Suad-eo , . suas-i, . suas-um . . suad-ere, . *conseiller.*
Man-eo, . . mans-i, . mans-um, . man-ere, . *demeurer.*

Indulg-eo, induls-i , indult-um, indulg-ere, *être indulgent.*
Mulg-eo, { muls-i, *et*
mul-xi, . } { muls-um *et*
mulct-um, } { mulg-ere, *traire,* }
Terg-eo , ters-i, . ters-um , . terg-ere, *essuyer.*
Torqu-eo, tors-i, . tort-um, . torqu-ere, { *tordre.*
tourmenter. }

Alg-eo , . als-i, . . » alg-ere, . { *avoir grand
froid.* }
Fulg-eo, . fuls-i, . » fulg-ere, . *briller.*
Turg-eo, . turs-i, . » turg-ere, . *être enflé.*
Urg-eo , . urs-i, . » urg-ere, . *presser.*

Aug-eo , . aux-i, . auct-um, . . aug-ere, . *augmenter.*
Lug-eo . lux-i, . luct-um , . lug-ere, . *porter le deuil.*
Luc-eo, . lux-i, . » luc-ere, . *luire.*

Lib-et , . libu-it , libit-um , . lib-ere, *il plaît.*
Lic-et , . licu-it , licit-um , . lic-ere . . *il est permis.*
Dec-et, . decu-it, » dec-ere, . . *il convient.*
Oport-et, . oportu-it, » oport-ere, *il faut.*

§ 83.　　　　　CONJUGUEZ SUR *LEG-O.*

Ablŭ-o (*de* luo), ablŭ-i, ablūt-um, ablŭ-ĕre, *laver.*

Argu-o, . argu-i, . argut-um, . argu-ere, . *reprendre.*
Congru-o , congru-i, » congru-ere, *s'accorder.*

Exu-o . . exu-i, . exut-um , . exu-ere, . *dépouiller.*
Imbu-o, . imbu-i, . imbut-um, imbu-ere, . *tremper.*
Indu-o, . indu-i, . indut-um, indu-ere, . *revêtir, endosser.*
Lu-o, . . lu-i, . . » lu-ere , . *payer.*
Metu-o, . metu-i, » metu-ere , *craindre.*
Minu-o, . minu-i , minut-um, minu-ere. *diminuer.*
Ru-o, . . ru-i , . ruit-um , . ru-ere, . *tomber en ruine.*
Spu-o, . . spu-i , . sput-um , . spu-ere , , *cracher.*
Sternu-o, . sternu-i, sternut-um, sternu-ere. *éternuer.*
Su-o, . . su-i, . sut-um , . . su-ere , . *coudre.*
Tribu-ere, tribu-i, . tribut-um , tribu-ere , *attribuer.*

———

Al-o , . . alu-i, . alit-um , . al-ere , . *nourrir.*
Col-o, . . colu-i , . cult-um , . col-ere, , *cultiver.*
Consul-o, . consulu-i, consult-um, consul-ere. *pourvoir.*
Excell-o (*de* cello, *inus.*) } excellu-i, excels-um, excell-ere, *exceller.*
Mol-o, . . molu-i, . molit-um, mol-ere, *moudre.*
Occul-o, . occulu-i, . occult-um, occul-ere, *cacher.*

———

Frem-o , . fremu-i , . fremit-um, frem-ere, . *frémir.*
Gem-o, . gemu-i, . gemit-um, gem-ere, . *gémir.*
Trem-o, . tremu-i , tremit-um, trem-ere , *trembler.*

———

Gign-o, . genu-i, . genit-um, . gign-ere , *engendrer.*
Pon-o , . posu-i, . posit-um, . pon-ere, . *poser.*
Linqu-o, . liqu-i , . lict-um , . linqu-ere, *laisser.*
Stert-o, . stertu-i, . » stert-ere , . *ronfler.*
Flect-o, . flex-i, . . flex-um, . flect-ere, . *fléchir.*
Met-o, . messu-i, . mess-um, . met-ere, . *moissonner.*
Nect-o, . nexu-i, . nex-um, . nect-ere, . *nouer.*
Pect-o , . pexu-i, . pex-um, . pect-ere, . *peigner.*
Plect-o, . plexu-i, . plex-um, . plect-ere, . *plier.*
Viv-o, . . vix-i , . vict-um , . viv-ere , . *vivre.*

———

Coqu-o, . cox-i, . coct-um , . coqu-ere , *cuire.*
Dic-o, . . dix-i, . dict-um, . dic-ere, . *dire.*
Flu-o, . . flux-i, . flux-um, . flu-ere, · *couler.*
Stru-o , . strux-i, . struct-um , stru-ere, . *mettre en ordre.*
Trah-o , . trax-i, . tract-um, . trah-ere, . *tirer.*
Veh-o , . vex-i, . . vect-um , . veh-ere, . *traîner.*

———

Ang-o , . . anx-i, .   »   ang-ere, . { *presser fort, souffrir.*
Ambig-o , .   »   »   ambig-ere, *être en doute.*
Cing-o , . cinx-i, . cinct-um , cing-ere , . *ceindre.*
Dilig-o , . dilex-i, . dilect-um, dilig-ere, . *distinguer, aimer.*
Distingu-o, distinx-i , distinct-um, distigu-ere, *distinguer.*
Fig-o , . . fix-i, . . fix-um , . fig-ere , . *attacher.*
Fing-o , . . finxi, . . fict-um, . fing-ere , . *feindre.*
Flig-o , . . flix-i , . flict-um , . flig-ere , . *battre.*
Frig-o , . . frix-i , . frict-um , frig-ere , . *frire.*
Jung-o , . . junx-i, . junct-um, jung-ere , . *joindre.*
Mung-o , . munx-i, . munct-um , mung-ere, *moucher.*
Ping-o , . . pinx-i, . pict-um, . ping-ere, . *peindre.*
Stingu-o, . stinx-i , . stinct-um, . stingu-ere, *éteindre.*
String-o , . strinx-i , strict-um , string-ere, *serrer étroitement.*
Teg-o , . . tex-i , . tect-um, . teg-ere , . *couvrir.*
Ting-o , . . tinx-i, . tinct-um , ting-ere, . *teindre.*
Ung-o , . . unx-i , . unct-um , ung-ere, . *oindre, frotter.*
Verg-o, . .   »   »   verg-ere , *être tourné vers.*
Perg-o, . . perrex-i, perrect-um, perg-ere, *continuer.*
Surg-o , . . surrex-i, surrect-um, surg-ere, *se lever.*
Claud-o , . claus-i ; claus-um, . . claud-ere, *fermer.*
Divid-o , . . divis-i, . divis-um , divid-ere , *partager.*
Lud-o , . . lus-i, . . lus-um, . lud-ere, . *jouer.*
Plaud-o , . plaus-i , plaus-um , plaud-ere , *applaudir.*
Rad-o , . . ras-i , . ras-um , . rad-ere , . *raser.*
Rod-o , . . ros-i , . ros-um , . rod-ere , , *ronger.*
Trud-o , . trus-i, . . trus-um, . trud-ere, . *pousser.*
Vad-o , . . vas-i , . vas-um , . vad-ere , . *aller.*
Merg-o , . mers-i , . mers-um , merg-ere . *plonger.*
Terg-o , . ters-i , . . ters-um, . terg-ere, . *nettoyer.*

Com-o , . . comps-i , compt-um, com-ere , . *peigner.*
Dem-o , . demps-i , dempt-um, dem-ere , . *ôter.*
Prom-o , . promps-i, prompt-um, prom-ere , *exposer au jour.*
Sum-o , . . sumps-i, sumpt-um, sum-ere , . *prendre.*
Temn-o , . temps-i , tempt-um, temn-ere , , *mépriser.*

Scrib-o , . scrips-i, script-um , scrib-ere , *écrire.*
Nub-o , . nups-i, . nupt-um ; . nube-re , . *se voiler.*
Rep-o, . . reps-i, . rept-um, . rep-ere , . *ramper.*
Sculp-o , . sculps-i, sculpt-um , sculp-ere, *graver, scalpter.*
Serp-o , . serps-i, . serpt-um, . serp-ere , . *ramper.*

Ced-o ,   . cess-i, . cess-um , . ced-ere , .   *qaitter sa place.*
Ger-o ,   . gess-i, . gest-um , . ger-ere , .   *porter, faire.*
Mitt-o, . . mis-i , . miss-um , . mitt-ere ,   *envoyer,*
Ur-o ,   . . uss-i , . ust-um , . ur-ere , .   *brûler.*

———

Cresc-o , . crev-i , . cret-um , . cresc-ere,   *croître.*
Nosc-o , . nov-i , . not-um , . nosc-ere ,   *connaître.*
Pasc-o , . pav-i , . past-um , . pasc-ere ,   *faire paître.*
Suesc-o , . suev-i , . suet-um , . suesc-ere ,   *avoir coutume.*
Cern-o , . crev-i , . cret-um . . cern-ere , { *séparer , juger,*
voir.
Lin-o , . . lin-i *ou* lev-i. lit-um , . lin-ere , .   *enduire.*
Pon-o , . posu-i , . posit-um , pon-ere , .   *poser.*
Sin-o , . . siv-i , . sit-um , . . sin-ere , . { *permettre, laisser*
faire.
Spern-o , . sprev-i , spret-um , . spern-ere,   *mépriser.*
Stern-o , . strav-i , strat-um , . stern-ere,   *étendre.*
Ter-o , . . triv-i , . trit-um , . . ter-ere , .   *broyer.*
Ser-o , . . sev-i , . sat-um , . . ser-ere , .   *semer.*

———

Arcess-o , arcessiv-i, arcessit-um , arcess-ere   *faire venir.*
Pet-o , . { petiv-i, *ou*
 peti-i , . } petit-um , . pet-ere , .   *demander.*
Solv-o , . solv-i , . solut-um , . solv-ere,   *délier, payer.*
Volv-o , . volv-i , . volut-um , . volv-ere,   *rouler.*

———

Bib-o , . bib-i, . bibit-um ,   . bib-ere ,   *boire.*
Ic-o , . . . ic-i, . . ict-um, . . ic-ere, .   *frapper.*
Vinc-o , . vic-i , . vict-um, . . vinc-ere.   *vaincre.*

———

Accend-o (de
cando, *inus.* } accend-i, accens-um, accend-ere,   *allumer.*[1]
Cud-o , . cud-i , . cus-um , . cud-ere ,   *frapper, forger.*
Defend-o , defend-i, defens-um, defend-ere,   *défendre.*
Ed-o , . . . ed-i , . . es-um , ed-ere *ou* esse,   *manger.*
Find-o , . fid-i, . . fiss-um , . find-ere , .   *fendre.*
Fund-o , . fud-i , . fus-um , . . fund-ere, .   *répandre.*
Mand-o , . mand-i, . mans-um , mand-ere,   *mâcher.*
Pand-o , . pand-i, . { pans-um *et*
 pass-um , . } pand-ere ,   *ouvrir.*
Prehend-o
ou prend-o, } prehend-i, prehens-um, prehend-ere,   *saisir.*
Rud-o , .   »   »   rud-ere ,   *braire.*

Scand-o , · scand-i , · · scans-um , · scand-ere, *monter, escalader.*
Scind-o , · scid-i , · sciss-um , · scind-ere, *trancher.*
Strid-o , · strid-i , · 　　》　　strid-ere, { *faire du bruit, pétiller.*
Pang-o , { pepig-i *et* panx-i , · } pact-um , · pang-ere, · *ficher, planter.*
Verr-o , · verr-i , · · vers-um , · verr-ere, · *balayer.*
Vert-o , · vert-i , · vers-um , · vert-ere , · *tourner.*
Rump-o , rup-i , · rupt-um , · rump-ere, · *rompre.*
Pins-o , · { pinsu-i, · { pins-um, pinsit-um *et* pist-um, · } pins-ere, { *piler dans un mortier.*

———

Cred-o, · credid-i , credit-um, cred-ere, · · *croire, confier.*
Vend-o, · vendid-i, vendit-um, vend-ere, *vendre.*

———

Cæd-o , , cecid-i , · cæs-um , · cæd-ere, · *couper, frapper.*
Cad-o , · cecid-i , · cas-um , · cad-ere, · *tomber.*
Can-o , · cecin-i , · cant-um , can-ere, · *chanter.*
Curr-o , · cucurr-i , · curs-um , curr-ere, · *courir.*
Disc-o , · didic-i , · discit-um, disc-ere, · · *apprendre.*
Parc-o , · peperc-i , parcit-um, parc-ere, · *épargner.*
Pell-o , · pepul-i , · puls-um , · pell-ere, · *chasser.*
Pend-o , · pepend-i , pens-um , · pend-ere, · *peser, payer.*
Posc-o , , poposc-i , · poscit-um, posc-ere, · *prier, demander.*
Pung-o , · { punx-i , *et* pupug-i , · } punct-um, pung-ere, · *piquer.*
Tang-o , · tetig-i , · · tact-um , · tang-ere , · · *toucher.*
Tend-o , · tetend-i , { tens-um *et* tent-um, · } tend-ere , *tendre.*
Toll-o , · · sustul-i , sublat-um, toll-ere, · · *ôter.*
Tund-o , · tutud-i , · { tuns-um *et* tus-um, · } tund-ere , *battre.*

———

§ 84.　　　　CONJUGUEZ SUR *ACCIP-IO.*

Allic-io(*de* lacio *inus.*) } allex-i , allect-um , allic-ere , · · { *attirer par caresses.*
Cup-io , · cupiv-i , · cupit-um , cup-ere , · *désirer.*
Fod-io , · fod-i , · · foss-um , · fod-ere , · · *creuser.*
Fug-io , · fug-i , · · fugit-um , fug-ere , · · *fuir.*
Par-io , · peper-i , · part-um , par-ere , · · *enfanter.*
Quat-io , · quass-i , · quass-um, quat-ere , · *secouer.*
Sap-io , · { sapiv-i *ou* sapu-i , · } 　》　　 sap-ere , · · { *avoir de la saveur, être sage.*

§ 85.   CONJUGUEZ SUR *AUD-IO.*

Amb-ĭo, ambīv-i, ambīt-um, amb-īre, *environner.*

Dorm-io, . *dormir.*	Pol-io, . . *cultiver, polir.*
Garr-io, . *gazouiller, causer.*	Prur-io, *éprouver des demangea*
Gest-io, . . *tressaillir.*	Pun-io , . *punir.* (*so.*
Glut-io, . . *engloutir.*	Redim-io , . . *ceindre.*
Hinn-io , . *hennir.*	Rug-io , . . *rugir.*
Ligur-io , . *être friand.*	Sal-io , . . *saler.*
Lin-io , . . *frotter.*	Sarr-io , . . *sarcler.*
Mug-io , . *mugir.*	Serv-io , . . *servir.*
Mun-io , . . *fortifier.*	Sc-io , . . . *savoir.*
Nutr-io , . . *nourrir.*	Sop-io , . . *assoupir.*
Obed-io , . *obéir.*	Vag-io , . . *crier comme des petits*
Tinn-io , . *tinter.*	*enfans.*

Ces verbes forment leurs temps primitifs comme *aud-io ;* les suivans s'écartent de ce modèle.

Amic-io, { amicu-i *et* amix-i, . } amict-um , . amic-ire, *couvrir.*

Vinc-io, . vinx-i , . . vinct-um , . vinc-ire , *lier, enchaîner.*

Aper-io, . aperu-i , . . apert-um , . aper-ire , *ouvrir.*

Fer-io, . . »   »   fer-ire , . *frapper.*

Pav-io, . . pav-i , . . pavit-um , . pav-ire , . *paver.*

Sepel-io, . sepeliv-i , . sepult-um , . sepel-ire *ensevelir.*

Singult-io, singultiv-i, singult-um, singult-ire, *sangloter.*

Farci-o, . fars-i , . . fart-um , . . farc-ire , *remplir, farcir.*

Fulc-io, . fuls-i , . . . fult-um , . . fulc-ire ,, *soutenir.*

Haur-io , haus-i , . . haust-um , . häur-ire *puiser.*

Sarc-io, . sars-i , . . . sart-um , . . sarc-ire ,, *raccommoder.*

Sent-io , . sens-i , . . . , sens-um , . sent-ire , *sentir.*

Sep-io, . { seps-i *et* sepiv-i, . . } sept-um , . . sep-ire, *enfermer, clore.*

— — —

§ 86.   CONJUGUEZ SUR *AM-OR.*

Outre les verbes passifs de la 1ʳᵉ conjugaison:

Adul-or, adulāt-us sum, adul-āri , *flatter.*

Con-or, . . *s'efforcer.*	Mutu-or, . . *emprunter.*
Cunct-or, . *hésiter.*	Obtest-or, . *conjurer.*
(F-or *inus.*), faris, *parler.*	Oper-or, . . *travailler.*
Gratul-or, . *féliciter.*	Opin-or, . . *juger, penser.*
Hort-or, . . *exhorter.*	Pal-or, . . . *courir çà et là.*
Jurg-or, . . *être en contestation.*	Sciscit-or, . *s'informer.*

Læt-or, . . *se réjouir.*
Lament-or, *se lamenter.*
Machin-or, *machiner, inventer.*
Medit-or, . *méditer.*
Mir-or, . . *admirer.*
Moder-or, . *modérer.*
Mor-or, . . *retarder.*

Scrut-or, . . *fouiller.*
Sol-or, . . . *consoler.*
Stipul-or, . . *stipuler.*
Stomach-or, *se fâcher.*
Vag-or, . . . *errer.*
Ven-or, . . . *chasser.*
Vener-or, . . *respecter.*

---

§ 87.   CONJUGUEZ SUR *MON-EOR.*

Med-eor, . .   »   med-eri , . *remédier.*
Mer-eor, . . merit-us sum , . mer-eri, . . *mériter.*
R-eor, . . . rat-us sum , . . r-eri, . . . *penser.*
Tu-eor, . . . tuit-us sum , . . tu-eri, . . *regarder, défendre.*
Ver-eor , . . verit-us sum , . ver-eri, . . *craindre.*

---

§ 88.   CONJUGUEZ SUR *LEG-OR.*

Amplect-or, . amplex-us sum, . amplect-i, . *embrasser.*
Apisc-or, . . apt-us sum , . . apisc-i , . . *acquérir.*
Divert-or , . divers-us sum , . divert-i, . . *se détourner.*
Expergisc-or, . experrect-us sum, expergisc-i, . *s'éveiller.*
Fru-or, . . . fruit-us sum , . fru-i, . . . *jouir.*
Fung-or, . . funct-us sum , . fung-i , . . *s'acquitter.*
Irasc-or, . . irat-us sum , . irasc-i , . . *s'irriter.*
Lab-or, . . . laps-us sum , . lab-i, . . . *tomber.*
Loqu-or, . . locut-us sum , . loqu-i, . . *parler.*
Mor-ior, . . { mortu-us sum, } mor-i, . . *mourir.*
            { *p.f.* moritur-us, }
Nancisc-or, . nact-us sum , . nancisc-i, . *rencontrer.*
Nasc-or, . . { nat-us sum, } nasc-i, . . *naître.*
            { *p.f.* nascitur-us }
Nit-or, . nis-us *ou* nix-us sum, nit-i, . . . *s'efforcer.*
Oblivisc-or, . oblit-us sum , . oblivisc-i, . *oublier.*
Pacis-cor, . . pact-us sum , . pacisc-i, . . *traiter, convenir.*
Pat-ior, . . . pass-us sum , . pat-i, . . . *souffrir.*
Proficisc-or, . profect-us sum, proficisc-i, . *partir.*
Quer-or, . . quest-us sum , quer-i, . . *se plaindre.*
Sequ-or, . . secut-us sum , sequ-i, . . *suivre.*
Ulcisc-or, . . ult-us sum, . . ulcisc-i, . . *venger.*
Vesc-or, . . .   »   vesc-i, . . *se nourrir de.*

---

§ 89. CONJUGUEZ SUR *AUD-IOR.*

Exper-ior, . .	expert-us sum,	exper-iri, .	*éprouver.*
Larg-ior, . .	largit-us sum,	larg-iri, .	*donner libéralement.*
Ment-ior, . .	mentit-us sum,	ment-iri, .	*mentir.*
Met-ior, . . .	mens-us sum, .	met-iri, . .	*mesurer.*
Opper-ior, . .	oppert-us sum,	opper-iri, .	*attendre.*
Ord-ior, . . .	ors-us sum, .	ord-iri, . .	*ourdir, commencer.*
Or-ior, ...	{ ort-us sum, . *p.f.* oritur-us, }	or-iri, . . .	*se lever.*
Pot-ior, . . .	potit-us sum, .	pot-iri, . .	*jouir.*
Sort-ior, . . .	sortit-us sum, .	sort-iri, . .	*obtenir par le sort.*

§ 90. CONJUGUEZ SUR *GAUD-EO.*

Aud-eo, . .	aus-us sum, .	aud-ere, . .	*oser.*
Mœr-eo, . .	mœst-us sum,	mœr-ere, . .	*être affligé.*
Sol-eo, . . .	solit-us sum, .	sol-ere, . . .	*avoir coutume.*

SUR ME *POENITET.*

Me pud-et, .	*j'ai honte.*	Me tæd-et, .	*je m'ennuie.*
Me pig-et, .	*je suis fâché.*	Me miser-et,	*j'ai compassion.*

REMARQUE SUR LES VERBES COMPOSÉS.

§ 91. La plupart des verbes latins se joignent fréquemment à une préposition ou à un adverbe, et forment ainsi un grand nombre de verbes composés, qui ordinairement ajoutent à la signification du verbe simple, l'idée renfermée dans l'adverbe ou la préposition: par exemple, de

Duc-o, dux-i, duct-um, duc-ĕre, *mener, conduire,*

sont formés :

Abduc-o, . *emmener.*	*Præduc-o,* . *conduire devant.*
Adduc-o, . *amener.*	*Præterduc-o, conduire au-delà.*
Circumduc-o, conduire à l'entour.	*Produc-o, conduire en avant.*
Conduc-o, mener avec, assembler.	*Reduc-o,* (re p^r retrò ou rursùs), *ramener.*
Deduc-o, tirer de.	
Diduc-o, séparer.	*Seduc-o,* (se p^r seorsim), *tirer à part, séduire.*
Educ-o, tirer de, élever.	
Induc-o, faire entrer.	*Subduc-o, tirer dessous, soustraire.*
Introduc-o, introduire.	

Obduc-o, conduire devant. *Traduc-o,* ou *transduc-o,*
Perduc-o, mener jusqu'à la fin,   *transporter.*
   ou à travers.

Quelquefois, par euphonie, la dernière consonne de la préposition se change en la 1re du verbe simple :

FER-O, ... TUL-I, . LAT–UM, . FER-RE, *porter.*
Affer-o(p^r *adfero*), *attul-i, allat-um, affer-re, apporter.*
Aufer-o, (p^r *abfero*), *abstul-i, ablat-um, aufer-re, emporter.*
Confer-o, ... contul-i, collat-um, confer-re, assembler.
Differ-o, (p^r *disfero*), *distul-i, dilat-um, differ-re,* { *porter çà et là, différer.*
Effer-o, (p^r *exfero*, *extul-i, elat-um, effer-re,* { *porter dehors, élever.*
Infer-o , ... intul-i, illat-um, infer-re, faire entrer.
Offer-ro, (p^r *obfero*), *obtul-i, oblat-um, offer-re, offrir.*

§ 92. Les verbes composés se conjuguent généralement comme leurs simples, et forment leurs prétérits et leurs supins sur les leurs.

Il y a cependant quelques exceptions ; nous ferons remarquer les principales.

Dans les verbes suivants, *a,* première voyelle du verbe simple, se change en *i* dans tous les composés.

AG-O, . . EG-I, . . ACT–UM, . . AG-ERE, *agir, pousser.*
Adig-o, . adeg-i, . adact-um, . adig-ere, pousser à.
Subig-o, subeg-i, subact-um, . subig-ere, soumettre.

HAB-EO, . HAB-UI, . HABIT-UM, . HAB-ERE, *avoir.*
Adhib-eo, adhib-ui, adhibit-um, . adhib-ere, appliquer à.
Inhib-eo(*in* } *Inhibu-i, inhibit-um, . inhib-ere, empêcher.*
pris p^r *non.* }

STATU-O, . STATU-I, . STATUT-UM, . STATU-ERE, *mettre debout.*
Destitu-o, destitu-i, . destitut-um , . destitu-ere, abandonner.
Restitu-o, restitu-i, restitut-um, . restitu-ere, rétablir, rendre.

LÆD-O, . LÆS-I, . . LÆS-UM, . . LÆD-ERE, *blesser, offenser.*
Collid-o, . collis-i, . collis-um , . collid-ere, { *frapper, briser contre.*
Illid-o, . illis-i, , illis-um , . illid-ere, . { *heurter, rompre contre.*

FRANG-O, . FREG-I, . FRACT-UM, FRANG-ERE, . *rompre.*
Confring-o, confreg-i, confract-um, confring-ere, mettre en pièces.
Refring-o, . refreg-i, refract-um, refring-ere, fracasser.

QUÆR-O, QUÆSIV-I, QUÆSIT-UM, QUÆR-ERE, *chercher.*
Acquir-o, acquisiv-i, acquisit-um, acquir-ere, acquérir.

Inquir-o, *inquisiv-i, inquisit-um, inquir-ere,* { *rechercher, s'enquérir.*

Sali-o, . . Sali-i, . . Salt-um, . . Sal-ire, *sauter.*
Insili-o, *insilii ou ui,* . insult-um, *insil-ire, sauter sur ou dans.*
Desili-o, *desilii ou ui,* . desult-um, . . *desil-ire, sauter en bas.*

Les composés des verbes suivans prennent en outre un *e* au supin.

Fat-eor, Fass-us sum, Fat-eri, *avouer.*
Confit-eor, *confess-us sum, confit-eri, confesser, dire ingénuement.*
Profit-eor, *profess-us sum, profit-eri, déclarer ouvertement.*

Faci-o, . . Fec-i, . . Fact-um, . . Fac-ere, *faire.*
Perfici-o, . . perfec-i, . perfect-um, . *perfic-ere, faire entièrement.*
Infici-o, . . infec-i, . infect-um, . *infic-ere, teindre, souiller,*

Jaci-o, . . Jec-i, . . Jact-um, . . Jac-ere, *jeter.*
Injici-o, . *injec-i,* . inject-um, . *injic-ere, jeter dans.*
Abjici-o, . *abjec-i,* . abject-um, . *abjic-ere, rejeter.*

Capi-o, . . Cep-i. . . Capt-um, . Cap-ere, *prendre.*
Accipi-o, . accep-i, accept-um, . *accip-ere, recevoir.*
Percipi-o, *percep-i, percept-um, percip-ere,* { *recueillir, apercevoir.*

Rapi-o, . Rapu-i, . . Rapt-um, . . Rap-ere, *prendre de force.*
Eripi-o, . *eripu-i,* . erept-um, . *erip-ere, arracher.*
Subripi-o, *subripu-i, subrept-um, subrip-ere,* { *prendre à la dérobée.*

Les verbes composés des primitifs qui suivent, changent *e* du verbe simple en *i.*

Tene-o, . Tenu-i, . Tent-um, . . Ten-ere, *tenir.*
Abstine-o, *abstinu-i, abstent-um, abstin-ere, s'abstenir.*
Contine-o, *continu-i, content-um, contin-ere, contenir.*

Sede-o, . . Sed-i, . . Sess-um, . Sed-ere, *s'asseoir.*
Conside-o, *consed-i, consess-um, consid-ere, être assis avec.*
Obside-o, *obsed-i, obsess-um,* . *obsid-ere,* { *être assis devant, assiéger.*

Speci-o (*inusité*).
Aspici-o (p*r* adspicio). *aspex-i, aspect-um, aspic-ere,* { *regarder vers, voir.*
Respici-o (re p*r* retro), } *respex-i, respect-um, respic-ere,* { *regarder en arrière.*
Despici-o, *despex-i, despect-um, despic-ere,* { *regarder d'en haut, mépriser.*
Suspici-o, *suspex-i, suspect-um, suspic-ere,* { *regarder en haut, admirer.*

Leg-o, . leg-i, . lect-um, . leg-ere, *choisir, lire.*
Collig-o, colleg-i, collect-um, collig-ere, { *recueillir, ramas-*
ser.

Elig-o, . eleg-i, . elect-um, . elig-ere, { *faire un choix,*
trier.

Em-o, . . em-i, . . empt-um, . . em-ere, *acheter.*
Adim-o, adem-i, adempt-um, . adim-ere, *ôter, enlever.*
Redim-o, redem-i, redempt-um, . redim-ere, *racheter.*

Prem-o, . press-i, . press-um, . prem-ere, *presser.*
Comprim-o, compress-i, compress-um, comprim-ere, *comprimer.*
Deprim-o, depress-i, depress-um, deprim-ere, *réprimer.*

Les composés des verbes primitifs suivans changent
en *e.*

Sparg-o, . spars-i, . spars-um, . sparg-ere, *semer, répandre.*
Disperg-o, . dispers-i, dispers-um, disperg-ere, *disperser.*

Carp-o, . carps-i, . carpt-um, . carp-ere, *prendre, cueillir.*
Discerp-o, discerps-i, discerpt-um, discerp-ere, *déchirer.*
Excerp-o, excerps-i, excerpt-um, excerp-ere, *extraire, séparer.*

Gradi-or, . gress-us sum, grad-i, *marcher.*
Aggredi-or, aggress-us sum, aggred-i, *marcher contre, attaquer.*
Ingredi-or, ingress-us sum, ingred-i, *entrer.*

§. 95. Nous avons vu que plusieurs verbes redoublent
au parfait leur première syllabe, mais ce redoublement
ne passe pas à leurs composés. On excepte seulement
ceux qui viennent des verbes *disco* et *posco*, ainsi que
les cinq composés suivans de *curro* : savoir, *præcurro,*
decurro, excurro, procurro et *percurro.* Ces quatre derniers se disent aussi sans redoublement.

Les composés *sto* et *do* présentent aussi quelques irrégularités.

St-o, . . stet-i, . . stat-um, . . st-are, *être de bout.*
Circumst-o, circumstet-i, circumstat-um, circumst-are, *environ-*
Adst-o, . adstit-i, . adstit-um, adst-are, *se tenir près. (ner.*

Const-o, constit-i, { *constit-um et* } const-are, { *être ensemble,*
{ *constat-um,* } { *s'accorder.*

Les autres composés de ce verbe prennent *atum* et
itum au supin.

D-o, . . ded-i, . . dat-um, . . d-are, . . *donner.*

Circumd-o, circumded-i, circumdat-um, circumd-are, { *mettre au-*
tour, en-
tourer.

La plupart des composés de ce verbe sont de la 3ᵉ déclinaison.

Abd-o, . . *ab*did-i, . . *ab*dit-um, . . *abd*-ere, *cacher.*
Add-o, . . *ad*did-i, . . *ad*dit-um, . . *add*-ere, *ajouter.*

REMARQUE.

Les noms abstraits d'origine latine, sont généralement formés du supin, dont ils conservent la consonne qui précède la terminaison , comme, crédit, de *creditum* ; punition , de *punitum* ; réflexion, de *reflexum*. Cette remarque peut servir à trouver le supin au moyen du nom abstrait, et réciproquement, au moyen du supin, on pourra connaître l'orthographe des noms français en *ion : Versum*, version ; *natum*, nation ; *fluxum*, fluxion ; *passum*, passion ; *assertum*, assertion.

§ 94. ADJECTIFS ET ADVERBES DE NOMBRE.

NOMBRES CARDINAUX.		CHIFFRES	
		Arabes.	Romains.
Un-us, a, um,	*un, une,*	1	I.
Du-o, æ, o,	*deux.*	2	II.
Tr-es, es, ia,	*trois.*	3	III.
Quatuor,	*quatre.*	4	IV.
Quinque,	*cinq.*	5	V.
Sex,	*six.*	6	VI.
Septem,	*sept.*	7	VII.
Octo,	*huit.*	8	VIII.
Novem,	*neuf.*	9	IX.
Decem,	*dix.*	10	X.
Undecim,	*onze.*	11	XI.
Duodecim,	*douze,*	12	XII.
Tredecim,	*treize.*	13	XIII.
Quatuordecim,	*quatorze.*	14	XIV.
Quindecim,	*quinze.*	15	XV.
Sexdecim,	*seize.*	16	XVI.
Septemdecim,	*dix-sept.*	17	XVII.
Oct-o decim, *ou* Decem et octo,	*dix-huit.*	18	XVIII.
Novemdecim *ou* Decem et novem,	*dix-neuf.*	19	XIX.
Viginti,	*vingt.*	20	XX.
Viginti unus *ou* unus et viginti,	*vingt et un.*	21	XXI.
Viginti duo, *ou* duo et viginti, etc.	*vingt-deux*	22	XXII.
Triginta,	*trente.*	30	XXX.
Quadraginta,	*quarante.*	40	XL.
Quinquaginta,	*cinquante.*	50	L.
Sexaginta,	*soixante.*	60	LX.
Septuaginta,	*soixante et dix.*	70	LXX.
Octoginta,	*quatre-vingts.*	80	LXXX.
Nonaginta,	*quatre-vingt-dix.*	90	XC.
Centum,	*cent.*	100	C.
Ducent-i, æ, a,	*deux cents.*	200	CC.
Trecent-i, æ, a,	*trois cents.*	300	CCC.
Quadringint-i, æ, a,	*quatre cents.*	400	CD.
Quingent-i, æ, a,	*cinq cents.*	500	D.
Sexcent-i, æ, a,	*six cents.*	600	DC.
Septingent-i, æ, a,	*sept cents.*	700	DCC.
Octingent-i, æ, a,	*huit cents.*	800	DCCC.

Ces tableaux numériques sont tirés des *livrets* de M. J.-J. Ordinaire, méthode avec laquelle je me félicite que ce livre élémentaire
ait plus d'un rapport.

NOMBRES CARDINAUX.	CHIFFRES	
	Arabes.	Romains.
Nongent-i, æ, a, *neuf cents.*	900	DCCCC.
Mille, *mille*	1000	M *ou* CIƆ
Bis mille, *ou* duo mill-ia, *deux mille.*	2000	IIM.
Ter mille *ou* tri-a mill-ia, *trois mille.*	3000	IIIM.
Quater mille, *quatre mille.*	4000	IVM.
Quinquies mille, *cinq mille.*	5000	VM.
Sexies mille, *six mille.*	6000	VIM.
Septies mille, *sept mille.*	7000	VIIM.
Octies mille, *huit mille.*	8000	VIIIM.
Novies mille, *neuf mille.*	9000	IXM.
Decies mille *ou* decem millia *dix mille.*	10000	XM *ou* CCIƆƆ
Undecim mill-ia, *onze mille.*	11000	XIM.
Duodecim mill-ia, *douze mille.*	12000	XIIM.
Vinginti mill-ia, *vingt mille.*	20000	XXM.
Trigint-a mill-ia, *trente mille.*	30000	XXXM.
Quadraginta mill-ia, *quarante mille.*	40000	XLM.
Quinquaginta mill-ia, *cinquante mille.*	50000	LM *ou* IƆƆ
Centum mill-ia *ou* centies mille, *cent mille.*	100000	CM *ou* CCCIƆƆ.
Ducent-a mill-ia, *deux cents mille.*	200000	
Trecent-a mill-ia, *trois cents mille.*	300000	
Decies centen-a mill-ia, *un million.*	1000000	
Vicies centen-a mill-ia, *deux millions.*	2000000	
Tricies centen-a mill-ia, *trois millions.*	3000000	
Quadragies centen-a mill-ia, *quatre millions.*	4000000	
Quinquagies centen-a mill-ia, *cinq millions.*	5000000	
Sexagies centen-a mill-ia, *six millions.*	6000000	
Septuagies centen-a mill-ia, *sept millions.*	7000000	
Octogies centen-a mill-ia, *huit millions.*	8000000	
Nonagies centen-a mill-ia, *neuf millions.*	9000000	
Centies centen-a mill-ia, *dix millions.*	10000000	
Ducenties centen-a mill-ia, *vingt millions.*	20000000	
Millies centen-a mill-ia, *cent millions.*	100000000	

NOMBRES ORDINAUX.

Prim-us, a, um, *premier.*	Sext-us, *sixième.*
Secund-us, a, um, *second.*	Septim-us, *septième.*
Terti-us, a, um, *troisième.*	Octav-us, *huitième.*
Quart-us, *quatrième.*	Non-us, *neuvième.*
Quint-us, *cinquième.*	Decim-us, *dixième.*

Undecim-us,	*onzième.*
Duodecim-us,	*douzième.*
Decim-us terti-us,	*treizième.*
Decim-us quart-us,	*quatorzième.*
Decim-us quint-us,	*quinzième.*
Decim-us sext-us,	*seizième.*
Decim-us septim-us,	*dix-septième.*
Decim-us octav-us,	*dix-huitième.*
Decim-us non-us,	*dix-neuvième.*
Vigesim-us,	*vingtième.*
Vigesim-us prim-us,	*vingt et unième.*
Vigesim-us secund-us,	*vingt-deuxième.*
Vigesim-us terti-us,	*vingt-troisième.*
Trigesim-us,	*trentième.*
Quadragesim-us,	*quarantième.*
Quinquagesim-us,	*cinquantième.*
Sexagesim-us,	*soixantième.*
Septuagesim-us,	*soixante-dixième.*
Octogesim-us,	*quatre-vingtième.*
Nonagesim-us,	*quatre-vingt-dixième.*
Centesim-us,	*centième.*
Ducentesim-us,	*deux-centième.*
Trecentesim-us,	*trois-centième.*
Quadringentesim-us,	*quatre-centième.*
Quinquagentesim-us,	*cinq-centième.*
Sexcentesim-us,	*six-centième.*
Septingentesim-us,	*sept-centième.*
Octingentesim-us,	*huit-centième.*
Nonogentesim-us,	*neuf-centième.*
Millesim-us, etc.	*millième, etc.*

§ 95. ADJECTIFS PLURIELS DE NOMBRE.

Singul-i, æ, a,	*un à un, un à la fois.*
Bin-i, æ, a,	*deux ensemble.*
Tern-i,	*trois ensemble.*
Quatern-i,	*quatre.*
Quin-i,	*cinq.*
Sen-i,	*six.*
Septen-i,	*sept.*
Octon-i,	*huit.*
Noven-i,	*neuf.*
Den-i,	*dix.*
Unden-i,	*onze.*
Duoden-i,	*douze.*

Tern-i den-i,	*treize.*
Quatern-i den-i,	*quatorze.*
Quin-i den-i,	*quinze.*
Sen-i den-i,	*seize.*
Septen-i den-i,	*dix-sept.*
Octon-i den-i,	*dix-huit.*
Noven-i den-i,	*dix-neuf.*
Vicen-i *ou* bis den-i,	*vingt.*
Vicen-i singul-i,	*vingt et un.*
Vicen-i bin-i,	*vingt-deux.*
Vicen-i tern-i, etc.	*vingt-trois.*
Tricen-i,	*trente.*
Quadragen-i,	*quarante.*
Quinquagen-i,	*cinquante.*
Sexagen-i,	*soixante.*
Septuagen-i,	*soixante et dix.*
Octogen-i,	*quatre-vingts.*
Nonagen-i,	*quatre-vingt-dix.*
Centen-i,	*cent.*
Ducen-i,	*deux cents.*
Trecen-i,	*trois cents.*
Quater centen-i,	*quatre cents.*
Quinquies centen-i, etc.	*cinq cents.*
Millen-i,	*mille.*
Bis millen-i,	*deux mille.*
Ter millen-i,	*trois mille.*
Quater millen-i, etc.	*quatre mille.*
Den-i millen-i,	*dix mille.*
Unden-i millen-i,	*onze mille.*
Duoden-i millen-i,	*douze mille.*
Vicen-i millen-i,	*vingt mille.*
Tricen-i millen-i	*trente mille.*
Quadragen-i millen-i,	*quarante mille.*
Quinquagen-i millen-i,	*cinquante mille.*
Centen-i millen-i,	*cent mille.*
Ducen-i millen-i,	*deux cent mille.*
Quinquies centen-i millen-i,	*cinq cent mille.*
Den-i centen-i millen-i,	*un million.*

§ 96. ADVERBES DE NOMBRE, DÉRIVÉS DES CARDINAUX.

Semel,	*une fois.*
Bis,	*deux fois.*
Ter,	*trois fois.*
Quater.	*quatre fois.*
Quinqu-ies,	*cinq fois.*
Sex-ies,	*six fois.*

Sept-ies,	sept fois.
Oct-ies,	huit fois.
Nov-ies,	neuf fois.
Dec-ies,	dix fois.
Undec-ies,	onze fois.
Duodec-ies,	douze fois.
Tredec-ies,	treize fois.
Quatuordec-ies,	quatorze fois.
Quindec-ies,	quinze fois.
Sexdec-ies,	seize fois.
Dec-ies et sept-ies,	dix-sept fois.
Dec-ies et oct-ies,	dix-huit fois.
Dec-ies et nov-ies,	dix-neuf fois.
Vic-ies,	vingt fois.
Vic-ies semel,	vingt et une fois.
Bis et vic-ies,	vingt-deux fois.
Ter et vic-ies, etc.	vingt-trois fois.
Tric-ies,	trente fois.
Quadrag-ies,	quarante fois.
Quinquag-ies,	cinquante fois.
Sexag-ies,	soixante fois.
Septuag-ies,	soixante-dix fois.
Octog-ies,	quatre-vingt fois.
Nonag-ies,	quatre-vingt-dix fois.
Cent-ies,	cent fois.
Ducent-ies,	deux cents fois.
Quadringent-ies,	quatre cents fois.
Quingent-ies,	cinq cents fois.
Sexcent-ies,	six cents fois.
Septingent-ies,	sept cents fois.
Octingent-ies,	huit cents fois.
Noningent-ies,	neuf cents fois.
Mill-ies,	mille fois.
Bis mill-ies,	deux mille fois.
Ter mill-ies,	trois mille fois.
Quater mill-ies, etc.	quatre mille fois.
Dec-ies mill-ies,	dix mille fois.
Vic-ies mill-ies,	vingt mille fois.
Tric-ies mill-ies,	trente mille fois.
Quadrag-ies mill-ies,	quarante mille fois.
Quinquag-ies mill-ies,	cinquante mille fois.
Cent-ies mill-ies,	cent mille fois.
Ducent-ies mill-ies,	deux cents mille fois.
Quingent-ies mill-ies,	cinq cents mille fois.
Mill-ies mill-ies ou	
Dec-ies cent-ies mill-ies,	un million de fois.

ADVERBES DE NOMBRE, DÉRIVÉS DES CARDINAUX.

Prim-ò *ou* prim-ùm,	*premièrement.*
Secund-ò *ou* secund-ùm,	*secondement.*
Terti-ò, ùm,	*troisièmement.*
Quart-ò, ùm,	*quatrièmement.*
Quint-ò, ùm,	*cinquièmement.*
Sext-ò, ùm,	*sixièmement.*
Septim-ò, ùm,	*septièmement.*
Octav-ò, ùm,	*huitièmement.*
Non-ò, ùm,	*neuvièmement.*
Decim-ò, ùm, etc.	*dixièmement.*

§ 97.   LOCUTIONS ADVERBIALES.

A bon droit, à juste titre.	Jure, meritò.
A bonne enseigne,	certis indiciis.
A bout portant.	cominùs, quàm proxĭmè.
A bras ouverts,	amantissimè.
A force ouverte,	ex aperto.
A brasse corps,	strictìm.
A bride abattue,	laxis habenis, effusè.
A cause de cela,	proptereà.
A cloche pied.	uno pede.
A contre-temps,	intempestivè.
A corps perdu,	cœco impetu.
A coup sûr,	tutò.
A découvert,	palàm, apertè.
A dessein,	consultò.
A fonds,	penitùs.
A la belle étoile,	sub Dio, sub Jove.
A la bonne heure.	esto, benè.
A la brune,	primâ vesperâ.
A la folie, à l'excès,	ultrà modum.
A la hâte,	properè.
A la nage,	natando.
A la pointe de l'épée,	vi et armis.
A la renverse,	supinè, supinus, *adj.*
A l'avenir,	in posterum.
A l'aventure,	temerè.
A l'improviste,	improvisè.
A merveille,	mirè, mirum in modum.
A pas comptés,	compositè.
A perte de vue,	ultrà visum.
A peu de chose près,	paucis exceptis.
A peu près,	circiter, ferè.
A propos, à temps,	tempestivè, opportunè.
A quelque prix que ce soit,	quoquo pretio.
A qui mieux mieux, à l'envi,	certatìm.
A quoi bon,	quorsùm, quorsùs.
A regret,	invitè, invitus, *adj.*
A souhait,	optato, ex sententiâ.
A tire-d'ailes,	perniciter.
A tort et à travers,	inconsultò.
A tour de rôle,	vicissim.
A toutes jambes,	perpeti cursu.
Au plus tôt.	quam primùm.
Au point du jour,	primâ luce.
Au premier jour,	propediem.

Avec poids et mesure.	compositè.
Avec zèle.	studiosè.
Bien plus.	imò, quin imò.
Bon gré, malgré.	nolis, velis.
Bras dessus, bras dessous.	arctissimè.
Chacun à son tour.	alternis vicibus.
Chaque année, tous les ans.	quotannis.
Chaque jour.	quotidiè.
Ci-après, ci-dessous.	infrà.
Ci-contre,	hìc juxtà.
Ci-dessus,	suprà.
Combien de temps,	quandiú.
Corps à corps,	collato pede.
Coup sur coup,	iterùm atquè iterùm.
Dans deux jours,	intrà biduum.
D'arrache-pied,	sine intermissu.
De bon gré,	ultrò, libenter.
De bon matin,	primo mane.
De bonne grâce,	lepidè, spontè.
De bonne heure,	maturè.
De bouche en bouche,	per ora.
De ce pas,	è vestigio, subindè.
De cœur et d'âme,	ex animo.
De côté et d'autre,	hìnc atque hìnc.
De deux jours l'un,	alterno quoque die.
De temps en temps,	idintidem.
De fond en comble,	funditùs.
De gré à gré,	mutuo consensu.
De jour,	interdiù.
De jour en jour,	in dies.
De long en large,	longè latèque.
De main en main,	per manus.
De mal en pis,	in pejùs.
De mieux en mieux,	in meliùs.
De part et d'autre,	utrinquè.
De plus en plus,	magìs ac magìs.
Depuis long-temps,	jam dudùm, jam pridem.
Depuis peu,	proximè, nuper.
De sang froid,	corde sedato.
Dès à présent,	jam nunc.
De soi-même,	ultrò, spontè.
De toute part,	undiquè.
De tout temps,	post hominum memoriam.
D'heure en heure,	in horas.
En abrégé,	carptìm.
En arrière,	retrò.
En cadence,	in numerum.
En croupe,	post equitem.

En particulier.	privatìm.
En perfection,	adamussìm.
En pure perte,	incassùm.
En troupe,	catervatìm.
En un tour de main,	puncto temporis.
Face à face,	adversis frontibus.
Goutte à goutte,	guttatìm.
Hors de propos, hors de saison,	intempestivè.
Il n'y a pas long-temps.	non ità pridèm.
Il n'y a qu'un moment.	modò.
Il y a long-temps,	jam pridèm.
Jusqu'à présent,	hactenùs.
Jusqu'à la racine.	radicitùs.
Jusqu'à quand,	quousque.
Jusqu'au dernier,	ad unum.
Jusqu'à un certain point,	aliquatenùs.
Mainte et mainte fois,	sæpè, aliquotiès.
Mot à mot,	ad verbum.
On ne peut mieux.	quàm optimè.
Par devant,	a fronte.
Par exemple,	exempli causâ, verbi gratiâ.
Par manière d'acquit,	oscitanter.
Par miracle,	divinitùs.
Par flots,	undatìm.
Par sauts et par bonds,	exsultim, saltatìm.
Par trop,	plus æquo.
Pas à pas,	gradatìm.
Pêle-mêle,	promiscuè.
Petit à petit,	paulatìm.
Pour toujours,	in perpetuum.
Raillerie à part,	remoto joco.
Sans cesse,	indesinenter.
Sans contredit,	profectò.
Sans différer	illicò.
Sans bruit,	tacitè, furtìm.
Sans faire semblant de rien,	dissimulanter.
Sans prendre garde,	incautè, imprudenter.
Sans rien dire,	tacitè
Sens dessus dessous,	promiscuè.
Sur le minuit,	mediâ ferè nocte.
Sur le soir,	ad vesperum, sub vesperum.
Tant mieux,	tantò meliùs.
Tant pis,	tantò pejùs.
Tantôt sur un pied, tantôt sur (un autre,	alternis pedibus.
Tôt ou tard,	Seriùs ociùs.
Tour à tour,	invicem.
Tout à la fois,	simùl, unà.
Tout droit,	rectà.

DEUXIÈME PARTIE.

Il ne suffit pas de savoir en général quelles sont les fonctions des différentes espèces de mots dont se compose le discours, et de quelles formes ils sont susceptibles; il faut encore savoir quel usage particulier on doit faire de ces mots et de ces formes, pour lier entre elles les parties du discours, et rendre ainsi toutes nos pensées d'une manière correcte. Cette partie de la grammaire est appelée *Syntaxe*.

§ 98.   DE LA SYNTAXE.

La Syntaxe est la manière de joindre emsemble les mots d'une proposition et les propositions entre elles. Elle a nécessairement pour objet la concordance et la dépendance ; d'où l'on voit qu'il y a deux sortes de Syntaxe : *la Syntaxe d'accord*, qui enseigne dans quelle circonstance un mot s'accorde avec un autre mot en genre , en nombre, etc. ; et *la syntaxe de régime*, qui enseigne à quel cas ou à quel mode tel mot régit tel autre mot.

Nota. Avant de passer à l'étude de la Syntaxe, les élèves devront être exercés à l'application des principales règles , d'après le tableau suivant dont il sera facile de leur donner la clef. Ce tableau, joint aux déclinaisons et aux conjugaisons, forme, jusqu'aux idiotismes, un rudiment complet, au moyen duquel les enfants peuvent, en fort peu de temps, être amenés à reproduire en latin tous les faits grammaticaux. Ce travail consistant d'ailleurs en un mécanisme de questions et de réponses, est à la portée de toutes les intelligences, et peut dès le premier jour s'exercer sur des phrases complètes. Seulement le professeur aura soin, dans les thèmes préparés qu'il fera faire à ses élèves, soit de vive voix, soit par écrit, de commencer par les règles générales et d'éviter les gallicismes, ainsi que les locutions qui ne se traduiraient pas littéralement en latin. Ces connaissances de fait une fois inculquées dans la mémoire des élèves, ils auront la plus grande facilité à entendre les principes de grammaire développés dans la syntaxe.

TABLEAU SYNOPTIQUE DES RÈGLES DE LA SYNTAXE.

§. 99.

RÈGLES GÉNÉRALES.

LES QUESTIONS ci-dessous,	FAITES SUR LES MOTS QUI SUIVENT,	INDIQUENT LES ACCORDS, LES CAS OU LES MODES SUIVANS.	INDICATION DES RÈGLES.
		RÈGLE DU NOMINATIF.	
QUI EST-CE QUI ? ou QU'EST-CE QUI ?	Sur tout verbe qui n'est pas à l'infinitif............	Mettez au Nominatif le nom ou le pronom qui vient en réponse............	Deus regnat. (§. 103.)
		(On sous-entend ordinairement les pronoms.)	
		Infinitif, si c'est un verbe..........	Turpe est mentiri. (§. 160.)
		SYNTAXE D'ACCORD.	
QUI		Accord du verbe en nombre et en personne, avec le nom ou le pronom qui vient en réponse.............	Ego audio. (§. 104.)
		Si ce sont deux noms singuliers, mettez le verbe au pluriel............	Petrus et Paulus ludunt. (§. 105.)

EST-CE QUI ?	Sur tout verbe qui n'est pas à l'infinitif.	Si ce sont deux sujets de différente personne, suivez en latin l'ordre des personnes, et faites accorder le verbe avec la personne qui a la priorité. La 1ere a la priorité sur la 2e, la 2e sur la 3e.	Ego et tu valemus. (§. 106.)
QUI EST-CE QUI EST? ou **QU'EST-** CE QUI EST?	Sur un adjectif.	Accord de l'adjectif en genre, en nombre et en cas.	Deus sanctus. (§. 108.)
		Si deux noms viennent en réponse, mettez l'adjectif au pluriel.	Pater et filius boni. (§. 109.)
		Si ce sont deux noms de différent genre, mettez l'adjectif au masculin.	Pater et mater boni. (§. 110.)
		Si ce sont deux noms d'êtres inanimés, mettez l'adjectif au pluriel neutre.	Virtus et vitium contraria. (§. 111.)
		Si c'est un infinitif, mettez l'adjectif au neutre.	Errare humanum est. (§. 159.)
	Sur un nom faisant l'office de qualificatif.	Accord en cas.	Ludovicus rex. (§. 112.)
		Nota. On connaît qu'un nom fait l'office de qualificatif, quand il représente avec celui auquel il est joint, une seule et même personne, une seule et même chose.	
		La préposition *de* entre deux noms qui désignent un seul et même objet, n'empêche pas de considérer le 2e comme un qualificatif.	Urbs Roma. (§. 113.)

LES QUESTIONS ci-dessous,	FAITES SUR LES MOTS QUI SUIVENT,	INDIQUENT LES ACCORDS, LES CAS OU LES MODES SUIVANS.	INDICATION DES RÈGLES.

SYNTAXE DE COMPLÉMENT.

LES QUESTIONS ci-dessous,	FAITES SUR LES MOTS QUI SUIVENT,	INDIQUENT LES ACCORDS, LES CAS OU LES MODES SUIVANS.	INDICATION DES RÈGLES.
	Sur un nom.	Génitif, si c'est un nom qui vient en réponse à cette question.	Liber Petri.　(§. 116.)
		Gérondif en *di*, si c'est un verbe.	Tempus legendi. (§. 163.)
		Ablatif avec *è* ou *ex*, si le 2ᵉ nom exprime la matière dont une chose est faite. . . .	Vas ex auro.　(§. 175.)
		Génitif ou ablatif, si le 2ᵉ nom exprime une qualité bonne ou mauvaise.	Puer egregiâ indole, *ou* egregiæ indolis. (§. 176.)
DE QUI ? ou DE QUOI ?	Sur un adverbe de quantité, devant un nom de choses qui ne se comptent pas.	Génitif.	Multùm auri. (§. 147.) Altissima arborum. (§. 196.)
	Sur un superlatif, ou sur un partitif, comme *unus, quisque, nemo.*	Génitif du nom pluriel qui suit, ou ablatif avec *è* ou *ex*, ou accusatif avec *inter*. .	Unus militum. (§. 198.)
		Génitif seulement, si le nom suivant est du singulier.	Ditissimus urbis. (§. 197.)
	Sur un verbe passif.	Ablatif avec *à* ou *ab*, si c'est le nom d'un être animé.	Amor à Deo.　(§. 141.)
	Nota. La question *par qui, par quoi*, faite sur un verbe passif, indique le même rapport.	Ablatif sans préposition, si c'est un nom de chose.	Mœrore conficior. (§. 142.)
	Sur toute espèce de verbes, excepté les verbes qui figurent au	Ablatif sans préposition, ou avec la préposition indiquée par la nature du rapport. (*à* ou *ab* signifie de la part, loin de; *è* ou *ex* signi-	(§. 151.)

QUI ? ou **QUOI ?**	Sur toute espèce de verbes, (excepté les verbes portés au 2ᵉ tableau).	Accusatif, si c'est un nom ou un pronom.	Amo Deum. ($. 121.)
		Infinitif, si c'est un verbe.	Amat ludere. ($. 161.)

Nota. Cette question ne se fait, ni sur le verbe *être*, ni sur un verbe passif. Au lieu de la question *quoi*, on fait alors la question *qui est-ce qui est*, sur le nom ou l'adjectif suivant.

A QUI ? ou **A QUOI ?**	Sur un adjectif ou sur un verbe, et pouvant se tourner par *pour qui? pour quoi?*	Datif, si c'est un nom ou un pronom. . . .	Do vestem pauperi. ($. 131.)
		Gérondif en *do*, si c'est un verbe.	Corpus assuetum tolerando laborem. ($.164.)
	Sur un verbe, et ne pouvant pas se tourner par *pour qui, pour quoi.*	Ablatif avec *à* ou *ab*.	Petivit beneficium à rege. ($. 139 et 151.)
	Sur un adjectif ou sur un verbe, exprimant un mouvement ou une inclination vers quelque chose.	Accusatif avec *ad*, si c'est un nom.	Te hortor ad laborem. ($. 126.)
		Gérondif en *dum* avec *ad*, si c'est un verbe.	Pronus ad irascendum. ($. 166.)

COMMENT ?	Sur un verbe ou sur un adjectif.	Ablatif sans préposition, si c'est un nom.	Ferire gladio. ($. 156.)
		Gérondif en *do*, si c'est un verbe.	Consumit tempus legendo. ($. 165.)
	Sur un adjectif, après lequel l'infinitif a un sens passif.	Supin en *u*.	Mirabile visu. ($. 170.)

QUAND ? **COMBIEN ?** **DE COMBIEN ?**	Sur un verbe.	Ablatif sans préposition.	Veniet die Dominicâ. ($. 153.)

LES QUESTIONS ci-dessous,	FAITES SUR LES MOTS QUI SUIVENT,	INDIQUENT LES ACCORDS, LES CAS OU LES MODES SUIVANS:	INDICATION DES RÈGLES.
OU	Sur un verbe ou sur un nom dérivé d'un verbe, quand on ne peut pas y joindre étant. (*Quò?*)	Accusatif avec *in*, si l'on doit entrer dans le lieu; avec *ad*, si l'on ne va qu'auprès.	Eo in Galliam. (§. 127.)
		Supin en *um*, si c'est un verbe.	Eo lusum. (§. 169.)
	Quand on peut y joindre étant (*Ubi?*).	Ablatif avec *in*.	Sum in Galliâ. (§. 144.)
D'OU? *Undè?*	Sur un verbe ou sur un nom dérivé d'un verbe.	Ablatif avec *è* ou *ex*, si l'on sort du lieu; ablatif avec *à* ou *ab*, si l'on ne vient que d'auprès.	Redeo ex Galliâ. (§. 139 et 151.)
		Gérondif en *do* avec *à* ou *ab*, si c'est un verbe.	Redeo ab ambulando. (§. 165.)
PAR OU? *Quà?*	Sur le verbe *passer*, ITER FACERE, ou sur un verbe analogue. . .	Accusatif avec *per*, même si c'est un nom propre de ville.	Iter feci per Lugdunum. (§. 129.)
	Sur le verbe *passer*, TRANSIRE. .	Accusatif sans préposition.	Transivi Germaniam. (§. 129.)

§ 100. REMARQUES.

1° Rappelons-nous que les prépositions, les adverbes, les conjonctions et les interjections sont des mots invariables, c'est-à-dire qui se mettent tels qu'on les trouve.

2° On ne fait aucune question sur les prépositions, mais on met le nom ou le pronom suivant au cas que la préposition régit.

Voyez les cas régis par les prépositions. (§ 130 et 157.)

3° Quand il se rencontre un adjectif conjonctif *qui, que, dont, à qui,* etc., mettez d'abord à la place de cet adjectif conjonctif le nom dont il rappelle l'idée. Vous verrez ainsi par la question à laquelle ce nom répondra, à quel cas il doit être. Rétablissez ensuite l'adjectif conjonctif *qui, quæ, quod,* que vous mettrez au même genre, au même nombre et au même cas. (*V.* § 204.)

4° Les noms propres de villes ne reçoivent point de préposition. Quand ils sont accompagnés des noms communs *ville, lieu,* la préposition se met devant le nom commun. Il en est de même des noms *rus* et *domus,* qui ne reçoivent de préposition que quand ils sont accompagnés d'un adjectif ou d'un génitif.

A la question *où,* (*ubi*), les noms propres de villes qui ont le génitif en *æ* ou en *i,* se mettent au génitif. Dans le même cas le nom *domus,* quand il est seul, se met au génitif, *domi.*

5° *Pour* devant un infinitif se rend en latin par *ad* avec le gérondif en *dum,* ou par *causâ* ou *gratiâ* avec le gérondif en *di.* (*V.* § 235.)

6° Le *que* qui suit le comparatif s'exprime par *quàm* avec le même cas après que devant. — Si le *que* est suivi d'un adjectif ou d'un adverbe, cet adjectif ou cet adverbe se met aussi au comparatif. — Enfin quand le comparatif est exprimé par un seul mot latin, le plus souvent on supprime le *que* en mettant le nom suivant à l'ablatif. (*V.* § 192 et suivants.)

7° Quand on appelle quelqu'un ou qu'on lui adresse la parole, le nom ou le pronom se met au vocatif. (§ 102.)

TABLEAU SYNOPTIQUE DES RÈGLES DE LA SYNTAXE.

§ 101. **RÈGLES PARTICULIÈRES.**

LES QUESTIONS ci-dessous,	FAITES SUR LES MOTS QUI SUIVENT,	INDIQUENT LES ACCORDS, LES CAS OU LES MODES SUIVANS.	INDICATION DES RÈGLES.
QUI EST-CE QUI ? ou QU'EST-CE QUI ?	Sur les unipersonnels *pœnitet, pudet, tœdet, miseret, piget*...	Le nom ou pronom se met à l'accusatif, et le verbe reste toujours à la 3e personne du singulier..................	Me pœnitet. (§. 188.)

SYNTAXE DE COMPLÉMENT.

DE QUI ?	Sur les unipersonnels *pœnitet, pudet, tœdet, miseret, piget,* et sur *misereri* avoir pitié. . .	Génitif, si c'est un nom...........	Me pœnitet culpæ meæ. (§. 188.)
		Infinitif, si c'est un verbe.........	Me pudet hoc dicere. (§. 188.)
	Sur les verbes *avertir, informer, accuser, absoudre, convaincre.*	Génitif ou ablatif.............	Admonui eum periculi *ou* de periculo. (§. 177.)

		Génitif ou accusatif.	Vivorum memini. (§. 180.)
	Sur les verbes de souvenir et d'oubli.	Génitif ou accusatif.	Vivorum memini. (§. 180.)
ou	Sur les verbes minari *menacer*, et gratulari *féliciter*.	Accusatif.	Minari mortem alicui. (§. 137.)
	Sur l'unipersonnel *il est, il était, etc.*	Génitif.	Est adolescentis. §. (184.)
	Sur le verbe *avoir besoin*, rendu en latin par *opus est.*	Ablatif.	Mihi opus est amico. (§. 182.)
DE QUOI ?	Sur un adjectif dérivé d'un verbe actif, tels que *avidus* avide, *cupidus* désireux, *timidus* craintif, *memor* se souvenant, etc. et sur les adjectifs *plenus* plein, *inops* privé de, *peritus* instruit de. . .	Génitif, si c'est un nom.	Avidus laudum. (§.420.)
		Gérondif en *di*, si c'est un verbe.	Studiosus mutandi. (§. 163.)
	Sur un adjectif dérivé d'un verbe passif ou d'un verbe d'abondance ou de privation, comme *præditus* doué de, *dignus* digne de, *contentus* content de, *plenus* plein de, etc.	Ablatif.	Adolescens virtute præditus. (§. 149.)
	Sur un adverbe de quantité, devant un nom pluriel de choses qui se comptent, ou devant un nom de chose qui peut se dire grande ou petite.	L'adverbe se rend par divers adjectifs en latin.	Pauci libri. Quanta doctrina. (§. 270.)

LES QUESTIONS ci-dessous,	FAITES SUR LES MOTS QUI SUIVENT,	INDIQUENT LES ACCORDS, LES CAS OU LES MODES SUIVANS.	INDICATION DES RÈGLES.
QUI ? ou QUOI ?	Sur les verbes favoriser *favere*, étudier *studere*, épargner *parcere*, flatter *adulari*, caresser *blandiri*; secourir *opitulari*, *auxiliari*, contenter, satisfaire, *satisfacere*; servir *servire*, menacer *minari*, féliciter *gratulari*.	Datif.	Studeo grammaticæ. (§. 136.)
	Sur le verbe interdire, *interdico*.	Ablatif.	Interdico tibi domo meâ. (§. 181.)
	Sur un verbe qui exprime simplement une affirmation.	Si c'est un *que*, il se retranche. La 2e proposition se tourne par l'infinitif, et son sujet se met à l'accusatif.	Credo illum legere. (§. 240 et suivants.)
	Sur un verbe qui renferme une idée de souhait ou de doute. .	Si c'est un *que*, ou un *de*, il s'exprime suivant sa signification, par diverses conjonctions, avec le subjonctif du 2e verbe. .	Tibi suadeo ut legas. (§. 218 et suivants.
	Sur un verbe quelconque. . . .	Si c'est un adverbe interrogatif, comme *quand, pourquoi, comment, combien, où, d'où*, etc.; ou un adjectif interrogatif, comme *qui, lequel des deux*, etc., le verbe suivant se met au subjonctif. . .	Scire velim ubi sis. (§. 229 et suivants.)

A QUI ? ou A QUOI ?	Sur le verbe *sum*, quand le sujet est pris dans un sens déterminé.	Génitif, si c'est un nom.	Hic liber est fratris mei. (§. 183.)
		Meus, tuus, noster, etc. qui s'accorde avec le sujet, si c'est un pronom.	Hic liber est meus. (§. 183.)
	Sur les verbes unipersonnels, *refert, interest*, il importe. . .	Génitif, si c'est un nom.	Refert reipublicæ. (§. 185.)
		Mea, tua, nostra, vestra, si c'est un pronom.	Refert mea, tua. (§. 186.)
		Accusatif avec *ad*, si c'est un nom de chose.	Ad laudem nostram interest. (§. 187.)
	Sur les verbes enseigner *docere*, cacher *celare*, demander *rogare* et *poscere*.	Accusatif.	Doceo pueros grammaticam. (§. 178.)

PROPOSITION PRINCIPALE.

Si l'on examine cette proposition : *fili mi, Deus est æternus*, mon fils, Dieu est éternel; on voit d'abord que le compellatif *fili* est au vocatif. On voit aussi que le sujet *Deus* est au nominatif. On remarque en outre que le verbe *est* est à la 3e personne et au nombre singulier, ainsi que le sujet *Deus*. Enfin on voit que l'attribut *æternus* est au nominatif, au singulier et du masculin, comme le même sujet. De ces différentes observations on peut déduire les règles suivantes,

RÉGLE DU VOCATIF.

§ 102. Toutes les fois qu'on adresse la parole à quelqu'un ou à quelque chose, le nom de cette personne ou de cette chose se met au vocatif. Exemples :

Anne, ma sœur, quelles terreurs m'agitent pendant mon sommeil! *Anna, soror, quæ me suspensam insomnia terrent!*

O Mélibée, c'est un Dieu qui nous a fait ces loisirs! *O Melibœe, Deus nobis hœc otia fecit!*

La lettre *ô* qui précède quelquefois le vocatif est une interjection.

Le vocatif est le cas destiné à rendre ce que nous avons appelé compellatif dans la proposition. Ces deux mots ont d'ailleurs la même signification.

RÈGLE DU NOMINATIF.

§ 103 Ce cas est ainsi appelé du latin *nominare*, parce qu'il est destiné à nommer, à déterminer le sujet grammatical d'une proposition, à tous les modes du verbe, excepté au mode infinitif. C'est pour cela qu'en latin ces deux mots *nominatif* et *sujet* sont souvent pris l'un pour l'autre.

DEUS REGNAT.

RÈGLE. Tout nom ou tout pronom répondant à la question *qui est-ce qui* ou *qu'est-ce qui*, faite sur un verbe qui n'est pas à l'infinitif, se met au nominatif. Exemple:

Dieu règne ; *qui est-ce qui règne ?* R. Dieu, *nom.* *Deus regnat.*

SYNTAXE D'ACCORD.

ACCORD DU VERBE AVEC SON SUJET.

§ 104. *EGO AUDIO.*

RÈGLE. Tout verbe s'accorde avec son sujet en nombre et en personne. Exemples :

J'écoute ; *ego audio.*

Vous enseignez ; *tu doces.*

Il lit ; *ille legit.*

Quand le sujet du verbe est un pronom, on ne l'exprime ordinairement pas en latin.

En effet, les désinences des verbes latins sont assez distinctes, pour qu'on puisse facilement reconnaître à quelle personne se rapporte telle ou telle terminaison. Il ne peut en être de même en français, où la ressemblance qu'ont entre elles, du moins quant à la la prononciation, les désinences du verbe, rend nécessaire l'expression du sujet, pour reconnaître le nombre et la personne du verbe.

On exprime néanmoins le pronom en latin, lorsqu'on veut fixer l'attention de l'auditeur sur le sujet même. Exemples :

Vous osez parler ainsi ; *tu loqui sic audes.*

Vous riez et je pleure ; *tu rides, ego fleo.*

§ 105.　　*PETRUS ET PAULUS LUDUNT.*

RÈGLE. Quand le verbe se rapporte à plusieurs sujets de la même personne, il se met au pluriel et à la même personne. Exemple :

Pierre et Paul jouent ; *Petrus et Paulus ludunt.*

§ 106.　　*EGO ET TU VALEMUS.*

RÈGLE. Quand un sujet est composé de différentes personnes, le verbe se met également au pluriel, et s'accorde avec la personne qui a la priorité. La 1ere a la priorité sur la 2e ; la 2e, sur la 3e. Exemples :

Vous et moi nous nous portons bien ; *ego et tu valemus.*

Vous et votre frère vous causez ; *tu fraterque garritis.*

La politesse française exige qu'on nomme la première, la personne à qui l'on parle, et qu'on se nomme le dernier. En latin, on suit l'ordre des personnes.

§ 107.　　*TURBA RUIT ou RUUNT.*

Quand un verbe a pour sujet un nom collectif, c'est-à-dire, un nom qui exprime la réunion de plusieurs individus, ce verbe se met quelquefois au pluriel, quoique plus ordinairement il se mette au même nombre que son sujet. Exemple :

La foule se précipite ; *turba ruit* ou *ruunt.*

Dans ce cas, le nom collectif peut être considéré comme

appositif du véritable sujet sous-entendu ; (*homines*) *turba ruunt.*

ACCORD DES ADJECTIFS.

§ 108. L'adjectif peut être joint à un nom pour le modifier ; il peut aussi former l'attribut d'une proposition, ou le sur-attribut d'un verbe quelconque. Dans tous les cas, il est soumis à la règle de concordance. (*V.* § XIX.)

DEUS SANCTUS.

RÈGLE. Tout adjectif s'accorde en genre, en nombre et en cas, avec le nom ou le pronom auquel il se rapporte.

Partout où vous trouverez un adjectif, faites sur cet adjectif la question *qui est-ce qui est* ou *qu'est-ce qui est ?* et le nom ou le pronom qui viendra en réponse à cette question, sera celui auquel l'adjectif se rapporte. Exemples :

Dieu saint : *qui est-ce qui est saint ?* R. Dieu : *Deus sanctus.* Dieu est saint ; *Deus est sanctus.*

Je crois que Dieu est saint, en latin, *je crois Dieu être saint ; credo* DEUM *esse* SANCTUM.

Il ne m'est pas permis d'être paresseux (il n'est pas permis à moi); MIHI *non licet esse* PIGRO.

Le poëte se promène seul ; POETA *ambulat* SOLUS.

Aristide mourut pauvre : *qui est-ce qui est pauvre ?* R. Aristide ; faites donc accorder pauvre avec Aristide, en genre, en nombre et en cas ; ARISTIDES *mortuus est* PAUPER.

REMARQUE.

Les participes, comme tous les autres adjectifs, sont soumis à la règle de concordance. L'accord a lieu même

dans les temps composés des verbes passifs ou déponents:
Le père a parlé, *pater locutus est.* La mère a parlé,
mater locuta est. (Mot-à-mot, la mère est ayant parlé).

§ 109.   *PATER ET FILIUS BONI.*

Règle. L'adjectif qui se rapporte à deux noms sin-
guliers se met au pluriel. Exemples :
Le père et le fils bons ; *Pater et filius boni.*
La mère et la fille bonnes ; *mater et filia bonæ.*

Le pluriel est nécessaire pour exprimer ce double emploi de la même qualité.

§ 110.   *PATER ET MATER BONI.*

Règle. Si les deux noms auxquels se rapporte l'adjectif sont de différent genre, l'adjectif se met au genre
qui a la priorité. Le masculin a la priorité sur le féminin ;
le féminin, sur le neutre. Exemples :
Le père et la mère bons ; *pater et mater boni.*
Le fils et la fille bons ; *filius et filia boni.*

§ 111.   *VIRTUS ET VITIUM CONTRARIA.*

Règle. Quand les deux noms auxquels se rapporte
l'adjectif, représentent des êtres inanimés , l'adjectif se
met au pluriel neutre, s'accordant avec *negotia* sous-entendu. Exemple :
La vertu et le vice sont contraires ; en latin , sont des
choses contraires ; *virtus et vitium sunt contraria.*
(Sous-entendu *negotia.*)

Ce mot *negotium* est souvent sous-entendu en latin :
c'est par l'ellipse de ce mot qu'on trouve quelquefois
dans les auteurs, au genre neutre, l'adjectif qui modifie
un seul nom, soit masculin, soit féminin ; comme *triste*

lupus stabulis; ignis facile inventu; femina semper varium et mutabile.

ACCORD DE DEUX NOMS.

§ 112. Un nom peut être employé comme appositif, il peut l'être aussi comme attribut du verbe *être* ou comme sur-attribut d'un verbe quelconque. Dans ces divers cas il est soumis à la règle de concordance. (V. § XI.)

LUDOVICUS REX.

R̀ègle. Quand deux noms désignent une seule et même personne, une seule et même chose, le deuxième fait l'office de qualificatif, et ils se mettent tous deux au même cas.

Partout où vous trouverez un nom employé comme qualificatif, faites sur ce nom la question *qui est-ce qui est ?* et mettez-le au même cas que le nom ou le pronom qui fera la réponse. Exemples :

Louis roi; *qui est-ce qui est roi ?* R. Louis ; *Ludovicus rex.*

Hortentius, la gloire et l'ornement du sénat ; *Hortentius, lumen et ornamentum curiœ.*

Je m'appelle lion ; EGO *nominor* LEO.

J'ai vu Méris devenir loup : *qui est-ce qui est loup ?* R. Méris ; faites donc accorder loup avec Méris ; *vidi* MOERIM *fieri* LUPUM.

Les Romains créèrent Q. Cincinnatus Dictateur ; *Romani* Q. CINCINNATUM DICTATOREM *dixerunt.*

§ 113.　　　　　*URBS ROMA.*

Règle. *De* entre deux noms n'empêche pas de mettre ces deux noms au même cas, lorsqu'on peut tourner *de* par *qui s'appelle.* Exemples :

La ville de Rome, c'est-à-dire, la ville qui s'appelle Rome, *urbs Roma.*

Le mois de janvier ; *mensis januarius.*

Le fleuve du Rhin ; *flumen Rhenum.*

La forêt des Ardennes ; *silva Arduenna.*

Cette préposition, qu'un usage particulier à quelques langues modernes a introduite entre deux noms désignant une seule et même chose, ne doit rien changer à la règle de concordance. Noùs disons, la ville de Rome, le fleuve du Rhin ; les Latins disaient : la ville Rome, le fleuve Rhin, etc.

SYNTAXE DE COMPLÉMENT.

Quand le sujet ou l'attribut d'une proposition sont compléxes, c'est-à-dire formés de plusieurs mots, ces mots sont ordinairement entre eux dans des rapports de dépendance, qu'il faut savoir apprécier pour les rendre en latin. Tel est l'objet de la syntaxe de *régime*, qui enseigne à quel cas ou à quel mode l'antécédent d'un rapport régit son conséquent. Nous avons donc à traiter dans cette partie des CAS et des MODES.

DES CAS.

§ 114. Nous savons déjà, (§ XXXVIII) que les rapports des noms avec les autres parties du discours, sont indiqués, tantôt par les différentes terminaisons que reçoivent les noms et auxquelles on a donné le nom de *cas*, tantôt par des cas unis aux prépositions. Nous allons exposer la nature des cas, ainsi que les différens usages auxquels ils sont employés, soit sans préposition, soit avec une préposition.

Il y a en latin six cas : le vocatif, le nominatif, le génitif, l'accusatif, le datif et l'ablatif.

Le vocatif et le nominatif ne dépendant d'aucun terme antécédent, n'appartiennent pas à la syntaxe de régime : Nous en avons déjà parlé.

DU GÉNITIF.

§ 115. Le mot génitif vient du latin *gigno,* qui signifie *engendrer, produire.* Le premier usage de ce cas est donc d'exprimer un rapport d'origine entre deux choses, de faire entendre qu'une chose est produite par une autre. Exemples :

La lumière du soleil ; c'est le soleil qui produit la lumière, *lumen solis.*

Les œuvres de Virgile ; c'est Virgile qui est l'auteur des œuvres, *opera Virgilii.*

Le fils de Caton ; *filius Catonis.*

§ 116. Outre ce rapport d'origine, par extension, on a fait exprimer au génitif les rapports de propriété, de quantité, de qualité, en un mot, tous les rapports de dépendance qui peuvent exister entre deux noms. Comme ces divers rapports sont marqués en français par la préposition *de,* on peut établir la règle suivante:

LIBER PETRI.

RÈGLE. La préposition *de* placée entre deux noms, et ne pouvant pas se tourner par *qui s'appelle*, se rend en latin, en mettant le deuxième au génitif. Exemples:

Le livre de Pierre ; *liber Petri.*

Une multitude d'hommes ; *multitudo hominum.*

Un enfant d'un bon naturel ; *puer egregiæ indolis.*

REMARQUE. Souvent au lieu du génitif, on se sert d'un adjectif qui a la même valeur. Ex. La bonté de Dieu, *tournez,* la bonté divine, *bonitas divina;* le parlement de Paris, *tournez,* le parlement parisien, *senatus parisiensis.*

§ 117. De ce que nous venons de dire, il résulte que le génitif est le complément naturel des noms. L'on peut même ajouter que ce cas n'est jamais régi que par un nom ou par quelque mot équivalent.

MULTUM AURI.

RÈGLE. La préposition *de* entre un adverbe de quantité et un nom, se rend aussi en latin en mettant ce nom au génitif. Exemples :

Beaucoup d'or ; *multùm auri.*

Peu d'or ; *parùm auri.*

Que *ou* combien d'or ; *quantùm auri.*

Un peu de retard ; *paululùm moræ.*

Assez de paroles ; *satis verborum.*

Trop de piéges ; *nimis insidiarum.*

Assez d'autres ; *affatim aliorum.*

Cette règle est fondée sur ce que l'adverbe de quantité est équivalent à un nom accompagné d'un adjectif : *multùm auri*, signifie *multum negotium, multum pondus auri.*

Parum auri . . . parvum pondus auri.

Satis auri . . . . satis magnum pondus auri.

§ 118. C'est également par l'ellipse du mot *negotium* qu'un adjectif circonstanciel tient quelquefois lieu d'un nom, et gouverne élégamment le génitif. Exemples :

Ils revendiquaient ce droit ; en latin, cela de droit, cette chose de droit ; *id juris sibi vindicabant.*

On était arrivé à ce lieu : *ad id loci ventum erat.*

§ 119. On trouve encore le génitif après quelques adverbes de temps et de lieu, parce qu'alors ces adverbes sont aussi équivalents à des noms, pour la signification. Exemples :

Pridiè hujus diei ; la veille de ce jour, c'est-à-dire, *priori die hujus diei.*

Postridiè hujus diei ; le lendemain de ce jour, c'est-à-dire, *posteriori die, etc.*

Tunc temporis; en ce temps-là, c'est-à-dire, *in hoc puncto temporis.*

Ubi terrarum? en quel lieu de la terre, c'est-à-dire, *in quo loco, etc.*

Undè gentium? de quelle nation, c'est-à-dire, *ex quâ gente gentium?*

C'est par la même analogie qu'on dit *instar, montis,* comme une montagne; *illius ergò,* à cause de lui.

§ 120. Comme un grand nombre d'adjectifs latins ne sont pas rendus en français par leur expression identique, mais par des équivalents et même par des périphrases, il est difficile d'assigner des régles générales qui fixent en latin le régime des adjectifs. Cependant on peut établir en principe que les adjectifs dérivés des verbes actifs, gouvernent le génitif, soit que le rapport de ces adjectifs avec leur complément soit rendu en français par la préposition *de* ou autrement. De ce nombre sont les adjectifs suivants :

AVIDUS LAUDUM.

RÈGLE. Les adjectifs *avidus*, *studiosus*, *capax*, *tenax*, *conscius*, *amans*, *timidus*, *patiens*, *memor*, *immemor*, *appetens*, *colens*, *etc.* régissent le génitif. Exemples :

Avide de louanges ; *avidus laudum.*

Ce jeune homme a du goût pour les mathématiques ; *hic adolescens est studiosus mathematicarum.*

Avidus peut se traduire par *qui habet aviditatem ; studiosus,* par *qui habet studium,* et ainsi des autres : telle paraît être la cause de ce génitif.

DE L'ACCUSATIF.

§ 121. Le mot *accusatif* est formé des deux mots latins *ad* et *cudere,* frapper sur. Le premier usage de ce cas est donc d'indiquer l'objet qui est frappé de l'action exprimée par le verbe actif ou qui la reçoit immédiatement, c'est-à-dire, son régime direct.

AMO DEUM.

RÈGLE. Le complément direct de tout verbe actif se met à l'accusatif.

Le complément direct est le nom ou le pronom qui répond à la question *qui* ou *quoi?* faite sur le verbe. Exemples :

J'aime Dieu ; *j'aime qui?* R. Dieu : *amo Deum.*

Scipion vainquit Annibal ; *Scipio vicit Annibalem.*

§ 122.   *IMITATOR PATREM.*

RÈGLE. Le verbe déponent peut être de sa nature
actif ou neutre. S'il est actif, il régit aussi l'accusatif.
Exemples :

J'imite mon père ; *imitor patrem.*

Nous admirons la vertu ; *miramur virtutem.*

§ 123. Il y a en latin quelques adjectifs verbaux, terminés en
bundus. Ces adjectifs régissent le même cas que les verbes dont
ils sont dérivés. Comme on dit : *populari agros, vitare castra,* on
dira, *populabundus agros,* ravageant les campagnes ; *vitabundus
castra,* évitant le camp.

§ 124. La langue latine, comme toutes les langues, a des tour-
nures et des expressions qu'elle affectionne et avec lesquelles il est
utile de se familiariser. Par exemple, au lieu de dire, *j'aime la
musique, une gloire éternelle nous est réservée, nous ignorons
bien des choses ;* les latins disaient : *la musique me réjouit, une
gloire éternelle nous attend, bien des choses nous fuient, nous
trompent, nous passent ;* MUSICA ME JUVAT OU DELECTAT ; GLORIA
ÆTERNA NOS MANET; MULTA NOS FUGIUNT, FALLUNT, PRÆTEREUNT.
C'est toujours la règle de l'accusatif.

§ 125. **REMARQUE.** Quand le verbe *attendre* a pour
sujet un nom de chose , on l'exprime par *manere ;* et
par *exspectare,* si le sujet est animé.

C'est que *exspectare,* fréquentatif de *specio* inusité, signifie regarder souvent d'un lieu ; et telle est en effet l'attitude d'un
homme qui attend. Une chose qui attend, au contraire, est im-
mobile, demeure à sa place, signification propre de *manere.*

§ 126. L'accusatif précédé de la préposition *ad,* sert encore à
exprimer un rapport d'inclination vers quelque chose :

TE HORTOR AD LABOREM.

RÈGLE. Tout verbe ou tout adjectif qui renferme
une idée de mouvement, de tendance vers un objet,
comme *conduire à, exciter à, envoyer à, écrire à,
regarder..., enclin à, porté à,* etc., régit l'accusatif
avec *ad.* Exemples :

Je vous exhorte au travail ; *te hortor ad laborem.*

Ce chemin conduit à la vertu ; *hæc via ducit ad virtutem.*

Je vous écris une lettre ; *scribo ad te epistolam.*

Cela me regarde ; *hoc ad me spectat.*

Porté à la douceur ; *propensus ad lenitatem.*

Né pour les armes ; *natus ad ama.*

§ 127. C'est par une conséquence du même principe que l'accusatif précédé de *in* ou de *ad*, est aussi employé à exprimer le lieu où l'on va :

EO IN GALLIAM.

RÈGLE. Tout nom qui répond à la question *où*, à laquelle on ne peut pas joindre *étant*, (en latin *quò ?*), se met à l'accusatif avec *in*, si l'on doit entrer dans le lieu, et avec *ad*, si l'on ne va qu'auprès. Exemples :

Je vais en France, *je vais où ?* R. En France : je n'y suis pas ; *eo in Galliam.*

Je vais à la ville ; *eo in urbem.*

Ils vinrent au même ruisseau, c'est-à-dire, auprès du même ruisseau ; *venerunt ad eumdem rivum.*

Je vais chez mon père, c'est-à-dire, auprès de mon père ; *eo ad patrem.* (*V.* la même question, lorsqu'on peut y joindre *étant*, (§ 144.)

REMARQUE. Par analogie, cette règle s'étend à tous les rapports qui indiquent quelque changement d'état ou de situation. Ex. *venire in contemptionem*, tomber dans le mépris *mutari in avem*, être changé en oiseau.

§ 128. *IBO LUTETIAM, LUGDUNUM·*

RÈGLE. Devant les noms propres de ville et devant

les noms *rus* et *domus*, on n'exprime pas la préposition.
Exemples :

J'irai à Paris, *ibo Lutetiam ;* à Lyon, *Lugdunum.*

Je vais à la campagne, *eo rus ;* à la maison, *domum.*

Cette règle est fondée sur ce que, dans le premier exemple, les noms *Lutetiam*, *Lugdunum*, sont des appositifs du nom commun *urbem* sous-entendu, qui seul est capable de recevoir la préposition : *Je vais à Paris*, signifie, je vais dans la ville Paris *eo (in urbem) Lutetiam ;* et dans le deuxième exemple, la préposition est sous-entendue, parce que les noms *domus* et *rus* pris dans une acception générale, ne précisent point le lieu où l'on va. Cette assertion est justifiée par les deux règles suivantes :

Si le nom propre est accompagné du nom commun *ville*, *lieu*, la préposition s'exprime devant le nom commun. Exemple :

Je vais à Rome, ville très-célèbre ; *eo Romam, in urbem celeberrimam.*

Si les noms *rus* et *domus* sont pris dans une acception particulière, c'est-à-dire, si ces noms sont déterminés par un adjectif ou par un génitif, ils reçoivent alors la préposition. Exemples :

Je vais à la maison de mon oncle ; *eo in domum avunculi mei.*

Je vais dans une campagne très agréable ; *eo in rus amœnissimum.*

§ 129.   *ITER FECI PER LUGDUNUM.*

L'accusatif exprime encore le lieu par où l'on passe. Si l'on se sert du verbe *iter facere*, le complément est toujours précédé de la préposition *per*, lors même que c'est un nom propre de ville. Exemple :

J'ai passé par Lyon, *iter feci per Lugdunum.*

La préposition est ici nécessaire pour déterminer le sens de la phrase. Si l'on disait, *iter feci Lugdunum*, cette phrase pourrait être interprétée de cette manière : *iter feci (ut irem) Lugdunum.*

Avec *transire*, le nom du lieu par où l'on passe, se met à l'accusatif sans préposition. Exemple :

J'ai passé par l'Allemagne ; *transivi Germaniam.*

L'accusatif est ici le complément de la préposition *trans*, qui entre dans la composition du verbe.

REMARQUE. Le lieu par où l'on passe est souvent rendu en latin par l'ablatif, au lieu de l'accusatif avec *per*. *Ibam forté viâ sacrâ ; totâ Asiâ vagatur.*

§ 130. Enfin l'accusatif sert à rendre tous les rapports indiqués par les prépositions suivantes, qui régissent ce cas :

Ad ,	*auprès, chez.*
Adversùm , adversùs,	*contre, vis-à-vis.*
Antè,	*devant, avant.*
Apud ,	*chez , auprès.*
Circà ,	*auprès , environ.*
Circùm ,	*autour.*
Cis , citrà ,	*deçà , en deçà.*
Contrà ,	*contre , vis-à-vis.*
Ergà ,	*envers , à l'égard de.*
Extrà ,	*hors , outre , excepté.*
Infrà ,	*sous , au-dessous de.*
Inter ,	*entre , parmi.*
Intrà ,	*dans, au dedans de , dans l'espace de.*
Juxtà ,	*auprès de , proche.*
Ob ,	*pour , devant.*
Penes ,	*en la puissance de.*
Pér,	*par , pendant , au travers de.*
Pone ,	*après , derrière.*

Post,	*après, derrière.*
Præter,	*outre, excepté, devant.*
Propter,	*à cause de.*
Secundùm,	*selon, auprès de, après.*
Secùs,	*auprès de, le long de.*
Suprà,	*au-dessus de.*
Trans,	*au-delà de.*
Ultrà,	*au-delà de, par-delà.*

À ces prépositions on peut ajouter les quatre suivantes qui régissent l'accusatif, lorsqu'elles répondent à la question *quò?* et quelquefois aussi lorsqu'elles sont mises pour une autre préposition qui régit ce cas :

In,	*dans, sur, pour.*
Sub,	*sous.*
Subter,	*sous, au-dessous de.*
Super,	*sur.*

DU DATIF.

§ 131. Le mot *datif* signifie *donner.* Ce cas est destiné à désigner la personne à qui l'on donne, à qui l'on attribue quelque chose, soit en bien, soit en mal, soit en réalité, soit seulement dans l'intention. En général, ce cas sert à exprimer le but, le terme d'une action. Ce rapport est ordinairement indiqué en français par la préposition *à* ou *pour* ; de là, la régle suivante :

DO VESTEM PAUPERI.

RÈGLE. Tout nom qui répond à la question *à qui? à quoi?* pouvant se retourner par *pour qui? pour quoi?* faite sur un verbe ou sur un adjectif, se met au datif en latin. Exemples :

Je donne un habit au pauvre : *je donne à qui?* au pauvre, pour le pauvre ; *do vestem pauperi.*

Cela m'est arrivé ; *id mihi accidit.*

Cela vous est avantageux ; *hoc tibi expedit.*

Cet homme s'irrite contre moi : c'est pour moi qu'est sa colère ; *homo irascitur mihi.*

Cela m'est utile ; *id mihi utile est.*

Corps accoutumé au travail ; *corpus assuetum labori.*

Travailler pour soi et non pour les autres ; *sibi, non aliis laborare.*

§ 132. On voit par là que le datif a beaucoup de rapport avec l'accusatif précédé de la préposition *ad*. Aussi trouve-t-on quelques verbes et quelques adjectifs qui régissent indifféremment ces deux cas.

SCRIBO AD TE ou TIBI EPISTOLAM.

RÈGLE. Les verbes *scribo*, j'écris ; *mitto*, j'envoie ; *fero*, je porte ; et les adjectifs *aptus, idoneus, natus*, régissent l'accusatif avec *ad*, ou le datif. Exemples :

Je vous écris une lettre : j'écris vers vous ou pour vous, *scribo ad te* ou *tibi epistolam.*

Propre à la guerre ; *aptus ad militiam* ou *militiæ.*

§ 133.   *SIMILIS PATRIS ou PATRI.*

RÈGLE. Les adjectifs qui renferment une idée de ressemblance, de rapprochement, tels que *similis*, semblable ; *par, æqualis*, égal, pareil ; *affinis*, allié ; *æmulus*, émule, rival, etc., veulent leur complément au génitif ou au datif. Exemples :

Semblable à son père ; *similis patris* ou *patri.*

Allié au Prince ; *affinis Principis* ou *Principi.*

Quelle que soit la préposition que l'usage ait adoptée en français pour rendre ce rapport, on voit qu'il est toujours le même, et qu'il est indifférent pour le sens de dire, *allié au Prince* ou *allié du Prince.*

§ 134. Les Latins emploient fréquemment le verbe *être* au lieu du verbe *avoir*. Par exemple, au lieu de dire, *j'ai un livre*, ils disent, *un livre est à moi*. Dans ce cas, il est évident que le complément de ce verbe ou plutôt de son attribut sous-entendu doit être au datif; *est mihi liber (proprius.)*

Par la même raison, le verbe *sum*, employé pour signifier *causer, apporter, procurer,* gouverne deux datifs. Exemples :

Cela vous causera de la douleur : en latin, cela sera à douleur à vous ; *hoc erit tibi dolori.*

Il en est de même des verbes *do, verto, tribuo,* que l'on trouve fréquemment employés avec deux complémens au datif, dans le sens des exemples suivans :

Il m'a fait un crime de ma bonne foi ; *crimini dedit mihi meam fidem;* c'est-à-dire, il a donné à crime à moi.....

Blâmer quelqu'un de quelque chose, *vitio vertere aliquid alicui;* c'est-à-dire, tourner à défaut à quelqu'un.....

§ 135. Nous avons défini le verbe actif, un verbe exprimant une action faite par son sujet et qui tombe directement sur un objet quelconque; et le verbe neutre, un verbe exprimant ou une manière d'être, ou une action faite aussi par le sujet, mais qui ne tombe pas directement sur un objet. Il suit de cette définition que la différence entre le verbe actif et le verbe neutre susceptible de complément, consiste moins dans la signification de ces verbes, que dans la manière dont ils se joignent à leur complément, et qu'ainsi un verbe actif dans une langue, peut avoir pour correspondant un verbe neutre dans une autre. C'est ce qui arrive quelquefois en effet; mais la différence qui, sous ce rapport, existe entre la langue française et la latine, présente bien peu de difficultés, puisqu'elle se borne à un petit nombre de verbes qu'il est facile de retenir.

§ 136.   *STUDEO GRAMMATICÆ.*

RÈGLE. Les verbes *favere*, favoriser ; *studere*, étudier ; *parcere*, épargner ; *servire*, servir ; *blandiri*, flatter ; *opitulari, auxiliari,* secourir ; actifs en français, sont neutres en latin et régissent le datif. Ex :

J'étudie la grammaire ; *studeo grammaticæ.*
Nous favorisons la vertu ; *favemus virtuti.*
Secourons les pauvres ; *opitulemur pauperibus.*

§ 137.   *MINARI MORTEM ALICUI.*

RÈGLE. Les verbes *minari*, menacer, et *gratulari*, féliciter, régissent le nom de la personne au datif et le nom de la chose à l'accusatif. Exemples :

Menacer quelqu'un de la mort; *minari mortem alicui.*

Féliciter quelqu'un de la victoire ; *gratulari victoriam alicui.*

NOTA. Le datif est encore régi par un grand nombre de verbes composés d'une préposition : nous en parlerons nécessamment.

(§ 171 et suiv.)

§ 138.   *DEUS AMAT VIRUM BONUM*
ILLIQUE FAVET.

Quand deux verbes, ayant le même régime en français, répondent à des verbes latins qui régissent différens cas, on met le nom au cas du premier verbe, et l'on se sert d'un pronom que l'on met au cas du deuxième. Exemple :

Dieu aime et favorise l'homme de bien ; *Deus amat virum bonum illique favet.*

Si je disais : *Deus amat et favet virum bonum,* je ne rendrais pas le complément de *favet :* de même en disant, *Deus amat et favet viro bono,* le verbe *amat* resterait sans complément. Il faut donc dire, *Deus amat virum bonum illique favet.*

Au reste, cette règle est réciproque pour les deux langues. Si l'on avait à traduire en français la phrase suivante ; *ab amicis beneficium postulare et impetrare,* on ne pourrait pas dire : demander et obtenir un service de ses amis ; il faudrait dire : demander un service à ses amis et l'obtenir d'eux.

DE L'ABLATIF.

§ 139. L'ablatif (*ab latus,* porté loin de) marque l'éloignement, la séparation, un point de départ. C'est le contraire du datif qui exprime le terme où aboutit une chose. L'ablatif est toujours immédiatement régi par quelque préposition exprimée ou sous-entendue.

RÈGLE. Tout verbe qui renferme une idée de séparation, régit l'objet dont on s'éloigne à l'ablatif avec *e* ou
ex, si l'on sort du lieu ; avec *à* ou *ab*, si l'on ne vient
que d'auprès. *E* ou *ex* signifie de dedans, de dessus ; *à*
ou *ab* signifie de la part, loin de. Exemples :

J'ai reçu une lettre de mon père, c'est-à-dire, de la
part de mon père ; la lettre passe de mon père à moi,
accepi litteras à patre meo.

Il a demandé une grâce au Roi ; la grâce doit partir
du Roi, *petivit beneficium à Rege*.

Puiser de l'eau à une fontaine, c'est-à-dire, de dedans...... *haurire aquam ex fonte*.

Il alluma son flambeau à l'autel de Jupiter ; la flamme
passe de l'autel au flambeau, *lucernam ex arâ Jovis
accendit*.

J'ai appris cela de mon ami, c'est-à-dire, de sa part
ou de sa bouche, *id audivi ex* ou *ab amico meo*.

J'ai connu par votre lettre......; la connaissance m'est
venue de dedans votre lettre, *ex tuis litteris cognovi*..

Jésus-Christ a racheté l'homme de la mort, c'est-à-
dire, loin de la mort, *Christus redemit hominem à
morte*.

Délivrer quelqu'un de la servitude, c'est-à-dire,
loin de la servitude, ou de dedans la servitude, *eximere
aliquem à* ou *ex servitute*, ou simplement *servitute*,
en supprimant la préposition déjà exprimée devant le
verbe.

Je reviens de la chasse, loin de la chasse, *redeo à
venatione* ; de chez mon père, c'est-à-dire, loin de
mon père, *à patre*.

Je reviens de la France, de dedans la France, *redeo
ex Galliâ* ; de la ville, *ex urbe*.

§ 140. Tout ce qui a été dit précédemment (§ 128)
les noms propres de villes et des noms *rus* et *domus*,

s'applique à l'ablatif, comme à l'accusatif. Exemples :

Je reviens de Lyon, *redeo Lugduno ;* de Rome, *Româ ;* de la campagne, *rure ;* de la maison, *domo.*

Je reviens de Lyon, ville très riche; *redeo Lugduno, ex urbe ditissimâ ;* d'une campagne très-agréable ; *ex rure amœnissimo ;* de la maison de mon oncle , *ex domo avunculi mei.*

La règle suivante est une conséquence du même principe.

§ 141.   *AMOR A DEO.*

RÈGLE. Le complément du verbe passif se met à l'ablatif avec *à* ou *ab*, quand c'est le nom d'un être animé. Ex :

Je suis aimé de Dieu ; *amor à Deo.*

§ 142.   *MŒRORE CONFICIOR.*

Mais si le complément est un être inanimé, on supprime la préposition devant l'ablatif. Exemple :
Je suis accablé de douleur ; *mœrore conficior.*

A, ab signifie de la part, et un être inanimé ne peut généralement avoir part à rien. On trouve cependant quelques exceptions à cette règle, c'est lorsque le complément inanimé du verbe passif est représenté comme agissant. Il rentre alors dans la classe des êtres animés, et reçoit la préposition. Cette exception ne fait que confirmer la règle :

Être vaincu par la volupté ; *vinci à voluptate.*
Être dominé par les richesses ; *possideri à divitiis.*
Le loup voit le cou du chien pelé par la chaîne ; *aspicit lupus* A CATENA *collum* DETRITUM *cani.*

REMARQUE.

§ 143. Quoique l'ablatif soit le complément naturel du verbe passif, cependant après quelques-uns de ces verbes, tels que *probor, improbor, videor etc.* ; quelquefois après le participe passé passif, et ordinairement après le participe futur de la même voix, on trouve plutôt le datif que l'ablatif. Exemples :

Ce sentiment n'est approuvé ni de vous, ni de moi ; *hæc sententia neque mihi, neque tibi probatur*.

Je dois pratiquer la vertu ; *mihi colenda est virtus*.

Dans ce cas le complément du verbe passif marque une espèce d'acquisition, et a beaucoup de rapport avec le datif : *buccina sumitur illi* pour *ab illo*, la trompette est prise pour lui ou par lui. Cet usage du cas d'attribution après un verbe passif est encore plus commun en grec qu'en latin.

§ 144.   *SUM IN GALLIA.*

L'ablatif sert encore à exprimer le lieu où l'on est, où se fait quelque chose *. Dans ce cas, il est précédé de la préposition *in* qui signifie *dans*. Exemples :

Je suis en France, *sum in Galliâ*; dans la ville, *in urbe*.

Il se promème au jardin ; il ne sort pas du jardin, *ambulat in horto*.

§ 145. Les observations faites précédemment (§ 128) sur les noms propres de villes et sur les noms *rus* et *domus*, sont également applicables dans le cas présent. Exemples :

Il est né à Avignon, *natus est Avenione ;* à Athènes, *Athenis ;* à la campagne, *rure*.

Il est né à Athènes, ville très-célèbre ; *natus est Athenis, in urbe celeberrimâ*.

Il se promène dans une campagne très-agréable ; *ambulat in rure amœnissimo*.

Il demeure dans la maison de César; *habitat in domo Cæsaris*.

§ 146.   *HABITAT LUGDUNI, ROMÆ.*

Si le nom propre de ville est du singulier et de la 1re

(*) Multas et diversas unusquisque casus habet significationes ; sed ex notioribus et frequentioribus acceperunt nominationem.

PRISCIEN.

ou de la 2ᵉ déclinaison, il se met au génitif, régi par *intrà muros* sous-entendu. Exemple :

Il demeure à Lyon, *habitat Lugduni ;* à Rome, *Romæ.*

Ce génitif n'empêche pas de mettre à l'ablatif le nom commun qui suit le nom propre. Exemple :

Ils s'arrêtèrent à Corinthe, lieu célèbre ; *constiterunt Corinthi, in loco nobili.*

§ 147. Les noms *domus* et *humus* employés pour exprimer le lieu où l'on est, se mettent aussi au génitif, *domi, humi.* Exemples :

Il m'a renversé par terre ; *me humi prostravit.*

Est-il à la maison ? *estne domi.*

Ces génitifs sont régis par ces mots *in solo, in œdibus,* sous-entendus. Le nom *domus* exprime toute la maison avec ses dépendances, et *œdes* signifie les appartemens.

§ 148. *ABUNDAT DIVITIIS.*

Outre les rapports précédens, indiqués par l'ablatif, les verbes qui signifient abondance ou privation, veulent aussi leur complément à l'ablatif, sans préposition exprimée. Exemples :

Il regorge de biens ; *abundat divitiis.* (Sous-entendu, *in*).

Emplir un tonneau de vin ; *implere dolium vino.* (*cum*).

Combler quelqu'un de bienfaits ; *cumulare aliquem beneficiis.* (*cum*).

Il ne manque de rien ; *nullâ re caret.* (*à*).

Priver quelqu'un de secours ; *nudare aliquem beneficiis.* (*à*).

Je me nourris de pain, *vescor pane.* (*cum*).

§ 149. Nous avons vu (§ 141 et 148), que l'ablatif est le cas auquel se met le complément des verbes passifs, ainsi que celui des verbes qui signifient abondance ou privation. Il s'ensuit naturellement que les adjectifs dérivés de ces verbes, ou ayant une signification analogue , doivent régir le même cas. Tels sont les adjectifs suivans :

ADOLESCENS VIRTUTE PRÆDITUS.

Les adjectifs *præditus ,* doué de ; *dignus ,* digne de; *indignus ,* indigne de ; *plenus ,* plein ; *contentus ,* content ; *immunis ,* exempt ; *vacuus ,* vide ; *inops ,* privé de ; *rudis ,* dans l'ignorance de ; etc. , régissent l'ablatif. Exemples :

Jeune homme doué de vertu ; *adolescens virtute præditus.*

Content de son sort ; *contentus suâ sorte.*

Habile dans la musique ; *peritus in musicâ.*

Exempt d'aller à la guerre ; *immunis militiâ.*

§ 150. Cependant, soit à l'imitation des Grecs, soit au moyen de l'ellipse de quelque nom , on trouve aussi le génitif après la plupart de ces adjectifs. Il en est même quelques-uns qui régissent plus habituellement le génitif que l'ablatif. Tels sont les suivans :

Les adjectifs *plenus , inops , peritus , expers ,* régissent ordinairement le génitif. Exemples :

Plein de vin ; *plenus vini.*

Exempt de crainte ; *expers metûs.*

Habile dans la musique ; *peritus musices.*

§ 151. Comme les différens rapports rendus en latin par l'ablatif sont ordinairement exprimés en français par les prépositions *de , à, par , dans,* on peut établir la règle générale suivante :

RÉGLE GÉNÉRALE.

Tout nom qui vient en réponse à la question *de qui, de quoi,* faite sur un verbe ou sur un adjectif dérivé d'un verbe passif ; à la question *à qui , à quoi,* ne pouvant pas se tourner par *pour qui* ; à la question *où ,* à laquelle on pourra joindre *étant , (ubi);* ou à la question d'*où , (undè)* ; se met à l'ablatif.

NOMS DE TEMPS, DE PRIX, DE MANIÈRE, etc.

§ 152. Outre les rapports que nous venons de voir, l'ablatif sert encore à rendre les circonstances de temps, de distance, de prix, d'instrument, de cause, de manière. On peut en conséquence établir la règle générale suivante :

RÈGLE GÉNÉRALE.

Tout nom qui répond aux questions *quand, combien, de combien, comment*, se met à l'ablatif sans préposition, à moins qu'on ne rende ces mêmes rapports au moyen de quelque préposition qui régisse un autre cas.

RÈGLES PARTICULIÈRES.

VENIET DIE DOMINICA.

§ 153. Le nom qui marque le temps précis auquel une chose se fait, s'est faite ou se fera, se met à l'ablatif sans préposition. Exemple :

Il viendra Dimanche ; *veniet die Dominicâ* (in) ; à trois heures, *horâ tertiâ*. (A la question *quand*, on se sert du nombre ordinal).

REGNAVIT TRES ANNOS ou TRIBUS ANNIS.

Quand on veut marquer combien de temps une chose a duré ou durera, le nom de temps se met à l'accusatif ou à l'ablatif, sans préposition, et l'on se sert du nombre cardinal. Exemple :

Il a régné trois ans, *regnavit tres annos* (per), *ou tribus annis* (in).

TERTIUM ANNUM REGNAT.

Quand on veut marquer depuis quel temps une chose se fait, le nom de temps se met à l'accusatif, et l'on se sert du nombre ordinal. Exemple :

Il y a trois ans qu'il règne ; en latin, il règne pen—

dant sa troisième année, *tertium annum regnat* (per). On dit aussi, *à tribus annis regnat*, il règne depuis trois ans.

DEUS CREAVIT MUNDUM INTRA SEX DIES.

Quand on veut marquer en quel espace de temps une chose s'est faite ou se fera, le nom de temps se met à l'accusatif avec *intrà*. On peut aussi le mettre à l'ablatif sans préposition. Exemple :

Dieu a créé le monde en six jours, *Deus creavit mundum intrà sex dies*, ou *sex diebus* (in).

VELUM LONGUM TRES ULNAS ou TRIBUS ULNIS.

§ 154. Le nom qui marque la mesure ou la distance, se met à l'accusatif ou à l'ablatif sans préposition. Exemples :

Un voile long de trois aunes, *velum longum* (secundùm) *tres ulnas*, ou *(ex) tribus ulnis*.

Il est éloigné de vingt pas, *abest* ou *distat viginti passus* ou *viginti passibus*.

Si le nom de mesure est précédé d'un comparatif, il se met toujours à l'ablatif. Exemple :

Vous n'êtes pas plus grand que moi de deux doigts, *duobus digitis major me non es*.

HIC LIBER CONSTAT VIGINTI ASSIBUS.

§ 155. Le nom qui marque le prix, la valeur de quelque chose, se met à l'ablatif sans préposition. Ex :

Ce livre coûte vingt sous, *hic liber constat viginti assibus* (pro).

§ 156. Le nom qui marque l'instrument dont on se sert pour faire une chose, la cause pour laquelle elle a lieu, la manière dont elle se fait, se met à l'ablatif sans préposition. Exemples :

Frapper de l'épée , *ferire gladio* (cum).

Il mourut de faim , *fame interiit* (præ).

Vous l'emportez en beauté , en grandeur ; *vincis formâ , vincis magnitudine.*

§ 157. Enfin l'ablatif sert à rendre tous les rapports indiqués par les prépositions suivantes, qui régissent ce cas.

A, ab , abs ,	*de , de la part de , depuis , après,*
Absque ,	*sans.*
Clam ,	*à l'insçu de.*
Coram ,	*devant , en présence de.*
Cum ,	*avec.*
De ,	*de , pour, touchant.*
E , ex ,	*de , dedans , de dessus.*
Palàm ,	*devant.*
Præ ,	*au prix de , devant.*
Pro ,	*pour, au lieu de , selon.*
Sine ,	*sans.*
Tenùs ,	*jusqu'à.*

A ces prépositions , on peut joindre *in , sub , subter* et *super* , qui régissent l'ablatif , avec un verbe qui n'exprime pas un mouvement pour aller dans quelque lieu.

La préposition *cum ,* lorsqu'elle est employée avec les pronoms de la 1re ou de 2e personnne , avec le pronom réfléchi, ou avec l'adjectif conjonctif, se place, par euphonie , après son complément : ainsi l'on dit *mecum, secum , vobiscum , quibuscum ,* etc. ; au lieu de *cum me, cum vobis , cum quibus.*

La préposition *tenùs* se met aussi après son complément , etc. : *capulo tenùs ,* jusqu'à la garde. Avec un nom pluriel , elle régit le génitif : *aurium tenùs ,* jusqu'aux oreilles.

DE L'INFINITIF CONSIDÉRÉ COMME NOM.

§ 158. Si l'on compare l'infinitif *aimer* et le nom abstrait *amour*, on voit que ces deux mots expriment la même action ; mais le mot *aimer* équivalant à *être aimant*, désigne cette action comme faite par un sujet quelconque, tandis que le mot *amour* la désigne sans rapport à aucun sujet. L'infinitif composé du verbe *être* et d'un attribut, est pour cette raison susceptible de temps, *aimer*, *avoir aimé*, *devoir aimer* ; mais il ne peut avoir ni nombre, ni personne, parce que son sujet étant indéterminé, on ne peut pas dire de lui qu'il soit de telle personne ou de tel nombre.

Une différence plus sensible entre l'infinitif et le nom abstrait, c'est que l'infinitif admet la distinction des voix, tandis que le nom abstrait exprime l'action ou la manière d'être, sans distinction d'actif ou de passif. Par exemple, si je dis : l'*amour de Dieu*, ce mot *amour* désignera également l'amour que Dieu a pour les hommes, et l'amour que les hommes doivent à Dieu. Malgré toutes ces différences, il existe entre ces deux sortes de mots le rapport le plus intime, et l'infinitif peut être appelé à remplir les mêmes fonctions que le nom. Nous allons voir comment alors il se modifie dans sa forme, suivant sa position dans la phrase.

§ 159.　　　*ERRARE HUMANUM EST.*

RÈGLE. Les latins regardent l'infinitif comme un nom neutre. Partant, tout adjectif qui se rapporte à un infinitif, doit être au neutre. Exemple :

Se tromper est propre à l'homme, *errare humanum est*.

§ 160. L'infinitif proprement dit, n'est employé par les latins que comme sujet ou comme complément direct d'un verbe. De là les deux règles suivantes :

TURPE EST MENTIRI.

RÈGLE. Tout infinitif français, précédé ou non de la préposition *de*, qui pourra servir de sujet à un verbe, sera rendu en latin par l'infinitif.

On connaît qu'un infinitif fait l'office de sujet, quand

il répond à la question *qu'est-ce qui*, faite sur le verbe.
Exemples :

Il est honteux de mentir ; *qu'est-ce qui est honteux?*
R. Mentir. Tournez donc, mentir est honteux ; *turpe est mentiri.*

C'est un péché de mentir. *Qu'est-ce qui est un péché ?* R Mentir. Tournez, mentir est un péché ; *culpa est mentiri.*

§ 161.   *AMAT LUDERE.*

RÈGLE. Tout infinitif français qui fait l'office de complément direct d'un verbe, doit être à l'infinitif en latin.

On connaît qu'un infinitif fait l'office de complément, quand il répond à la question *quoi*, faite sur le verbe ; ou bien, quand le nom abstrait mis à la place de l'infinitif devrait être à l'accusatif par la règle *amo Deum*. Exemples :

Il aime à jouer ; *amat ludere*, ou *amat ludum*.
Il cessa de parler ; *desiit loqui*, ou *desiit orationem*.

DES GÉRONDIFS.

§ 162. Quand l'infinitif est appelé à exprimer dans la phrase d'autres rapports que ceux que nous venons de voir, il reçoit alors, dans sa forme, diverses modifications, auxquelles on a donné le nom de gérondifs. Les gérondifs ne sont donc autre chose que des cas de l'infinitif.

Les verbes actifs et les verbes neutres ont trois gérondifs : le gérondif en *di*, qui remplace le génitif ; le gérondif en *do*, qui tient lieu du datif et de l'ablatif, et le gérondif en *dum*, qui représente l'accusatif précédé d'une préposition.

§ 163. Nous avons vu que la préposition *de*, entre deux noms, se rend en latin en mettant le deuxième au génitif. La règle suivante est une conséquence de celle-ci :

TEMPUS LEGENDI.

RÈGLE. Si la préposition *de* se trouve entre un nom et un infinitif, et que l'infinitif ne puisse pas servir de sujet à la proposition, cet infinitif se met en latin au gérondif en *di*. Exemple :

Le temps de lire, *tempus legendi;* de lire l'histoire, *legendi historiam.*

Avec le nom abstrait, on dirait : *tempus lectionis,* le temps de la lecture.

Quand un adjectif qui gouverne le génitif, a pour complément un infinitif, cet infinitif se met aussi en latin au gérondif en *di :* comme on dit *studiosus mutationis,* avide de changement ; on dira : *studiosus mutandi,* avide de changer.

§ 164. *CORPUS ASSUETUM TOLERANDO LABOREM.*

RÈGLE. Quand un adjectif régissant le datif, a pour complément un infinitif en français, cet infinitif se rend en latin par le gérondif en *do*. On dit, par exemple : *corpus assuetum labori,* corps accoutumé au travail ; on dira de même, *corpus assuetum tolerando laborem,* corps accoutumé supporter le travail.

§ 165. *CONSUMIT TEMPUS LEGENDO.*

RÈGLE. Quand un verbe régissant l'ablatif, a, en français, un infinitif pour complément, cet infinitif se traduit en latin par le gérondif en *do;* et si ce verbe gouverne l'ablatif avec une préposition, cette préposition reste devant le gérondif. Exemples :

Il passe son temps à la lecture, *consumit tempus lectione;* à lire, *legendo.*

Je reviens de la promenade, *redeo ab ambulatione;* de me promener, *ab ambulando.*

§ 166. Nous avons vu que l'infinitif proprement dit, remplace l'accusatif employé comme complément direct d'un verbe. Le gérondif en *dum,* qui est toujours précédé de la préposition *ad,* est destiné à remplacer l'accusatif précédé de la même préposition. De là, la règle suivante :

PRONUS AD IRASCENDUM.

RÈGLE. Lorsqu'un adjectif ou un verbe régissant l'accusatif avec *ad,* a, en français, un infinitif pour complément, cet infinitif se rend en latin par le gérondif en *dum,* avec la même préposition. Exemples :

Prompt à se mettre en colère ; *pronus ad iram,* ou *pronus ad irascendum.*

Je vous exhorte au travail ; *te hortor ad laborem :* à travailler, *ad laborandum.*

§ 167, *TEMPUS LEGENDÆ HISTORIÆ.*

RÈGLE. Lorsque le verbe qui doit être au gérondif, est actif, et suivi de son complément direct, on peut, dans tous les cas, remplacer le gérondif par le participe futur passif, que l'on fait accorder avec le nom complémentaire. Exemples :

Le temps de lire l'histoire : tournez, le temps de l'histoire devant être lue ; *tempus legendæ historiæ.*

Corps accoutumé à supporter le travail : tournez, corps accoutumé au travail devant être supporté; *corpus assuetum tolerando labori.*

Je revenais de visiter mes terres : tournez, je revenais de mes terres devant être visitées : *redibam ab agris invisendis.*

Il passe son temps à lire l'histoire : tournez, il passe son temps à l'histoire devant être lue ; *consumit tempus in legendâ historiâ*

L'enfant docile à recevoir l'instruction, deviendra bientôt savant : tournez, l'enfant docile à l'instruction devant être reçue, etc., *puer ad excipiendam doctrinam docilis, brevi doctus evadet.*

DES SUPINS.

§168. Nous avons vu (§ XLIII) qu'une préposition et le nom qui lui sert de complément, sont quelquefois remplacés par un adverbe : de même l'infinitif employé comme complément d'une préposition peut, dans certains cas, être rendu, ainsi que la préposition, par un seul mot, qui fera ainsi l'office d'adverbe. Cette espèce de mot s'appelle *supin.* La langue latine à deux supins, l'un actif terminé en *um*, et l'autre passif terminé en *u.*

§ 169.   *EO LUSUM.*

Règle. Tout infinitif servant de complément à un verbe qui renferme une idée de mouvement vers quelque chose, se rend en latin par le supin en *um.* Ex :
Je vais jouer ; *eo lusum.*

On voit que le supin en *um* tient lieu du gérondif en *dum* avec *ad* : on aurait pu dire aussi, *eo ad ludendum.*

§ 170.   *MIRABILE VISU.*

Règle. Les adjectifs après lesquels l'infinitif a un sens passif, tels que *admirable à, facile à, difficile à,* etc., veulent cet infinitif au supin en *u.* Exemples :
Chose admirable à voir, c'est-à-dire, à être vue ; *res visu mirabilis,* ou *mirabile visu,* en sous-entendant *negotium.*
Chose facile à dire, *res dictu facilis;* à trouver, *inventu.*

On voit, par ce peu d'exemples, que le supin en *u* exprimant une circonstance de manière, tient lieu d'un ablatif. Il en est de même du gérondif en *do ;* mais il y a, entre ces deux espèces de mots, une différence sensible ; c'est que l'un est passif et l'autre actif. C'est sans doute à cette différence de sens que sont dues les dénominations de *gérondif* et de *supin* données à ces mots. Les gérondifs sont ainsi nommés du verbe *gerere*, faire, parce qu'ils renferment l'idée d'une action qui doit être faite ; et les supins, au contraire, tirent leur nom de l'adjectif *supinus*, parce que le supin en *u* paraît inactif et sans mouvement.

COMPLÉMENT

DES VERBES COMPOSÉS D'UNE PRÉPOSITION.

§ 171. RÈGLE. Les verbes composés d'une préposition régissent ordinairement le cas de cette préposition. Ex :

Adire oppida ; aller dans les villes.

Abire oppido ; sortir de la villle.

Circumequitare mœnia ; aller à cheval autour des remparts.

Amovere animum studio puerili ; éloigner son esprit des affections puériles.

Quelquefois même la préposition se répète devant le complément, pour donner plus de force à l'expression du rapport. Exemples :

Il ne prononçait jamais une parole inconsidérée ; *nihil non consideratum exibat ex ore.*

Retire-toi de mon soleil ; *absis à sole.*

§ 172. Cependant si la préposition qui entre dans la composition du verbe, marque quelque rapprochement, quelque avantage ou quelque perte pour quelqu'un, le complément se met souvent au datif, avec lequel nous avons déjà remarqué l'analogie de ce rapport.

RÈGLE. Les composés du verbe *sum* gouvernent le datif, excepté *absum*, dont le complément ne peut être qu'à l'ablatif. Exemples :

Il était présent à ce spectacle; *aderat huic spectaculo.*

Il a manqué à son devoir ; *defuit officio.*

§ 173. RÈGLE. Les verbes *imminere*, *impendere*, *instare*, que l'on emploie pour signifier *menacer*, en parlant des choses, régissent aussi le datif. Exemples :

Un grand malheur vous menace, c'est-à-dire, est suspendu sur vous; *magna calamitas tibi imminet, impendet, instat.*

Enfin, il est un grand nombre de verbes composés, dont le complément peut ordinairement se mettre au datif ou au cas régi par la préposition. Exemples :

Se jetter dans la flamme; *injicere se flammæ* : au milieu des ennemis; *in medios hostes.*

Introduire un bataillon dans la ville; *infundere agmen urbi;* des vices dans l'état, *vitia in civitatem.*

Appliquer son esprit à quelque chose; *intendere animum rei, ad rem* ou *in rem.*

La nuit surprit les combattans ; *intervenit nox prælio* ou *inter prælium.*

Précéder quelqu'un ; *præire aliquem* ou *alicui.*

L'usage au reste doit être consulté à cet égard ; et les cas régis par ces sortes de verbes sont toujours indiqués dans les dictionnaires.

REMARQUE.

Souvent un verbe neutre change de nature et devient actif par l'addition d'une préposition. C'est ainsi que les verbes *adeo, invenio, oppugno, præsto,* etc., non-seulement régissent l'accusatif, mais sont encore susceptibles de passif : *urbs oppugnatur,* la ville est attaquée ; *pericula adeuntur,* on s'expose à des dangers,

DE L'ELLIPSE.

§ 174. De ce que nous avons dit précédemment (§ 116 et 139.) il résulte que le génitif est le complément naturel et immédiat des noms, comme l'ablatif est celui des verbes, au moyen de quelque préposition exprimée ou sous-entendue. Cependant il est plusieurs verbes qui demandent leur complément au génitif, et l'on trouve aussi quelquefois l'ablatif employé comme complément d'un nom. Nous allons voir que dans ces divers cas, l'exception n'est fondée que sur l'ellipse de quelque mot,

§ 175. *VAS EX AURO.*

Règle. Le nom qui exprime la matière dont une chose est faite, quand il n'est pas rendu par un adjectif dérivé de ce nom (§. 268), se met à l'ablatif avec *e* ou *ex*, quoiqu'il ait un autre nom pour antécédent. Ex :

Un vase d'or ; *vas aureum* ou *ex auro.*

Cet ablatif est régi par un participe passif sous-entendu, *vas ex auro* (conflatum).

§ 176. *PUER EGREGIA INDOLE.*

Règle. Le nom qui exprime une qualité bonne ou mauvaise, se met au génitif ou à l'ablatif. Exemples :

Un enfant d'un bon naturel ; *puer egregiæ indolis* ou *egregiâ indole* : d'un mauvais naturel ; *pravâ indole* où *pravæ indolis.*

L'ablatif est ici le régime de l'adjectif *præditus* sous-entendu, *puer egregiâ* ou *pravâ indole* (præditus).

§ 177. *ADMONUI EUM PERICULI.*

Règle. Les verbes *avertir, informer, accuser, condammner, absoudre, convaincre,* régissent l'ablatif ou le génitif. Exemples :

Je l'ai averti du danger ; *admonui eum periculi* ou *de periculo.*

Plût à Dieu que j'eusse été informé de votre dessein ; *utinam tui consilii* ou *de tuo consilio certior factus essem.*

Absoudre quelqu'un d'un crime ; *absolvere aliquem criminis* ou *crimine.*

Accuser quelqu'un de vol ; *accusare aliquem furti* ou *furto.*

Dans ces divers cas, le génitif est toujours le complément de quelque nom sous-entendu ; *admonui eum periculi* (de immi-

nentiâ;) *utinam tui consilii* (de naturâ) *certior factus essem ;* *accusare aliquem furti* (crimine) ; *absolvere aliquem criminis* (pœnâ) etc.

REMARQUE. Avec le verbe *condamner*, le nom de la peine particulière et déterminée se met à l'accusatif avec *ad*. Ex :

Condamner quelqu'un aux galères ; *damnare aliquem ad triremes* (sous–entendu *agendas*) ; à tourner la meule ; *ad molam* (sous–entendu *vertendam*).

§ 178.   *DOCEO PUEROS GRAMMATICAM.*

RÈGLE. Les verbes *doceo, moneo, celo, rogo* et *posco*, demandent après deux accusatifs, l'un de la personne et l'autre de la chose. Exemple :

J'enseigne la grammaire aux enfans ; *doceo puéros grammaticam.*

Le 1er de ces accusatifs est le régime direct du verbe, et le 2e, celui de la préposition *circâ* ou *secundùm* sous-entendue. Toute difficulté disparaîtra, si l'on remarque que *docere* veut dire instruire, *celare*, aveugler, *rogare* et *poscere*, prier :

J'enseigne la grammaire aux enfans; en latin, j'instruis les enfans sur la grammaire; *doceo pueros* (secundùm) *grammaticam.*

Je vous cache cela ; en latin, je vous aveugle sur cela ; *cœlo te* (circà) *hanc rem.*

§ 179. On doit rapporter à la même observation l'accusatif qui, à l'imitation des Grecs, se trouve quelquefois après un verbe passif ou après certains adjectifs.

Le front ceint de laurier; en latin ceint du laurier quant au front ; *redimitus* (secundùm) *tempora lauro.*

Il ne peut rassasier son esprit ; en latin, il ne peut être rassasié quant à son esprit ; *expleri* (secundùm) *mentem nequit.*

Au reste, ce tour est poétique et les commençans doivent peu s'en servir.

§ 180.   *VIVORUM MEMINI*, etc.

RÈGLE. Après les verbes *oblivisci* oublier, *recor*—

dari, meminisse., se souvenir, on trouve indistinctement l'accusatif ou le génitif. Exemple :

Je me souviens des vivans et je ne puis oublier les morts ; *vivorum memini, nec possum oblivisci mor-tuorum.*

Ces verbes ont réellement la signification et le régime des ver-bes actifs, et le génitif qui semble leur servir de complément, est en effet régi par quelque nom sous-entendu, tels que *sortem, vicem.* Je me souviens des vivans et je ne puis oublier les morts, signifie, je me rappelle le sort des vivans et je ne puis oublier le sort des morts ; *vivorum memini* (vicem), *nec possum oblivisci mortuorum* (vicem).

§ 181.   *INTERDICO TIBI DOMO MEA.*

RÈGLE. Le verbe *interdico,* interdire, veut à l'ablatif le complément direct du verbe français. Ex :

Je vous interdis ma maison ; *interdico tibi domo meâ.*

Ce verbe est actif en latin comme en français, et l'on peut dire aussi, *interdico tibi domum meam.* L'ablatif, que l'on emploie plus ordinairement que l'accusatif, est régi par *uti,* sous-entendu : *interdico tibi* (uti) *domo meâ.*

§ 182.   *MIHI OPUS EST AMICO.*

RÈGLE. Quand on se sert de l'unipersonnel *opus est,* pour rendre l'idée *d'avoir besoin,* on met au datif le sujet du verbe français, et son régime à l'ablatif. Ex :

J'ai besoin d'un ami ; *mihi opus est amico.*

Cet ablatif est régi par l'infinitif *uti,* sous-entendu : *mihi opus est* (uti) *amico,.* user d'un ami est un besoin pour moi : on voit en même temps pourquoi l'on met au datif le nom de la personne qui a besoin.

§ 183.   *HIC LIBER EST FRATRIS MEI.*
HIC LIBER EST MEUS

RÈGLE. Le complément du verbe *sum,* quand le

sujet est pris dans un sens déterminé, se met au génitif, si c'est un nom. Exemple :

Ce livre est à mon frère , *hic liber est fratris mei.*

Mais si c'est un pronom, il se rend par les adjectifs *meus , tuus , noster,* etc. que l'on fait accorder avec le sujet. Exemple :

Ce livre est à moi , *hic liber est meus.*

Ces deux règles sont fondées sur la même ellipse : *hic liber est fratris mei* (liber) ; *hic liber est meus* (liber). (*V.* § 263.)

§ 184.   *EST ADOLESCENTIS.*
   EST MEUM, TUUM, NOSTRUM, VESTRUM.

Règle. Le complément du verbe *est* pris unipersonnellement se met au génitif. Exemple :

Il est d'un jeune homme de respecter ceux qui sont avancés en âge ; *est adolescentis majores natu vereri.*

Si le complément est un pronom personnel, il se rend en latin par l'adjectif possessif *meum , tuum , nostrum, vestrum , suum* ou *ejus, eorum.* (*V.* la différence. § 263.)

C'est à moi de parler ; *meum est loqui.*

Ce génitif est le complément de *negotium* ou *officium*, sous-entendu. C'est avec le même mot que s'accordent les adjectifs possessifs, *meum, tuum, etc,* : *Majores natu vereri est adolescentis* (officium) ; *loqui est meum* (negotium).

§ 185.   *REFERT REIPUBLICÆ.*

Règle. Les verbes unipersonnels *refert , interest,* il importe , veulent leur complément au génitif. Ex :

Il importe à la république ; *refert reipublicæ.*

Si le complément est un pronom personnel, il se rend par les accusatifs pluriels neutres *mea, tua, nostra, vestra , sua,* ou *ejus, eorum.*   (*V.* la différence. § 263.)
Exemple :

Il m'importe , *refert* ou *interest mea ;* il vous im-

§ 186.   *REFERT MEA, TUA*, etc.

porte, *refert tua*; il nous importe, *refert nostra*; etc.

Cet accusatif n'empêche pas de mettre au genitif le nom ou l'adjectif qui peut accompagner le pronom. Ex :

Il importe à moi seul; *refert mea, unius*.

Il importe à moi César; *refert mea, Cæsaris*.

§ 187.   *AD LAUDEM NOSTRAM INTEREST.*

Si le complément de ces verbes est un nom de chose, il se met à l'accusatif avec *ad*. Exemple :

Il importe à notre gloire; *ad laudem nostram interest*.

Le génitif qui paraît être le complément de ces verbes, est régi par *ad negotia*, sous-entendu. Ainsi, il importe à la république signifie, il importe aux affaires de la république, *refert* (ad negotia) *reipublicæ*. C'est aussi avec ce mot *negotia* que s'accordent les adjectifs possessifs *mea, tua, etc. Refert mea*, signifie donc *refert* (ad negotia) *mea*, et *refert mea Cæsaris*, s'expliquera par *refert* (ad negotia) *mea*, (scilicet ad negotia) *Cæsaris*. Quand le complément du verbe français est un nom de chose, il n'y a plus lieu de sous-entendre *ad negotia* ; c'est pourquoi l'on dit sans ellipse, *ad laudem nostram interest*. (*)

---

* Tous les vers suivants de Térence ne vaudraient rien, si les adjectifs *mea, tua* étaient à l'ablatif :

Fāc trā\|dās ; mĕă\|nīl rē\|fērt, dūm\|pŏtĭār\|mŏdō.\|
(Eunuch., act. 11 , sc. III. V. 28)

Eō nūnc cōn\|fŭgĭēs, \|quīd mĕă ? \|nūm mĭhĭ dătum ēst?
(Heaut., act. IV, sc. V, v. 45)

Dătum ēs\|sĕ dō\|tĭs, quīd\|tŭă mă\|lum ĭd rē\|fērt? māg\|nī,
De\|mĭphō.\| (Phor. act. IV. sc. V, v, 11.)

Nēs\|cĭās, \|vērūm\|tŭă rē\|fērt nĭhĭl\|ūtrum īl\|lāe fē\|cĕrint.
(Hecy. act. IV, sc. III, v. 12.)

Quīd\|rĕi ēst?\|tŭă quōd\|nīl rē\|fērt, pēr\|cūnctā\|rī dē\|sĭnās.
(Hecy. act. V, sc, III, v. 12)

§ 188.   *ME PŒNITET CULPÆ MEÆ.*

RÈGLE. Les verbes unipersonnels *pœnitet*, *pudet*, *tœdet*, *miseret*, *piget*, veulent à l'accusatif le nom ou le pronom qui forme le sujet des verbes français, et leur complément au génitif. Exemple :

Je me repens de ma faute ; *me pœnitet culpæ meæ.*

Pour rendre compte de cette règle, il est nécessaire de remarquer que ces cinq verbes sont composés ainsi qu'il suit : *pœnitet*, de *pœna tenet* ; *pudet*, de *pudor tenet* ; *tœdet*, de *tœdium tenet* ; *miseret*, de *miseratio tenet* ; *piget*, de *pigredo tenet*. D'après cette observation, il est d'abord facile de voir pourquoi ces verbes ne sont usités qu'à la 3e personne du singulier; ils ont toujours pour sujet un nom singulier. On voit également pourquoi le sujet se met à l'accusatif ; c'est qu'après la résolution du verbe, ce sujet est en effet le complément de *tenet*. Enfin on voit pareillement que le complément de ces verbes composés se met au génitif, parce qu'il devient réellement le complément des noms *pœna*, *pudor*, *tœdium*, etc.

Je me repens de ma faute ; en latin, la peine de ma faute me tient, PŒNA *culpæ meæ* me TENET, et en réunissant *pœna* et *tenet*, me *pœnitet culpæ meæ.*

§ 189.   *INCIPIT ME PŒNITERE.*

RÈGLE. Tous les verbes, excepté *volo*, *nolo*, *malo*, *audeo*, *cupio*, etc., deviennent unipersonnels devant *pœnitet*, *pudet*, etc., c'est-à-dire, qu'on les met à la 3e personne du singulier ; et le nom ou le pronom qui les précède se met à l'accusatif. Exemples :

Je commence à me repentir de ma faute ; *incipit me pœnitere culpæ meæ.*

Vous devez avoir honte de votre négligence ; *debet te pudere tuæ negligentiæ,*

Je commence à me repentir de ma faute : tournez, le repentir de ma faute commence à me tenir ; *pœna culpæ meæ incipit me tenere* ; et réunissant en un seul mot *pœna* et *tenere*, vous avez, *incipit me pœnitere culpæ meæ.*

On excepte de cette règle les verbes *volo*, *nolo*, *malo*, *cupio*, et en général tous ceux qui expriment une volonté, une opération de l'âme, parce que de tels verbes ne sauraient avoir pour sujet les noms abstraits *pudor*, *tœdium*, etc.

Je veux me repentir de ma faute, on ne peut pas dire : le repentir de ma faute veut me tenir ; le repentir n'est pas susceptible
de vouloir : tournez donc, je veux que le repentir de ma faute me
tienne, ou plutôt, je veux le repentir de ma faute me tenir : *volo
pænam culpæ meæ me tenere* ; et réunissant *pænam* et *tenere*, dites, *volo me pœnitere culpæ meæ.*

§ 190.   *MISERERE PAUPERUM.*

RÈGLE. Le verbe *misereri*, avoir pitié, gouverne
aussi le génitif. Exemple :

Ayez pitié des pauvres ; *miserere pauperum.*

Si *me miseret* est composé de *miseratio me tenet*, *misereri* qui est
le passif de ce verbe, sera composé de *miseratione teneri* : ainsi
miserere pauperum signifiera, *tenere miseratione pauperum ;* soyez
tenu par la compassion des pauvres : telle est la cause de ce génitif.

REMARQUE SUR LES INTERJECTIONS.

§ 191. Les interjections ne se liant à aucune partie du discours
(§ LIII) ne sauraient être susceptibles de complément. Les noms
qui les accompagnent quelquefois, sont donc toujours régis par
quelque verbe sous-entendu.

Après les interjections *ô ! heu ! proh !* etc., on trouve
ordinairement l'accusatif. Exemples :

O trop heureux les laboureurs ! *ô fortunatos nimiùm
agricolas !* (Sous-entendu, *dico*).

O Malheureux que je suis ! *ô me infelicem !* (Sous-
entendu, *dico*).

O Dieux immortels ! *Proh Deos immortales!* (Sous-
entendu, *testor*).

Après l'interjection *væ !* malheur ! on met le datif.
Exemple :

Malheur aux vaincus! *væ victis!* (Sous-entendu, *dico*).

Après les adverbes *en, eccè,* que nous traduisons en
français par *voici, voilà,* on met le nominatif ou l'accusatif. Exemple :

Voici , voilà le loup ; *en, eccè lupus*, (sous–entendu
adest) : *en, eccè lupum*, (sous–entendu *aspice*).

DU COMPARATIF.

§ 192.   *MAGIS PIUS QUAM TU.*

Règle Le *que* qui suit le comparatif, s'exprime en
latin par *quàm*, avec le même cas après que devant.
Exemples :

Il est plus pieux que vous ; *magis pius* (ille) *est
quàm tu.*

Je ne connais personne plus savant que Paul ; *neminem novi doctiorem quàm Paulum.*

Il est plus savant que vous ne pensez ; *doctior est
quàm putas.* (Le *ne* disparaît en latin.)

On met après *quàm* le même cas que devant, parce que le même
verbe est ordinairement sous-entendu : *magis pius* (ille) *est quàm
tu* (es) ; *neminem novi doctiorem quàm Paulum* (novi).

§ 193.   *FELICIOR QUAM PRUDENTIOR.
FELICIUS QUAM PRUDENTIUS.*

Règle. Si le *que* après le comparatif, est suivi
d'un adjectif ou d'un adverbe, cet adjectif ou cet adverbe se met aussi au comparatif. Exemples :

Il est plus heureux que prudent : *felicior est quàm
prudentior.*

Ils envoyèrent un général plus hardi qu'habile ; *mi-
serunt ducem audaciorem quàm peritiorem.*

Nous disons, *il est plus heureux que prudent ;* les latins disaient,
il est plus heureux que plus prudent : peut-être n'étaient-ils guidés
en cela que par la symétrie.

§ 194.   *DOCTIOR PETRO.*

Règle. Quand le comparatif est exprimé par un

seul mot latin, on supprime ordinairement le *que*, en mettant le nom suivant à l'ablatif. Exemple :

Plus savant que Pierre ; *doctior Petro*.

La vertu est plus précieuse que l'or ; *virtus est pretiosior auro*.

Cet ablatif est régi par la préposition *præ*, en comparaison de, sous-entendue.

§ 195. *VALIDIOR MANUUM*.

RÈGLE. Quand on ne parle que de deux choses, de deux personnes ou de deux parties d'un même tout, au lieu du superlatif qui est dans le français, on met le comparatif en latin. Exemples :

La plus forte des deux mains ; *validior manuum*.

Les plus âgés du sénat ; *seniores curiæ*.

Le comparatif, comme nous l'avons vu, (§ XX), exprime la supériorité d'un objet sur un autre, commé le superlatif exprime cette supériorité d'un objet sur tous les autres de la même espèce. Cependant, en français, on emploie souvent la forme du superlatif, lorsqu'on ne parle que de deux choses ; mais cette exception à l'usage du comparatif n'est point admise en latin : nous disons, par exemple, *la plus forte des deux mains,* et les latins disaient : *la main des deux mains plus forte que l'autre ; manus* MANUUM VALIDIOR *alterâ*, ou plus simplement, *validior manuum.* Dans le second exemple, l'assemblée est considérée comme divisée en deux parties, ceux qui sont âgés et ceux qui ne le sont pas ; et ces mots, *les plus âgés de l'assemblée,* signifient, *les membres de l'assemblée plus âgés que les autres.*

La règle suivante est fondée sur le même principe :

RÈGLE. Le *premier, le second*, quand on ne parle que de deux, s'expriment, *le premier* par *prior, le second* par *posterior*. Exemple :

Le premier riait toujours, le second pleurait sans cesse; *prior semper ridebat, posterior indesinenter flebat.*

Mais si l'on parle de plus de deux, servez-vous de *primus, secundus.*

DU SUPERLATIF.

§ 196. *ALTISSIMA ARBORUM, EX ARBORIBUS*
ou INTER ARBORES.

RÈGLE. Le nom pluriel qui sert de complément au superlatif, se met au génitif, ou à l'ablatif avec *e* ou *ex*, ou à l'accusatif avec *inter*. Exemple :

Le plus haut des arbres ; *altissima arborum, ex arboribus* ou *inter arbores.*

Dans ce cas, le génitif est régi par le nom *arbor* sous-entendu, avec lequel s'accorde *altissima* ; l'accusatif et l'ablatif, par les participes *prompta, lecta,* également sous-entendus.

§. 197. Si le superlatif est suivi d'un nom singulier, ce nom ne peut se mettre qu'au génitif, Ex. : Le plus riche de la ville ; *ditissimus urbis.*

Ce génitif est le complément d'un nom pluriel toujours sous-entendu en pareil cas : *ditissimus* (civium, *è civibus ou* inter cives.) *urbis.*

§. 198.   *UNUS MILITUM, EX MILITIBUS.*

Les adjectifs qu'on appelle *partitifs*, comme *unus, quis, aliquis, nemo,* etc., gouvernent les mêmes cas que les superlatifs. Exemples :

Un des soldats ; *unus militum, ex militibus* ou *inter milites.*

Qui de nous ; *quis nostrûm,* et non pas *nostrî.*

Qui de vous ; *quis vestrûm* et non pas *vestrî.*

(On ne se sert de *nostrî, vestrî,* qu'après un verbe ou un nom qui n'est pas partitif).

Les superlatifs et les partitifs marquent également une partie d'un plus grand nombre, et doivent par conséquent avoir le même complément.

DES PRONOMS.

§ 199 Le pronom, étant destiné à tenir la place du nom, doit en rappeler l'idée toute entière. Pour exprimer cette identité, on met le pronom au même genre, au même nombre et au même cas que serait le nom qu'il remplace, s'il était exprimé. Ainsi, les règles des cas dont nous avons fait l'application aux noms, s'appliquent toutes également aux pronoms. Nous l'avons déjà vu pour les pronoms personnels ; nous nous bornerons donc aux deux observations suivantes :

1º Les pronoms *en, y* se tournent, le premier par *de lui, d'elle, d'eux, d'elles* ; le deuxième par *à lui, à elle, à eux, à elles,* et se mettent au cas déterminé par le mot qui les régit. **Ex :**

J'ai vu votre maison et j'en ai admiré la beauté, c. a. d. la beauté d'elle ; *vidi tuam domum et illius puchritudinem miratus sum.*

J'aime cet enfant et j'en suis aimé, c. a. d. je suis aimé de lui ; *puerum diligo et ab eo diligor.*

L'affaire est très-sérieuse, j'y donnerai mes soins, c. a. d. à elle ; *res est gravissima, huic operam dabo.*

Les mots *en, y* marquent quelquefois le lieu et signifient *de cet endoit, en cet endroit.* Ils sont alors adverbes et peuvent se rendre par les adverbes de lieu, *indè, eò* ou *ubi* suivant la question.

2º. Quand *celui, celle, ceux, celles,* suivis d'un génitif, sont employés pour un nom précédent, on ne se sert pas de *ille, illa, illud,* mais on répète le nom qui précède. Exemples :

Les qualités de l'âme son bien préférables à celles du corps ; *animi dotes corporis dotibus longè præstant.*

La vie des hommes est plus courte que celle des corneilles ; *brevior est vita hominum quàm cornicum vita.* (On peut ne pas répéter le nom, quand il doit être mis au même cas, et dire : *brevior est hominum quàm cornicum vita.*)

PRONOM RÉFLÉCHI.

§. 200. Le pronom réfléchi, comme le pronom personnel, se met au cas que régit le verbe dont il est le complément. Exemples :

L'orgueilleux se loue ; *superbus se laudat*.

Il se flatte ; *sibi blanditur*.

REMARQUE. L'adjectif MÊME, *ipse*, *ipsa*, *ipsum*, employé avec un verbe réfléchi, s'accorde en latin avec le nominatif de ce verbe, et non avec son régime. Exemple :

L'avare se nuit à lui-même : en latin, l'avare lui-même se nuit ; *avarus ipse sibi nocet*.

§ 201. Si le verbe est *réciproque*, c'est-à-dire, s'il exprime une action faite par plusieurs sujets qui agissent réciproquement l'un sur l'autre, on met également au cas régi par le verbe, le pronom réfléchi, auquel on ajoute le mot *invicem*, qui marque la réciprocité. Exemples :

Pierre et Jean se louent ; *Petrus et Joannes se invicem laudant*.

Ils se flattent ; *sibi invicem blandiuntur*.

On peut quelquefois se contenter d'ajouter *inter se* au verbe latin : ils se battent, *inter se pugnant*. Ils se craignent, *inter se timent*.

§. 202. Très-souvent le verbe réfléchi se trouve complettement rendu par le seul verbe latin sans le secours du pronom. C'est ainsi que *se promener*, *se réjouir*, *se plaindre*, *s'abstenir*, etc., se traduisent simplement par *ambulare*, *lætari*, *queri*, *abstinere*, etc., Les commençants ne doivent pas négliger cette observation.

§. 203. Le verbe *pronominal* a la même forme que le verbe réfléchi, mais il n'exprime pas , comme celui-ci, une action faite et subie par la même personne. Il est équivalent au verbe passif et se rend par le passif en latin. Exemples :

Ce mot se trouve dans Phèdre ; c'est-à-dire , est trouvé... *vox illa invenitur apud Phædrum.*

Il ne s'ébranle pas de vos menaces ; c'est-à-dire , il n'est pas ébranlé... *minis non movetur tuis.*

ADJECTIF CONJONCTIF OU RELATIF.

§ 204. Quelques grammairiens pensent que l'adjectif *qui, quæ, quod*, est formé par la contraction de la conjonction *que* prise pour *et*, et de l'adjectif démonstratif *is, ea, id*. Quoi qu'il en soit de cette assertion, on peut la supposer fondée, et on en déduira la règle suivante :

RÈGLE GÉNÉRALE.

Pour rendre en latin l'adjectif *qui* , *que* , *dont* , etc., substituez à sa place la conjonction *et* avec le nom sous-entendu auquel l'adjectif se rapporte; vous verrez ainsi à quel cas doit être ce nom. Rétablissez ensuite l'adjectif conjonctif, que vous mettrez au même genre, au même nombre et au même cas. Exemples:

Dieu , qui règne dans les cieux, est notre père commun ; *Deus , qui regnat in cælis, est nobis pater communis.*

Dieu , dont nous admirons la providence, n'oublie jamais ses enfants ; *Deus , cujus miramur providentiam , nunquam liberorum obliviscitur.*

J'ai acheté les livres dont j'avais besoin , *emi libros quibus mihi opus erat.*

Mon père et ma mère, que j'aime , arriveront bientôt : *pater meus et mater mea, quos amo, brevi advenient.*

1er EXEMPLE: Il est équivalent à ces deux propositions : Dieu est notre père commun, et il règne dans les cieux ; *Deus est nobis pater communis*, ET ILLE OU ET DEUS *regnat in cælis.* *Deus* sujet de la 2e proposition est un nom singulier masculin et au nominatif. A la place de *et Deus* mettez donc l'adjectif conjonctif au nominatif singulier masculin ; et rendant à la proposition conjonctive la place qu'elle occupe en français, dites : *Deus*, QUI *regnat in cælis*, *est etc.*

2e EXEMPLE. Tournez , Dieu n'oublie jamais ses enfants, et nous admirons la providence de Dieu ; *Deus nunquam liberorum obliviscitur*, ET DEI *providentiam miramur.* A là place de *et Dei* mettez l'adjectif conjonctif au génitif singulier masculin, et dites : *Deus*, CUJUS *miramur providentiam, nunquàm, etc.*

3e. EXEMPLE. J'ai acheté les livres dont j'avais besoin. Tournez, j'ai acheté des livres et j'avais besoin de ces livres. *De ces livres* doit être à l'ablatif régi par *opus erat* : c'est un nom pluriel et masculin en latin , mettez donc l'adjectif conjonctif à l'ablatif pluriel masculin, et dites : *emi libros* QUIBUS *mihi opus erat.*

4e EXEMPLE. Mon père et ma mère, que j'aime , arriveront bientôt. Tournez, mon père et ma mère arriveront bientôt, et j'aime mon père et ma mère. Dans cette dernière proposition, *mon père et ma mère* doivent être à l'accusatif ; l'adjectif conjonctif sera donc aussi à l'accusatif. Il sera de plus au pluriel, parce que deux singuliers valent un pluriel ; et puis au masculin, parce que le masculin a la priorité sur le féminin. Dites en conséquence : *Pater meus et mater mea*, QUOS *amo, brevi advenient.* Si les deux noms désignaient des êtres inanimés , l'adjectif conjonctif se mettrait au pluriel neutre. (*V.* § 111.)

NOTA. Outre ces propositions conjonctives qui ne modifient qu'un seul mot de la proposition principale, il en est d'autres qui la modifient toute entière ; nous en parlerons incessamment.

(*V.* § 231.)

ADJECTIF INTERROGATIF.

§. 205. L'adjectif interrogatif *qui , quel, quelle ,* etc. ; en latin *quis , quæ , quid* et *quod* avec un nom , s'accorde en genre , en nombre et en cas , avec le nom auquel il se rapporte , et dont le cas est déterminé par sa position dans la phrase. Cet accord a toujours lieu, que le nom soit exprimé ou sous-entendu. Exemples :

Quelle mère n'aime pas ses enfants ? *quæ* ou *quænam mater liberos suos non amat ?*

Qui vous a dit cela ? c'est-à-dire quel homme.. *quis* (homo) *hoc tibi dixit ?*

Qui appelez-vous ? c'est-à-dire, quel homme appelez-vous? *quem vocas ?* (Sous-entendu *hominem*).

Que faites-vous ? c'est-à-dire, quelle chose... *quid agis ?* Avec *quid*, on sous-entend toujours *negotium*.

Qu'étudiez-vous ? *cui rei studes ?*

Quand le verbe régit un autre cas que l'accusatif, il faut toujours exprimer *res* ou *negotium*. C'est que l'adjectif interrogatif n'a de terminaison particulière pour le neutre, qu'au nominatif et à l'accusatif.

Qui des deux, lequel des deux s'exprime par *uter, utra, utrum,* et les deux noms qui suivent se mettent au même cas que *uter.* On met *ne* après le premier, et *an* avant le second. Le superlatif français se met au comparatif en latin , **Ex** :

Lequel des deux est le plus savant, vous ou votre frère. En latin, lequel des deux est plus savant (que l'autre), est-ce vous, est-ce votre frère ? *uter est doctior, tune, an frater ?*

§. 206. Après une interrogation, le nom de la réponse se met au même cas que celui de la demande , parce que le même verbe est sous-entendu. Exemples :

Qui vous a racheté ? Jésus-Christ ; *quis te redemit ? Jesus Christus.* (Sous-entendu *me redemit*).

Qui a pitié des paresseux ? personne ; *quem miseret pigrorum ? neminem.* (Sous-entendu *miseret*).

A qui importe-t-il? à moi; *cujusnam interest ? mea.* Nous avons vu que l'on doit dire, *mea interest.*

§. 207. Les adjectifs interrogatifs *quantus , a , um* et *quotus , a , um ,* exprimant, le premier la quantité, la grandeur ; le deuxième, le rang, le quantième, suivent la règle des adjectifs précédents, et la réponse à ce dernier se fait par le nombre ordinal. Exemples :

Quelle heure est-il? sept heures; en latin, la septième heure ; *quota hora est ? septima.*

Quel malheur vous menace! c'est-à-dire, quel grand malheur... *quanta tibi instat pernicies !*

Quand la réponse se fait en français par *oui* ou par *non,* on répète ordinairement en latin le verbe de la demande. Exemple :

Avez-vous vu mon frère? oui ; *vidistine fratrem meum ? vidi...* non ; *non vidi.*

DES MODES.

§ 208. On peut diviser les modes du verbe en modes absolus et en modes relatifs. Les modes absolus sont ceux où le verbe est exempt de toute dépendance antécédente ; tels sont l'indicatif, l'impératif et le conditionnel. Les modes relatifs, au contraire, dépendent toujours d'un mode antécédent, et ne peuvent présenter de sens qu'au moyen de cette dépendance ; tels sont l'infinitif et le subjonctif.

Le verbe de la proposition principale est toujours à un mode absolu.

L'indicatif et le conditionnel peuvent être employés comme modes relatifs, dans le cas des propositions conjonctives, dont nous parlerons ci-après.

L'emploi des modes absolus étant le même en latin qu'en français, nous nous bornerons aux observations suivantes sur l'impératif et le conditionnel.

1° On emploie plus volontiers la première forme de l'impératif, pour exprimer un commandement qui doit être exécuté aussitôt ; et la deuxième forme terminée en *to ,* quand l'impératif renferme une idée de futur. Exemple:

Jolas, envoie-moi Phyllis, c'est aujourd'hui le jour

de ma naissance ; et quand j'immolerai la génisse pour la conservation de mes fruits, viens toi-même à la fête ; *Phyllida* **MITTE** *mihi, meus est natalis, Iola ; cùm faciam vitulâ pro frugibus, ipse* **VENITO.**

Les latins ne se conformaient pas toujours à cette règle.

2• La troisième personne de l'impératif est presque toujours rendue en latin par la troisième personne du présent du subjonctif. Exemple : Qu'il s'en aille, le traître ; *abeat proditor.*

3º Quand l'impératif est accompagné d'une négation, on met *ne* avec l'impératif ou le subjontif ; ou bien l'on se sert de *noli, nolite,* avec l'infinitif. Exemple : N'insultez pas les malheureux ; *ne insulta,* ou *ne insultes miseris ;* ou bien *noli, nolite insultare miseris.*

Le subjonctif mis pour l'impératif, est régi par quelque verbe sous-entendu, par exemple, *oportet ut,* il faut que. (*V.* § XXXI)

4º La langue latine n'a point de forme particulière pour le conditionnel ; on y supplée par le subjonctif. Le conditionnel présent est rendu par l'imparfait et quelquefois par le présent du subjonctif ; et le conditionnel passé, par le plusque-parfait du même mode.

PROPOSITION COMPLÉMENTAIRE.

§ 209. Si je dis, *je crois que le maître est venu, j'espère qu'il viendra, je désire, j'attends, je doute qu'il vienne,* dans chacune de ces phrases, la 2ᵉ proposition forme le complément direct du premier verbe, et a reçu pour cette raison le nom de proposition *complémentaire.*

Les mêmes exemples font voir qu'en français la conjonction *que* est communément employée pour indiquer que deux propositions sont en rapport, et que cette même conjonction sert à exprimer des rapports très-différents entr'eux. Il n'en est pas de même en latin, où la conjonction ou le mode du verbe de la proposition subordonnée, diffèrent, suivant que les rapports qu'ils servent à exprimer sont différents eux-mêmes. De là, deux sortes

de propositions complémentaires, la proposition complémentai-
re-*infinitive* et la proposition complémentaire-*subjonctive*.

DE L'INFINITIF.

PROPOSITION COMPLÉMENTAIRE-INFINITIVE,

ou QUE RETRANCHÉ.

§. 210. RÈGLE. Après les verbes qui expriment simplement une affirmation, c'est-à-dire, qui ne renferment aucune idée accessoire de souhait, de crainte ou de doute, tels que *croire, savoir, dire, assurer, prétendre, promettre*, et un grand nombre d'autres, on n'exprime pas le *que* français ; mais la deuxième proposition se tourne par l'infinitif, et son nominatif se met à l'accusatif. Exemple :

Je crois qu'il lit : en latin, je crois lui lire ; *credo illum legere.*

Cette proposition subordonnée est appelée proposition *complémentaire-infinitive.*

§ 211. Comme le mode infinitif a trois temps, il est essentiel d'examiner quel usage on en doit faire dans la proposition complémentaire. L'emploi de ces temps dépend de la comparaison des actions exprimées par les deux verbes, ainsi qu'on le voit dans les règles suivantes.

CREDO ILLUM LEGERE

RÈGLE. Si les actions exprimées par les deux verbes sont simultanées, mettez le deuxième au présent de l'infinitif. Exemple :

Je crois, je croirai qu'il lit ; *credo, credam illum legere.*

Je croyais, j'ai cru, j'avais cru qu'il lisait ; *credebam, credidi, credideram illum legere.*

Je ne crois pas qu'il lise maintenant ; c. a. d. lui lire ; *non credo illum nunc legere.*

§. 212.   *CREDO ILLUM LEGISSE.*

RÈGLE. Si l'action marquée par le deuxième verbe , est antérieure à l'action marquée par le premier, mettez le deuxième verbe au parfait de l'infinitf. Exemples :

Je crois, je croirai qu'il lisait , qu'il a lu , qu'il avait lu , qu'il aura lu ; c'est-à-dire , lui avoir lu ; *credo, credam illum legisse.*

Je ne croirais pas , je n'aurais pas cru qu'il eût lu : en latin, lui avoir lu ; *non crederem , non credidissem illum legisse.*

Je vous ai dit que Phèdre était esclave : Phèdre n'é-ait plus esclave quand je vous l'ai dit , il l'avait été : *tibi dixi Phædrum fuisse servum.*

§. 213.   *CREDO ILLUM LECTURUM ESSE.*

RÈGLE. Si l'action marquée par le deuxième verbe , est postérieure à l'action marquée par le premier , met-tez le deuxième verbe au futur de l'infinitif. Exemples :

Je crois qu'il lira, qu'il lirait , si..... c'est-à-dire , je crois lui devoir lire ; *credo illum lecturum esse.*

Je croyais, j'ai cru , j'avais cru qu'il lirait : en latin , lui devoir lire ; *credebam , credidi , credideram illum lecturum esse.*

Je ne crois pas qu'il lise demain , c.a.d. lui devoir lire; *non credo illum cras lecturum esse.*

Je crois qu'il aurait lu , s'il avait eu des livres : en latin, je crois lui avoir dû lire , si...... *credo illum lecturum fuisse , si libros habuisset.*

Dans cet exemple, l'action exprimée par le verbe de la propo-sition complémentaire , est passée par rapport au verbe de la proposition principale ; l'action de lire devrait être faite au moment où je crois: mais en même temps cette action est future par rapport au verbe de la proposition subordonnée, *s'il avait eu des livres*; car, avant de lire, il fallait avoir des livres. Ce double rapport au passé et au futur, est rendu en latin par le futur antérieur de l'infinitif; tournez donc, je crois lui avoir dû lire, ou plutôt, je crois lui avoir été devant lire, si... *credo illum lecturum fuisse, si....*

§. 214. Lorsque le verbe de la proposition complémentaire doit être au futur de l'infinitif, et que ce verbe n'en a pas, on se sert pour rendre le futur et le conditionnel présent, de *fore ut, futurum esse ut*; et pour rendre le conditionnel passé, de *futurum fuisse ut*, avec le subjonctif. (*V.* § 228.) Exemples :

Je crois que vous vous repentirez : en latin, je crois cela devoir arriver, cela devoir être, que vous vous repentiez ; *credo* (illud) *futurum esse ut te pœniteat.*

Je croyais que vous vous seriez repenti : en latin, je croyais cela avoir dû être, que vous vous repentissiez ; *credebam futurum fuisse ut te pœniteret.*

§. 215. Cette proposition infinitive, si fréquente en latin, est quelquefois usitée en français : c'est surtout lorsque les actions exprimées par les deux verbes sont faites par la même personne. Dans ce cas, on n'exprime pas en français le pronom qui sert de sujet à la proposition complémentaire, mais il faut l'exprimer en latin. Exemples :

Je crois avoir lu : en latin, je crois moi avoir lu ; *credo me legisse*

Vous croyez être heureux : en latin, vous croyez vous être heureux ; *credis te esse beatum.*

Je me souviens d'avoir lu ; *memini me legere*

Après *memini*, on met mieux le présent de l'infinitif que le parfait, parce qu'en traduisant *memini* par un parfait, ainsi que

nous l'avons vu (§ 54.), on voit qne les deux actions sont simultanées.

§. 216. Quand un adjectif servant d'attribut à une
proposition complémentaire , se rapporte à un nom qui
doit être au génitif en latin , cet adjectif se met à l'accusatif. Exemple :

Il importe à un jeune homme d'être diligent ; *refert
adolescentis esse impigrum.*

Cet accusatif s'accorde avec le sujet sous-entendu de la proposition complémentaire : *refert adolescentis (eum) esse impigrum.*

DU SUBJONCTIF.

PROPOSITIONS COMPLÉMENTAIRE—SUBJONCTIVE.

§ 217. La proposition complémentaire subjonctive a ordinairement en français la même forme que la proposition *complémentaire infinitive*, mais elle en diffère en ce que, comme celle-ci,
elle n'exprime pas une affirmation ; mais renferme au contraire un
degré plus ou moins grand d'incertitude, et présente toujours
une idée de futur. Cette proposition est ainsi appelée du
mode subjonctif qui est destiné à la rendre. Alors la conjonction française *que* s'exprime en latin par des conjonctions diffe-
rentes suivant la nature des rapports qu'elle sert à exprimer.

Souvent il arrive que ces mêmes rapports sont rendus en français par la préposition *de* suivie d'un infinitif ; mais cela ne change
rien à leur nature, ni par conséquent à la manière de les exprimer
en latin. Il suffit alors de tourner par *que* avec le subjonctif, la
proposition subordonnée.

§ 218.   *TIBI SUADEO UT LEGAS.*

RÈGLE. Après les verbes qui renferment une idée
de volonté ou de désir , tels que *conseiller , persuader,
souhaiter, faire en sorte, vouloir, commander, prier,
avoir soin, permettre, etc . que* ou *de* signifie *afin
que,* et s'exprime par *ut* avec le subjonctif ; et s'il

suit une négation, par *ut ne*, ou plus simplement par *ne*, en sous-entendant *ut*. Exemples :

Je vous conseille de lire ; c'est-à-dire, afin que vous lisiez ; *tibi suadeo ut legas :* de ne pas jouer, c'est-à-dire, afin que vous ne jouiez pas ; *ne ludas*.

Ayez soin de vous bien porter ; c'est-à-dire, afin que, etc..... *cura ut valeas ;* de ne pas tomber malade, *ne in morbum incidas*.

Dites lui, avertissez-le de prendre garde à lui ; c'est-à-dire, afin que..... *dic illi, mone illum ut sibi caveat*.

§ 219. Tel est le principe général de la proposition complémentaire-subjonctive, et l'on ne peut se tromper en s'y conformant. Cependant après plusieurs verbes appartenant à la classe précédente, les latins emploient fort bien la proposition complémentaire-infinitive, au lieu de la proposition complémentaire-subjonctive. Ils s'expriment alors comme on le ferait dans une langue qui manque du mode subjonctif.

CUPIO TE LEGERE ou UT LEGAS.

Après les verbes *jubere*, ordonner, *cupere*, désirer ; *velle*, vouloir ; *sinere*, permettre ; *pati*, souffrir ; *optare*, souhaiter ; *postulare*, demander, etc ; on peut, au lieu d'employer le mode subjonctif, retrancher le *que*, en mettant le deuxième verbe à l'infinitif, et son nominatif à l'accusatif. Exemples :

Je désire que vous lisiez ; *cupio te legere*, ou *ut legas*.

Je vous ordonne d'étudier ; *jubeo te studere*, ou *jubeo tibi ut studeas*..

§ 220. Après *mériter*, être digne, dignum esse, *de* ou *que* s'exprime par *ut* avec le subjonctif. On peut aussi se servir de l'adjectif conjonctif, *qui, quæ, quod*, que l'on fait accorder en genre et en nombre avec le nom qu'il remplace, et que l'on met au cas voulu par sa position dans la phrase. Exemples :

Il est digne de commander : tournez, qu'il commande : *dignus est ut imperet*, ou *qui imperet*. *Qui* tient lieu de *ut ille*.

Il mérite que j'aie pitié de lui ; *dignus est ut illius me misereat*, ou *cujus me misereat*. *Cujus* tient lieu de *ut illius*.

Vous méritez qu'il vous rende service ; *dignus es ut de te benè mereatur* ou *de quo mereatur*. *De quo* tient lieu de *ut de te*.

On sent que le pronom personnel remplacé par *qui*, doit se rapporter au nominatif du verbe *mériter*. Dans le cas contraire, on ne peut se servir que de la conjonction *ut*. Ainsi on ne pourrait pas dire, *dignus sanè es qui sic agam*, vous méritez bien que j'agisse ainsi ; il faudrait dire, *ut sic agam*.

§ 221. Après les verbes *craindre, appréhender, avoir peur, prendre garde*, *que* ou *de* s'exprime par *ne* avec le subjonctif, si l'on désire que la chose n'arrive pas ; et par *ut* ou *ne non*, si l'on désire que la chose arrive. (Deux négations valent une affirmation). Exemples :

Je crains que le maître ne vienne ; c'est-à-dire, afin que le maître ne vienne pas ; *timeo ne præceptor veniat*.

Je crains qu'il ne vienne pas ; c'est-à-dire, afin qu'il vienne ; *timeo ut* ou *ne non veniat*.

Prenez garde de tomber ; c'est-à-dire, afin que vous ne tombiez pas, *cave ne cadas*.

Prenez garde que votre devoir ne soit pas fait, *cave ut confectum sit officium tuum*.

On peut remarquer que cette règle est l'inverse de la précédente, c'est-à-dire, qu'elle prescrit d'employer en latin la conjonction négative, lorsque la proposition subordonnée ne renferme point de négation en français, et réciproquement. Avec un peu d'attention, on verra que cette différence provient de ce que toute crainte est un désir négatif, et qu'une négation de la proposition complémentaire-subjonctive passe dans la signification des verbes français, *craindre, prendre garde, etc.* Ainsi, *je crains que le maître ne vienne*, signifie, *je désire qu'il ne vienne pas ; je crains qu'il vienne pas*, signifie, *je désire qu'il ne puisse pas se faire qu'il ne vienne pas*, ou *je désire qu'il vienne*. La même observation s'applique aux verbes *empêcher, défendre*. (Voyez le § suivant.)

REMARQUE. Quand le verbe *craindre* signifie *faire difficulté*, on l'exprime par *dubitare* avec l'infinitif. Ex. Il ne craint pas d'avouer, c'est-à-dire, il ne fait pas difficulté, il n'hésite pas d'avouer, *fateri non dubitat*.

Si *prendre garde* signifie *remarquer*, on l'exprime par *animadvertere*, et le *que* se retranche. Exemple : Il ne prend pas garde qu'on se moque de lui, c'est-à-dire, il ne remarque pas..... *non animadvertit se derideri*.

§ 222. Après les verbes *empêcher, défendre*, le *que* ou *de* s'exprime par *ne*, avec le subjonctif. Exemples :

Dieu nous défend de mentir ; en latin, Dieu défend que nous ne mentions, ou afin que nous ne mentions pas ; *Deus prohibet ne mentiamur.*

Cela m'a empêché de partir, c'est-à-dire, cela a empêché que je ne partisse ; *id impedivit ne proficiscerer*.

Si *empêcher* est accompagné d'une négation ou d'une interrogation, le *que* ou *de* suivant s'exprime par *quin* ou *quominùs*, avec le subjonctif. Exemples :

Je ne vous empêche pas, qui vous empêche de partir ? *non impedio, quis impedit quin proficiscaris ?*

Le mauvais temps ne m'a pas empêché de venir vous voir ; *non impedivit adversum tempus quin* ou *quominùs ad te venirem.*

On voit que dans ce cas l'interrogation est équivalente à une négation.

Quin est une abréviation de *qui non*, et nous avons déjà vu (§ 220.) que *qui* peut se prendre pour *ut ego, ut tu, ut ille, etc.*

Ainsi dans le 1ᵉʳ exemple, *quin* remplace *ut tu non*. *Quominùs* est équivalent à *ut eo* (negotio) *minùs*.

§ 223. Après les verbes *il n'importe pas*, *il importe peu*, *qu'importe*, ainsi qu'après les verbes *douter*, *se mettre en peine* (parùm curare), le *que* ou *de* suivant signifie *est-ce que*, et s'exprime par *an* avec le subjonctif. S'il suit deux conjonctions, la première se rend par *utrùm*, et la deuxième par *an*, toujours avec le même mode. Exemples :

Il m'importe peu, que m'importe d'être riche ou pauvre ? c'est-à-dire, est-ce que je suis riche, est-ce que je suis pauvre ? *nihil mea refert, quid mea refert utrum dives sim, an pauper.* Au lieu de *utrùm* on peut mettre *ne* après le premier mot, et *an* avant le deuxième ; *divesne sim an pauper ?*

Je me mets peu en peine que vous m'écoutiez ou non ; *parùm curo utrùm me audias, an non* ou *nec-ne.* (Sous-entendu *audias*).

Si le verbe *douter* est accompagné d'une négation ou d'une interrogation, le *que* suivant s'exprime par *quin* avec le subjonctif. Exemple :

Je ne doute pas qu'il se porte bien ; *non dubito quin valeat.*

§ 224. Quelquefois après les verbes précédents, et toujours après les verbes de doute, comme *examiner*, *ne pas savoir*, *délibérer*, *demander*, *juger*, *s'informer*, le même rapport est rendu en français par la conjonction *si*, suivie du mode indicatif. Comme dans ce cas, cette conjonction signifie également *est-ce que*, elle se rend aussi en latin par *an* ou *utrùm*, en mettant tous les temps de l'indicatif français aux mêmes temps du subjonctif latin. Exemples :

Elle demanda si elle était plus grosse que le bœuf ; c'est-à-dire, est-ce qu'elle était,...... *interrogavit an esset latior bove.*

Je ne sais s'il dort ou s'il écoute ; *nescio utrùm dormiat, an audiat* : s'il dort ou non ; *an dormiat, necne*.

Si le deuxième verbe est au futur ou au conditionnel, on suit à son égard la règle donnée ci-après, pour exprimer les mêmes temps après les adverbes conjonctifs. (§ 230).

§ 225. Après les verbes *se réjouir, se repentir, être fâché, avoir honte, s'étonner, être surpris, remercier, savoir bon gré*, *de* ou *que* signifie *de ce que*, et se rend en latin par *quòd* qui régit ordinairement le subjonctif. Exemples :

Je me réjouis de vous avoir été utile ; c'est-à-dire, de ce que..... *gaudeo quòd tibi profuerim*. On peut dire aussi : *gaudeo me tibi profuisse*.

J'ai honte de ne vous avoir pas encore répondu ; c'est-à-dire, de ce que, etc...... *me pudet quòd ad te nondùm rescripserim*.

§ 226. Après *être cause*, le *que* signifie *pourquoi*, et s'exprime par *cur* avec le subjonctif. Exemple :

La maladie a été cause que je ne suis pas allé vous voir ; *morbus fuit causa cur te non inviserim*.

§ 227. Après *attendre*, le *que* signifie *jusqu'à ce que*, et se rend en latin par *dùm* ou *donèc* également avec le subjonctif. Exemple :

Attendez que mon fils soit arrivé ; c'est-à-dire, jusqu'à ce que..... *exspecta dùm ou donèc filius meus advenerit*.

§ 228. De ce que nous venons de voir, il résulte que les conjonctions *ut, ne, an, quin, quominùs, dùm, donèc*, régissent le subjonctif, ainsi que le régit en français la conjonction *que*, qui en tient ordinairement lieu. Mais à quel temps du subjonctif faut-il mettre, soit en latin, soit en français, le verbe de la proposition subordonnée, après les conjonctions qui régissent ce mode ? Il suffit à cet égard d'observer l'analogie des temps, exposée dans les deux règles suivantes.

1ʳᵉ RÈGLE.

Si le premier verbe est au présent ou au futur, le verbe de la proposition subordonnée se met au présent du subjonctif pour exprimer un présent ou un futur, et au parfait, pour exprimer un passé. Exemple :

J'attends, j'attendrai qu'il vienne, qu'il soit venu ; *exspecto, exspectabo donèc adveniat, donèc advenerit.*

2ᵉ RÈGLE.

Si le premier verbe est à un temps passé ou au conditionnel, le deuxième verbe se met à l'imparfait ou au plusque-parfait du subjonctif. Exemple :

J'attendais, j'ai attendu, j'avais attendu, j'attendrais, j'aurais attendu, qu'il vînt, qu'il fût venu ; *exspectabam, exspectavi, exspectaveram, exspectarem, exspectavissem donèc adveniret, donèc advenisset.*

REMARQUE.

Après un nom dérivé d'un verbe, *que* ou *de* s'exprime ordinairement de la même manière qu'après le verbe que ce nom représente. Exemples :

Nul doute que la Grèce ne soit écrasée, *nihil dubii est quin Græcia obruatur.* C'est comme si l'on eût dit : *non dubitandum est quin....*

Il est dangereux qu'un petit nombre de Spartiates n'arrêtent tant de milliers de nations ; *periculum est ne pauci Lacones morentur tot gentium millia. Periculum est,* est équivalent à *timendum est ne..... etc.*

§ 229. Souvent il arrive que le rapport de la proposition complémentaire à la proposition dont elle dépend, est exprimé, non par une conjonction proprement dite, mais par un adverbe ou un adjectif faisant l'office de conjonction. Il existe alors, entre la syntaxe latine et la syntaxe française, une différence essentielle, qui donne lieu à la règle générale suivante. (§ LV).

RÈGLE GÉNÉRALE.

Tout adverbe ou adjectif conjonctif, comme *ubi*, *quò*, *undè*, *cur*, *quandò*.... *quis*, *quantus*, *uter*, etc. répondant à la question *quoi*, régit le verbe suivant au subjonctif ; et comme cette règle n'a lieu qu'en latin, on met tous les temps de l'indicatif français aux mêmes temps du subjonctif latin. Exemples :

Je voudrais savoir où vous êtes, *scire velim ubi sis ;* d'où vous venez, *undè venias*, où vous allez, *quò eas.*

Vous ne savez pas qui je suis ; *nescis quis ego sim.*

Dites moi quelle heure il est ; *dic mihi quota hora sit.*

Je ne sais lequel des deux a été le plus éloquent ; *nescio uter fuerit eloquentior.*

Ce qui, ce que, entre deux verbes, et pouvant se tourner par *quelle chose*, s'exprime par *quid* également avec le subjonctif. Exemple :

Ecrivez-moi ce qui se passe là où vous êtes, c'est-à-dire, quelle chose se passe.... *ad me scribe quid istic agatur.*

§ 230. Si le verbe de la deuxième proposition est au futur ou au conditionnel, comme ces temps n'existent pas au mode subjonctif, on y supplée, suivant la voix du verbe, par le participe futur actif ou passif, auquel on ajoute *sim, sis, sit*, pour rendre le futur ; *essem, esses, esset*, pour rendre le conditionnel présent, et *fuissem, fuisses, fuisset*, pour le conditionnel passé. Exemples :

Je ne sais quand il viendra : en latin, je ne sais quand il est devant venir ; *nescio quandò venturus sit.*

Je ne savais quand il viendrait : en latin, quand il était devant venir ; *nesciebam quandò venturus esset.*

Je ne sais quand il serait venu ; *nescio quandò venturus fuisset.*

Enfin, si le deuxième verbe n'a pas de participe futur, on le met simplement au subjonctif, en y joignant, s'il y a lieu, quelque adverbe qui marque le futur. Exemples :

Je ne sais quand il se repentira ; *nescio quandò illum pœniteat* : s'il se repentira, *an illum unquàm pœniteat.*

PROPOSITION CONJONCTIVE.

§ 231. Souvent une proposition est ajoutée à une autre, pour en exprimer quelque terme circonstanciel. Comme alors elle est liée à celle dont elle dépend par une conjonction, on l'appelle pour cette raison, proposition *conjonctive.*

Les propositions conjonctives prennent tantôt le mode indicatif et tantôt le subjonctif. Le choix du mode dépend ordinairement de la nature du rapport existant entre les deux propositions, et l'on sait que l'indicatif exprime une affirmation, tandis que le subjonctif renferme toujours une idée de doute (*V* § 217). Le mode est quelquefois aussi déterminé par les conjonctions.

§ 232. La conjonction conditionnelle *si*, se rend en latin par *si*, qui régit le subjonctif devant l'imparfait et le plusque-parfait ; et devant les autres temps, l'indicatif ou le subjonctif. Exemples :

L'homme serait heureux, s'il pratiquait toujours la vertu ; *beatus esset homo, si virtutem usquè coleret.*

Quand le verbe de la proposition principale est à l'un des deux futurs, le verbe de la proposition conjonctive se met très-bien aussi au futur. Exemples :

Si vous venez me voir, vous me ferez plaisir : en latin, si vous viendrez, si vous serez venu.... *si venies* ou *si veneris, pergratum mihi facies* ou *feceris.*

La conjonction *nisi*, à moins que, composée de *si non*, régit le subjonctif. Exemple :

La mémoire s'affaiblit, si on ne la cultive ; *memoria minuitur, nisi eam exerceas.*

Si, signifiant *lorsque*, veut après lui le mode indicatif. Exemple :

Si je l'appelais, il s'en allait ; tournez, quand je l'appelais..... *quem si arcessebam, abibat.*

§ 233. *Ut*, signifiant *afin que*, régit le subjonctif, ainsi que nous l'avons vu ; mais signifiant *dès que*, cette conjonction régit l'indicatif.

Les conjonctions *quanquàm*, *etsi*, *tametsi*, QUOIQUE, se joignent avec l'indicatif ; tandis que *quamvis*, *licèt*, *etiamsi*, qui ont la même signification, régissent le subjonctif. Ces deux règles ne sont cependant pas sans exceptions.

Dùm signifiant *tandis que*, et *cùm* signifiant *lorsque*, ne régissent le subjonctif que devant l'imparfait et le plusque-parfait. Exemple :

Tandis qu'un chien portait de la chair, il vit etc..... *canis dùm ferret carnem, vidit.....*

Mais *dùm* signifiant *pourvu que, jusqu'à ce que*, et *cùm* signifiant *puisque, vu que*, régissent toujours le subjonctif. Exemple :

Il faut partir, puisque vous le voulez ; *cùm ita velis, proficiscendum est.*

§ 234. Après une circonstance de temps, exprimée soit par un seul mot, comme *vix, nunc, heri, quâdam die*, soit par une proposition entière, le *que* français qui précède la proposition conjonctive, signifie *lorsque*, et s'exprime par *cùm.* Exemples :

A peine fut-il arrivé, qu'il tomba malade ; *vix advenit, cùm in morbum incidit.*

Un jour que j'étais avec vous ; *quâdam die cùm tecum essem.....*

Un joŭr viendra que.....*veniet tempus cùm.....*

§ 235. Souvent il arrive que la proposition conjonctive est ex-primée en français par une préposition suivie de l'infinitif. Comme, en latin, hors le cas des gérondifs dont nous avons exposé les di-vers usages, l'infinitif ne reçoit jamais de préposition, il faut alors remplacer la préposition par une conjonction, ou avoir re-cours à une tournure équivalente.

Pour, devant l'infinitif, se tourne par *afin que*, e se rend par *ut* avec le subjonctif. On peut aussi l'ex-primer par *ad* avec le gérondif en *dum*, ou par *causâ* ou *gratiâ* avec le gérondif en *di*. Exemple :

Il se leva pour répondre ; *surrexit ut responderet,* ou *ad respondendum*, ou *respondendi causâ.*

Avec un comparatif, au lieu de *ut*, on se sert de *quò*, Exemple :

Reposez–vous, pour mieux travailler ; *otiare , quò meliùs labores.*

Quò est équivalent à *ut eo* (negotio).

§ 236. Après, suivi d'un infinitif, se tourne par *après que*, et s'exprime par *postquàm*, ou *quàm* avec le mode indicatif. Exemples :

Après avoir lu , j'ai écrit : tournez , après que j'ai eu lu , j'ai écrit ; *postquàm legi , scripsi.*

Après avoir lu , j'écrirai : tournez , après que j'aurai lu ; *postquàm legero , scribam.*

§ 237. Avant de , suivi d'un infinitif, se tourne par *avant que*, et s'exprime par *antequàm , priusquàm*, avec le subjonctif. Exemples :

Je lis avant que d'écrire : en latin , avant que j'écrive; *lego , antequàm scribam.*

J'ai lu avant que d'écrire : en latin , avant que j'é-crivisse ; *legi , antequàm scriberem.*

§ 238. Bien loin de , suivi d'un infinitif, s'ex-

14.

prime par *nedùm*, avec le subjonctif, et la proposition conjonctive se met ordinairement la dernière. Exemple :

Bien loin de m'aimer, il me regarde à peine ; *vix me aspicit, nedùm amet*.

§. 239, AU LIEU DE, suivi d'un infinitif, se tourne quelquefois par *bien loin que*, et s'exprime comme dans l'exemple précédent. Il peut aussi se tourner, suivant le sens de la proposition conjonctive, par *lorsque je devrais, tu devrais* etc., ou par *lorsque je pourrais, tu pourrais*, etc. Exemple :

Au lieu de lire, il joue : tournez, il joue, bien loin qu'il lise ; *ludit nedùm legat* ; ou bien, il joue, lorsqu'il devrait lire ; *ludit, cùm legere deberet*.

Au lieu de jouer, il lit : tournez, lorsqu'il pourrait jouer..... *Cùm posset ludere, legit*.

Cùm deberet marque une obligation, et *cùm posset*, la simple faculté de faire la chose.

§. 240. SANS, devant un infinitif, se tourne par *et ne pas*, et s'exprime par *nec*. Exemple :

Il est sorti sans fermer la porte ; en latin, il est sorti, et n'a pas fermé la porte ; *exiit, nec fores clausit*.

On peut quelquefois remplacer l'infinitif par un nom : sans pleurer, *sine lacrymis* ; sans craindre, *sine metu*.

Si le verbe de la première proposition est accompagné d'une négation ou d'une interrogation, on tourne *sans* par *que ne*, *à moins que*, *avant que*, suivant le sens de la proposition conjonctive, et on l'exprime par *quin*, *nisi* ou *priusquàm*, avec le subjonctif. Exemples :

Personne ne devient savant, qui peut devenir savant, sans lire beaucoup : tournez ; qu'il ne lise, ou à moins qu'il ne lise.... *nemo fit doctus, quis potest fieri doctus, quin* ou *nisi multa legat*.

Je ne partirai pas sans vous avoir dit adieu, c'est-à-dire , avant que…. *non proficiscar priusquàm tibi vale dixerim*.

QUELQUE SUIVI DU VERBE ÊTRE.. , D'UN NOM…. , D'UN ADJECTIF OU D'UN VERBE.

§. 241. 1° *Qui que , quel que , quelle que* , immé-diatement suivis du verbe *être* , s'expriment ordinaire-ment en latin par *quicumque , qualiscumque , quisquis*.

Ces mots font en même temps l'office d'adjectif et de conjonction. Comme adjectifs , ils s'accordent avec le sujet du verbe *être*; et comme conjonctions , ils régissent l'indicatif ou le subjonctif Exemple :

Qui que vous soyez , aidez vos semblables ; *quisquis es* ou *sis , homines adjuva*.

Si ces mots signifient *quelque grand que*, ils se rendent par *quantuscumque* ; et par *quantuluscumque , s'ils* peuvent se tourner par *quelque petit que*. Exemple :

Quelle que soit sa mémoire , il oublie cependant bien des choses , c'est-à-dire , quelque grande que…… *quantacumque sit ejus memoria , multa tamen obli-viscitur*.

2° *Quelque , quelques* , devant un nom suivi d'un autre *que* , fait également l'office d'adjectif conjontif , et s'exprime , en latin , comme dans le cas précédent , avec le subjonctif.

L'adjectif latin s'accorde avec le nom auquel il se rap-porte , et dont le cas est déterminé par sa position dans la phrase. Il renferme le *que* français suivant. Exemples :

Quelque parti que vous preniez , je le prendrai aussi ; *quodcumque consilium capias , et ego capiam*.

Quelque diligence que vous apportiez , le succès est douteux ; *quantamcumquè diligentiam , ou quidquid diligentiæ adhibeas , dubius est successus*.

Si *quelque* se trouve devant un nom pluriel de choses qui se comptent , il s'exprime par *quotcumque* (indé-clinable), ou par *quantumvis multi , æ , a* , toujours avec le subjontif. Exemples.

Quelques services que vous rendiez à un ingrat , vous ne lui en rendrez jamais assez ; *quotcumque apud ingratum officia posueris , nunquàm satis magna contuleris.*

3° *Quelque..... que* , joint à un adjectif, à un adverbe ou à un participe , s'exprime par *quantumvis* ; et si c'est le participe d'un verbe de prix , par *quanticumque* , toujours avec le subjonctif. Exemples :

Quelque savant qu'il soit , tout savant qu'il est , il ignore cependant bien des choses ; *quantumvis sit doctus , multa tamen ignorat.*

Quelque estimable que soit la science , la vertu l'est bien davantage ; *quanticumque œstimanda sit doctrina , virtus est pluris.*

Dans ce cas , *quelque... que* fait l'office d'adverbe conjonctif , et c'est pour cela que ce mot est invariable en latin , comme en français. *Quantumvis* ou *quanticumque* renferme le *que* français suivant.

TROISIÈME PARTIE.

DES IDIOTISMES.

§ 242. Les principes que nous venons d'exposer sont à-peuprès suffisants pour rendre en latin toutes les locutions françaises, qui sont communes aux deux langues. Mais outre ces locutions, la langue française, comme toutes les langues, en a d'autres qui lui sont propres et auxquelles, pour cette raison, on a donné le nom d'*idiotismes*. Nous rangerons encore dans la même classe les locutions françaises qui, quoique conformes aux principes de la grammaire générale, n'ont pas, en latin, d'expressions exactement correspondantes. Il nous reste donc à voir comment on peut rendre en latin les principaux idiotismes de la langue française,

VERBES PASSIFS EN FRANÇAIS, QU'IL FAUT RENDRE PAR L'ACTIF EN LATIN.

§. 243. RÈGLE. Lorsqu'un verbe passif en français répond à un verbe neutre ou déponent en latin, comme ces derniers n'ont point de passif, il faut alors changer le passif en actif, en prenant le régime du verbe passif pour en faire le nominatif du verbe actif, et le nominatif pour en faire le régime. Exemples :

Je suis favorisé de la fortune : tournez, la fortune me favorise ; *mihi favet fortuna.*

Il est admiré de tout le monde : tournez, tout le monde l'admire, *illum omnes admirantur.*

Si le verbe n'a point de régime dont on puisse faire le nominatif, mettez le verbe à la troisième personne du pluriel, en sous-entendant *homines.* Exemples :

Cicéron était admiré lorsqu'il parlait ; *admirabantur Ciceronem, cùm diceret.*

ACTIF CHANGÉ EN PASSIF.

§. 244. Quand le régime d'une proposition complémentaire est à l'accusatif, comme son sujet, sans qu'on puisse les distinguer l'un de l'autre, il faut, pour éviter l'amphibologie, changer l'actif en passif, en prenant le régime du verbe pour en faire le nominatif, et réciproquement. Exemples :

Vous dites que Pierre aime Paul ; *dicis Paulum à Petro amari.*

Si vous traduisiez ainsi : *dicis Petrum amare Paulum*, on ne saurait pas si c'est Pierre qui aime Paule, ou si c'est Paul, qui aĵme Pierre. Pour ôter l'équivoque, tournez donc: vous dites que Paul est aimé de Pierre ; *dicis Paulum à Petro amari.*

DU PRONOM INDÉFINI *on, l'on.*

§ 245. Le pronom indéfini *on, l'on*, vient du latin *homo;* Ce pronom que l'on emploie pour éviter de nommer la personne qui forme le sujet de la proposition, n'existe pas dans la langue latine.

RÉGLE. Le mot indéfini *on, l'on*, se rend en latin en mettant le verbe suivant à la troisième personne du pluriel. Ce verbe s'accorde avec *homines* sous-entendu.

Quelquefois le sens de la phrase permet aussi d'employer la première personne du pluriel. Exemples :

On aime la vertu ; *amant* ou *amamus virtutem.*

On hait celui qu'on craint ; *oderunt quem metuunt.*

On dit que les cerfs vivent long-temps ; *dicunt cervos diutissimè vivere.*

On se repent d'avoir mal vécu ; *homines pœnitet malè vixisse.* Avec *pœnitet, pudet*, etc. il est nécessaire d'exprimer le sujet, parce qu'il n'est pas déterminé par ces verbes unipersonnels.

§. 246. RÉGLE. Si le verbe est actif et suivi de son complément direct, on peut tourner la phrase par le passif. Exemple :

On aime le vertu : tournez, la vertu est aimée : *virtus amatur.*

RÉGLE. Si le verbe est suivi d'une proposition complémentaire, on tourne aussi la phrase par le passif, en prenant le sujet de la proposition complémentaire pour en faire le sujet du premier verbe. Exemple :

On dit que les cerfs vivent très-long-temps : tournez, il est dit que les cerfs, ou plutôt, les cerfs vivre très-long-temps est dit, *dicitur cervos diutissimè vivere.*

§.247.RÈGLE.Enfin,si le pronom *on* se trouve devant un verbe neutre,par une exception remarquable,ce verbe peut aussi se tourner par le passif; mais il n'est usité qu'à la troisième personne du singulier, et devient ainsi unipersonnel. Exemple :

Non-seulement on ne porte pas envie aux jeunes gens, mais on leur est même favorable ; *adolescentibus non modò non invidetur , sed etiam favetur.*

On expliquera cette irrégularité d'un verbe sans sujet, en résolvant ces verbes neutres par le verbe *être* et par un nom verbal qui en formera le sujet : *adolescentibus non modò non (invidia est), verum etiam (favor est).* Cette observation s'applique également aux verbes unipersonnels *pluit, grandinat , etc.*

§. 248. *Quand on , lorsqu'on ,* se tourne par *celui qui.* Exemple :

Quand on désire le bien d'autrui , on perd justement le sien ; *qui bonum alienum appetit , meritò amittit suum.*

Si on , si l'on , se tourne par *si quelqu'un,* SI QUIS. Exemple :

Si l'on vous interroge , répondez ; *si quis te interroget , responde.*

REMARQUE. Après les conjonctions *si , nisi , ne , num , sivè , quò ,* on retranche , par euphonie , *ali ,* dans les mots qui commencent ainsi ; *si quis* pour *si aliquis , si quandò* pour *si aliquandò ,* etc.

Devoir , il faut , SUIVIS D'UN INFINITIF.

§. 249. Quand *devoir , il faut* sont suivis d'un infinitif , on tourne ordinairement la phrase par le passif au moyen de participe en *dus , da , dum.*

Alors si le verbe est actif et suivi de son complément direct , ce complémnent devient le sujet de la phrase. Exemple :

On doit fuir , il faut fuir la société des méchants , *fugienda est malorum societas.*

Si c'est un verbe neutre , il devient unipersonnel ,
et le participe futur passif, se met au genre neutre.
Exemples :

Il fallait fuir , *fugiendum erat.*

Il faut combattre , *pugnandum est.*

Dans l'un et l'autre cas , le nom de la personne qui
doit faire la chose , se met au datif. Exemples :

Il faut que les jeunes gens respectent les vieillards ,
les jeunes gens doivent respecter les vieillards , *juveni-*
bus senes verendi sunt.

Il nous fallait partir , *nobis proficiscendum erat.*

DU VERBE UNIPERSONNEL *Il y a.*

§. 250. Le verbe unipersonnel *y avoir* , *il y a* , *il*
y avait , est particulier à la langue française. Pour en
rendre l'idée en latin , on se sert du verbe *être* , auquel
on donne pour sujet le complément de l'unipersonnel *il*
y a. Exemple :

Il y a des hommes qui... , tournez , des hommes
sont qui..... *sunt homines qui....*

DES PARTICIPES.

§ 251. Nous savons que le participe est un mot qui tient de la
nature du verbe et de celle de l'adjectif.

Considéré comme verbe , le participe régit le même
cas que le verbe auquel il appartient.

De même qu'on dit *amo Deum, amor à Deo, placeo*
amicis , imitor patrem ; on dira *amans , amaturus*
Deum, aimant, devant aimer Dieu ; *amatus, amandus*
à Deo , aimé, devant être aimé de Dieu ; *placens , pla-*
citurus amicis, plaisant, devant plaire à ses amis ;
imitans , imitaturus patrem , imitant, devant imiter
son père.

Considéré comme adjectif, le participe en suit la

règle, et s'accorde en genre, en nombre et en cas avec le nom auquel il se rapporte.

Si tous les participes de la langue française avaient leurs correspondants en latin, cette règle n'offrirait aucune difficulté. Mais comme il existe, sous ce rapport, des différences sensibles entre les deux langues, il est à propos de voir comment on peut rendre les participes français qui n'existent pas en latin.

§ 252. Le verbe *sum* n'a ni le participe présent *étant*, ni le participe passé *ayant été*. On y supplée en tournant la phrase par la conjonction *lorsque*, que l'on exprime en latin par *quùm* avec l'imparfait du subjonctif, pour rendre le participe présent; et avec le plusque-parfait du même mode, pour rendre le participe passé. Exemples :

Cicéron étant consul, la conjuration fut découverte : tournez, lorsque Cicéron était consul..; *cùm Cicero esset consul, detecta fuit conjuratio.*

Cicéron ayant été consul, fut néanmoins envoyé en exil : tournez, lorsque Cicéron eut été consul..; *cùm* ou *postquàm Cicero fuisset consul, tamen in exilium actus est.*

Lorsque le participe présent *étant* ne se rapporte pas au sujet du verbe, il exprime alors un terme circonstanciel qui se rend ordinairement en latin par l'ablatif des deux noms. Ainsi dans l'exemple ci-dessus, au lieu de dire : *cùm Cicero esset consul...* on dira fort bien : *Cicerone consule, detecta fuit conjuratio.*

Cet ablatif est régi par la préposition *sub* sous-entendue. On sous-entend aussi le participe présent du verbe *sum*, qui n'existe pas.

§ 253. Le participe passé actif si fréquent en français, comme *ayant aimé, ayant imité*, manque en latin, excepté dans les verbes déponents. Toutes les fois donc qu'on aura ce participe à rendre en latin, il faudra, si l'on ne se sert pas d'un verbe déponent, le tourner par *lorsque, après que,* que l'on exprimera par *quàm* ou *postquàm.* Exemples :

Ayant étudié ma leçon, je la réciterai : tournez, lorsque j'aurai étudié ma leçon...; *cùm* ou *postquàm lectioni meæ studuero, illam recitabo.*

Ayant récité sa leçon, il se tut : tournez, lorsque, après qu'il eut récité....; *cùm* ou *postquàm recitavit lectionem suam, tacuit.*

§. 254. Lorsque le verbe latin est actif et suivi de son complément direct, on peut aussi tourner le participe passé actif par le participe passé passif. Alors il faut examiner si le participe passé passif se rapporte au sujet ou au régime du verbe, afin de le faire accorder avec l'un ou avec l'autre. Ex. :

L'ennemi ayant pris la ville, la pilla : tournez, la ville ayant été prise, l'ennemi la pilla, ou plutôt, l'ennemi pilla la ville prise ; *urbem captam hostis diripuit.*

Mais si le participe passif ne se rapporte ni au nominatif, ni au régime, il exprime alors une circonstance de temps que l'on rend par l'ablatif ordinairement régi par la préposition *à*, signifiant *après*, sous-entendue. Exemple :

Ayant récité sa leçon, il se tut : tournez, sa leçon ayant été récitée, il se tut ; *lectione recitatâ, tacuit.*

On donne communément à cet ablatif le nom d'ablatif absolu, quoiqu'il soit toujours lié à un terme antécédent par une préposition sous-entendue.

§ 255. Le participe passé passif manque en latin dans les verbes neutres et dans la plupart des verbes déponents. De là, la règle suivante :

Quand un participe passé passif en français répond à un verbe neutre ou déponent en latin, on tourne le passif par l'actif, au moyen des conjonctions *cùm, postquàm,* avec le subjonctif. Exemples :

Etant favorisé de Dieu , il vint à bout de son entre—
prise ; *cùm Deus ei favisset , negotium perfecit suum.*

Ayant été poursuivi par des voleurs , il s'échappa ;
cùm latrones eum persecuti essent , evasit.

On peut aussi , en pareil cas , tourner le participe
passif par le participe actif. Ainsi dans les exemples précédents , on dira fort bien : *favente Deo , negotium
perfecit suum. Insecutis latronibus , evasit.*

§ 256. Après les verbes *voir*, *entendre*, etc. l'in—
finitif se tourne ordinairement par le participe présent.
Exemple :

Je l'ai vu entrer : tournez , je l'ai vu entrant ; *vidi
eum ingredientem.*

§ 257. Après les verbes *donner*, *envoyer*, *présenter*
et autres semblables, l'infinitif précédé de la préposition
à , a la signification du particpe futur passif , et se rend
en latin par ce participe. Exemple :

Il m'a donné des livres à lire , c'est—à—dire , devant
être lus ; *dedit mihi libros legendos.*

DE L'ADJECTIF POSSESSIF *SON*, *SA*, *SES*, *LEUR LEURS.*

§ 258. L'adjectif possessif *son*, *sa*, *ses*, *leur*, *leurs*, se rend
quelquefois en latin par *suus, sua, suum* ; d'autres fois il se tourne
par *de lui*, *d'elle*, *d'eux*, *d'elles*, et se rend en latin par le génitif
des pronoms personnels, *is, ea, id; ipse, ipsa, ipsum.* Cette différence a pour objet d'éviter l'ambiguité qui naîtrait souvent d'une
seule manière d'exprimer la possession.

Un adjectif possessif suppose nécessairement une chose pos-
sédée, et en même temps une personne qui possède cette chose.
L'objet possesseur est le nom ou le pronom précédent, dont l'adjectif possessif rappelle l'idée ; et l'objet possédé est le nom même
auquel l'adjectif possessif se trouve joint. Cela posé, on peut établir la règle suivante :

§ 259. RÈGLE. Toutes les fois que l'objet possesseur se trouve exprimé dans la même proposition avec
l'objet possédé , on rend *son*, *sa* , *ses*, *leur* , *leurs* , par

suus, *sua*, *suum*; et dans le cas contraire, on se sert des génitifs *ejus* ou *ipsius*; *eorum*, *earum*; *ipsorum*, *ipsarum*. Exemples :

Les pères aiment leurs enfants. Dans cette proposition, l'objet possesseur *les pères* et l'objet possédé *les enfants*, se trouvent réunis : dites donc : PATRES *amant* SUOS *liberos*.

Mais il n'aiment pas leurs défauts. Pour trouver l'objet possesseur, je dis les défauts de qui? R. Des enfans. Comme ce mot ne se trouve pas dans la proposition, je dirai : *at* EORUM *vitia oderunt*.

Son caractère est excellent : le caractère de qui? d'une personne qui a été nommée précédemment, mais qui ne figure point dans cette proposition ; dites donc : EJUS *indoles est optima*.

Sa modestie le rend recommandable : SUA EUM *commendat modestia*. On met *sua* et non *ejus*, parce que l'objet possesseur *eum* est exprimé dans la même proposition.

J'ai rendu à César son épée : SUUM CÆSARI *gladium restitui*. On met *suum*, parce que l'objet possesseur *César* figure dans la proposition.

REMARQUE. Quelquefois la proposition renferme un autre nom avec l'objet possesseur. Alors pour éviter l'ambiguïté, on exprime *son*, *sa*, *ses*, etc. par *suus*, *sua*, *suum*, si l'objet possesseur forme le sujet ; autrement on se sert de *ejus*, *eorum*. Ex.

Cérès fut enlevé de son temple par Verrès, CERES *sublata est à Verre ex templo* SUO.

Verrès enleva Cérès de son temple, *Verres sustulit Cererem ex templo* EJUS.

§. 260. Quand une phrase est composée de deux propositions dont les verbes sont de différentes personnes, comme alors il ne saurait y avoir d'ambiguité, on peut exprimer *son*, *sa*, *ses*, *leur*, *leurs*, par *suus*, *sua*, *suum*, quelle que soit celle des deux propositions où se trouve l'objet possesseur. Exemple :

La mère vous prie de pardonner à son fils; **MATER** *te rogat ut filio ignoscas* **SUO**.

§ 261. Si les verbes sont tous deux à la troisième personne, et que l'adjectif possessif se rapporte au sujet de l'un ou de l'autre, servez-vous encore de *suus*, *sua*, *suum*, pourvu qu'il n'en résulte aucune ambignité. Ex :

Un père de famille pria le philosophe Aristippe de se charger de l'éducation de son fils ; *Philosophum Aristippum rogavit* **PATER FAMILIAS** *ut filium* **SUUM** *susciperet erudiendum*.

§ 262. Mais quand le sens de la phrase peut présenter quelque doute, la règle généralement suivie par les latins, consiste à se servir de *suus*, *sua*, *suum*, pour exprimer le rapport de l'adjectif possessif à celui des deux sujets qui joue le principal rôle dans le discours, quelle que soit celle des deux propositions à laquelle ce sujet appartienne. Ex :

Pithius les engagea à venir pêcher devant ses jardins ; **PITHIUS** *ab his petivit ut antè hortos* **SUOS** *piscarentur*.

Les Eduens venaient se plaindre de ce que les Arudes ravageaient leur territoire, *Aedui veniebant questum quòd Arudes fines* **EORUM** *popularentur*.

Dans le 1er exemple on s'est servi de *suus*, parce que l'adjectif possessif se rapporte à *Pithius*, dont l'esprit est bien plus occupé que des pêcheurs, qui ne jouent qu'un rôle secondaire dans la phrase.

Dans le 2e exemple on a employé le génitif *eorum*, parce que les Eduens, mot auquel l'adjectif *leur* se rapporte, occupe bien moins la pensée que les Germains, dont l'invasion dans les Gaules a répandu la terreur jusque dans l'armée romaine.

Cette règle demande quelque discernement dans son application.

§ 263. Le sujet d'une proposition complémentaire pouvant être regardé comme complément du premier verbe, il s'ensuit qu'en pareil cas, les deux propositions sont censées n'en faire qu'une. De là, la règle suivante :

RÈGLE. *Son*, *sa*, *ses*, etc. employé dans une proposition complémentaire-infinitive, s'exprime par *suus, sua, suum*, lorsque l'objet possesseur forme le sujet du premier verbe. Exemples :

Son père est parti ; *pater* EJUS *profectus est.*

Il croit que son père est parti ; (ILLE) *credit patrem* SUUM *esse profectum.*

Cette maison est à lui ; *hæc domus est* ILLIUS.

Le maître croit que cette maison est à lui ; MAGISTER *credit hanc domum esse* SUAM.

C'est à lui de parler ; EJUS *est loqui.*

Le maître croit que c'est à lui de parler ; MAGISTER *credit* SUUM *esse loqui.*

Il lui importe ; ILLIUS *interest.*

Le maître croit qu'il lui importe. . ; MAGISTER *credit* SUA *referre. . .*

PRONOMS PERSONNELS
QU'IL FAUT RENDRE EN LATIN PAR LE PRONOM
RÉFLÉCHI.

§ 264. Il y a entre le pronom réfléchi *sui, sibi, se* et les pronoms personnels *is, ille, ipse*, le même rapport qu'entre l'adjectif possessif *suus, sua, suum* et les génitifs *ejus, illius, eorum, illorum.* Cette analogie donne lieu aux règles suivantes :

RÈGLE. Après un *que* retranché, les pronoms personnels *il, elle, ils, elles* se rendent en latin par le pronom réfléchi *se*, lorsqu'ils désignent la même personne que le sujet du premier verbe. Dans le cas contraire on se sert des pronoms *illum, illam*, etc.

On connaît que le pronom personnel se rapporte au sujet de la première proposition, lorsqu'en faisant la question *qui est-ce qui* sur chacun des deux verbes, c'est le même nom qui vient en réponse. Ex :

Le renard dit qu'il n'était pas coupable de la faute. Qui est-ce qui dit ? R. le renard. Qui est-ce qui n'était pas coupable ? R. le renard. Dites donc : VULPES *negavit* SE *esse culpæ proximam.*

Mais je crois qu'il mentait. Qui est-ce qui croit ? R. moi. Qui est-ce qui mentait ? R. le renard. Dites donc : *at credo illam mentitam fuisse.*

Solon disait qu'il vieillissait en apprenant tous les jours quelque chose ; SOLON SE *quotidiè aliquid addiscentem senem fieri dicebat.*

Il espère partir bientôt ; c. a. d. qu'il partira.... (ILLE) *sperat* SE *brevi esse profecturum.*

§ 265. RÈGLE. Les pronóms *lui*, *elle*, *eux*, *elles*, faisant l'office de complément dans une simple proposition, se rendent en latin par le pronom réfléchi, quand ils se rapportent au sujet du verbe. Ex.

Il faisait ces réflexions en lui-même, *hæc* SECUM (ILLE) *reputabat.*

Il parle sans cesse de lui, *de* SE *perpetuò* (ILLE) *loquitur.*

§ 266. Mais quand les pronoms *le*, *la*, *les*, *leur* etc. sont employés comme complément dans une proposition subordonnée, on les rend par *suî*, *sibi*, *se*, s'ils se rapportent au sujet principal de la phrase, c. à. d. à celui dont l'esprit est surtout occupé ; tandis qu'on se sert des pronoms personnels *is*, *ille*, *ipse*, pour indiquer le rapport contraire.

§ 267. Cependant comme cette règle, ainsi que les précédentes, n'a pour objet que d'éviter l'obscurité, on peut aussi établir la règle suivante :

RÈGLE. Lorsqu'il ne peut point y avoir d'ambiguité

dans la phrase, servez-vous du pronom réfléchi, quelque soit celui des deux sujets auquel se rapporte en français le pronom personnel. Exemples :

Le père avertit son fils de lui obéir, PATER *monet filium ut* SIBI *obediat.*

Le père avertit son fils de prendre garde à lui, *pater monet* FILIUM *ut* SIBI *caveat.*

Dans le 1er exemple le pronom *lui* se rapporte au père ; dans le 2e il se rapporte au fils : cependant dans les deux cas on s'est servi de *sibi,* parce que la signification des deux verbes *obediat caveat* ne laisse aucun doute sur le sens.

ADJECTIFS LATINS QUI N'ONT PAS DE CORRESPONDANTS EN FRANÇAIS.

§ 268. Nous avons déjà fait observer (§ 120), que tous les adjectifs d'une langue n'ont pas toujours leurs correspondants dans une autre. Il existe, sous ce rapport, entre la langue française et la langue latine, quelques différences qu'il est essentiel de remarquer.

Les adjectifs latins qui expriment la matière dont une chose est faite, comme *aureus*, *argenteus*, *ferreus*, *ligneus*, *fraxineus*, etc., n'existent pas en français : nous les rendons par ces mots, *d'or*, *d'argent*, *de fer*, *de bois*, *de frêne*, qui sont autant d'expressions elliptiques (§ 175).

Ces noms français, *le haut*, *le sommet*, *le milieu*, *le bas*, *le fonds*, *l'extrémité*, sont rendus en latin par les adjectifs *summus*, *sublimis*, *imus*, *intimus*, *altus*, *extremus*, que l'on fait accorder en genre, en nombre et en cas, avec le nom complémentaire. Exemple :

Un aigle avait fait son nid au sommet d'un arbre ; une chatte avait mis bas au milieu, et une laie, au bas ; *aquila in* SUBLIMI *quercu nidum fecerat ; feles in* MEDIA *pepererat ; sus fœtum ad* IMAM *posuerat.*

§ 269. La préposition française *malgré*, et l'adverbe *volontiers*, sont rendus en latin par les adjectifs *invitus* et *libens*; dont le genre, le nombre et le cas sont déterminés par le nom ou le pronom auquel ces adjectifs se rapportent. Exemples :

Je le ferai volontiers; LIBENS *id faciam.*

Titus renvoya Bérénice malgré lui et malgré elle ; *Titus Berenicen* INVITUS INVITAM *dimisit.*

Il fait des vers malgré Minerve; INVITA *Minervâ versus factitat.*

REMARQUE. *Malgré* devant un nom de chose se tourne par *quoique.* Ex. il le tua malgré ses cris redoublez ; tournez, quoiqu'il criât beaucoup, *illum, quamvis clamitaret, interfecit.*

§ 270. Aux adjectifs précédents on peut joindre ceux que nous traduisons en français par les adverbes de quantité. En voici le tableau :

1º Devant un nom de chose qui, ne se comptant pas, peut se dire grande ou petite, on exprime :

Peu, ...	*parvus, a, um,* . .	petit.
Que *ou* combien.	*quantus, a, um,* .	combien grand.
Beaucoup, . .	*magnus, a, um,* .	grand.
Moins, . . .	*minor, minus,* . .	plus petit.
Plus, ...	*major, majus,* . .	plus grand,
Autant, tant, .	*tantus, a, um,* . .	si grand.
Assez, ...	*satis magnus, a, um.*	assez grand.
Trop, ...	{ *nimius, a, um,* ou *nimis magnus, a um.* }	trop grand.

(colonne centrale : PAR QUI SIGNIFIENT)

EXEMPLES :

Que *ou* combien de science, . .	*quanta doctrina.*
Peu de science, ...	*parva doctrina.*
Beaucoup de science, ...	*magna doctrina.*
Moins de science, ...	*minor doctrina.*
Plus de science, ...	*major doctrina.*
Autant de science, ...	*tanta doctrina.*
Assez de science.	*satis magna doctrina.*
Trop de science, . . .	*nimia* ou *nimis magna doctrina,*

2º Devant un nom pluriel de choses qui se comptent, on exprime :

Que *ou* combien.	{ *quot ou quàm multi, œ, a,* . . . . . }		combien nombreux.
Peu, ...	*pauci, œ, a,* . . .		peu nombreux.
Beaucoup, . .	*multi, œ, a,* . . .		nombreux.
Moins, . . .	*pauciores, a,* . . .	PAR	moins nombreux,
Plus, ...	*plures, a,*		plus nombreux.
Autant, tant . .	*tot ou tam multi, œ, a.*	QUI SIGNIFIENT	si nombreux.
Assez, ...	*satis multi, œ, a,* . .		assez nombreux.
Trop, ...	*nimis multi, œ, a,* . .		trop nombreux.

EXEMPLES.

Peu de livres, ...	*pauci libri.*
Que *ou* combien de livres, .	*quot ou quàm multi libri.*
Beaucoup de livres, ...	*multi libri.*
Moins de livres, ...	*pauciores libri.*
Plus de livres, ...	*plures libri.*
Autant, tant de livres, . .	*tot ou tam multi libri.*
Assez de livres, ...	*satis multi libri.*
Trop de livres, ...	*nimis multi libri.*

ADVERBES DE QUANTITÉ.

§ 274. Dans tous les exemples que nous venons de citer, les adverbes de quantité employés en français comme modificatifs d'un nom, font réellement l'office d'adjectifs ; mais lorsqu'ils sont joints à un adjectif, à un adverbe ou à un verbe, alors ils redeviennent adverbes, et sont rendus en latin, comme on le voit dans les tableaux suivants :

1º Devant un adjectif, un adverbe, ou un verbe ordinaire, on exprime :

Que *ou* combien, ...		*quantùm, quàm* ou *ut.*
Peu, ...		*parùm.*
Beaucoup, bien, fort, . .		*multùm, valdè.*
Moins, ...		*minùs.*
Le moins, très-peu		*minimè.*
Plus, ...	PAR	*magis.*
Le plus, très, fort, ...		*maximè.*
Tant, aussi, si, ...		*tàm.*
Assez, ...		*satis.*
Trop, ...		*nimis.*

EXEMPLES :

Que *ou* combien il est mo-deste, ... } *quàm* ou *ut modestus est.*

Peu modeste, ... *parùm modestus.*
Moins modeste , ... *minùs modestus.*
Plus modeste , ... *magis modestus* ou *modestior.*
Aussi modeste , ... *tàm modestus.*
Assez modeste, ... *satis modestus.*
Trop modeste , ... *nimis modestus.*
Que *ou* combien il est aimé, . *quàm* ou *quantùm amatur,*
Il est peu aimé, ... *parùm amatur.*
Il est aussi aimé, ... *tàm* ou *tantùm amatur.*

Tout adverbe étant équivalent à une prépositon suivie de son complément, la terminaison de l'accusatif donnée à quelques-uns de ces adverbes, indique qu'ils tiennent lieu d'une préposition qui régit ce cas, avec son complément : *quantùm amatur* équivaut à *secundùm quantum modum amatur.*

2° Devant un comparatif, devant un verbe d'excellence , comme *excello , præsto , supero , malo ,* et devant les adverbes *antè , post , aliter* ou *secùs , etc. ,* on exprime :

Que *ou* combien , ... *quantò.*
Un peu , ... *paulò.*
Bien *ou* beaucoup, ... *multò , longè.*
Autant , tant , ... *tantò.*

EXEMPLES :

Que *ou* combieu il est plus savant , ... } *quantò doctior est.*
Un peu plus savant, . . . *paulò doctior*
Bien *ou* beaucoup plus savant , *longè* ou *multò doctior.*
Vous l'emportez autant sur les autres , ... } *tantò præstas aliis.*
Bien autrement , ... *multò aliter.*
Peu après , ... *paulò post.*

Les adverbes *antè , post , aliter* sont équivalents à des comparatifs. *Peu après* signifie *un peu plus tard* ; ainsi des autres.

La terminaison de l'ablatif donnée à ces adverbes de quantité, indique qu'ils tiennent la place d'un ablatif précédé d'un préposition qui le régit : *multò præstas aliis,* signifie, *ex multo negotio præstas aliis.*

3° Devant un verbe de prix ou d'estime, on exprime :

Que *ou* combien ,		*quanti.*
Peu ,		*parvi.*
Beaucoup ,		*magni.*
Moins ,		*minoris.*
Le moins *ou* très-peu ,	PAR	*minimi.*
Plus ,		*pluris.*
Le plus , très fort ,		*plurimi, maximi.*
Tant , aussi , si ,		*tanti.*
Assez ,		*satis magni.*
Trop ,		*nimio pluris.*

EXEMPLES :

Que *ou* combien il est estimé , . *quanti æstimatur.*
Il est peu estimé , ... *parvi æstimatur.*
Il est moins estimé , ... *minoris æstimatur.*
Il est plus estimé , ... *pluris æstimatur.*
Il est trop estimé , ... *nimio pluris æstimatur.*

Parvi æstimatur est équivalent à (pro negotio pretii) *parvi æstimatur :* telle est la cause de la forme du génitif qu'ont reçue ces adverbes.

4° *Autant* à la fin d'un phrase , s'exprime , selon les mots auxquels il est joint , par les adverbes suivants :

S'il se rapporte à un nom de choses qui ne se comptent pas ; .	PAR	*tantùmdem.*	QUI SIGNIFIENT — en aussi grande quantité.
A un nom de choses qui se comptent ,		*totidem,* . .	en aussi grand nombre
A un adjectif , . . .		*idem,* . . .	le même.
A un verbe ordin^re , .		*tantùmdem.*	
A un verbe de prix , .		*tantidem.*	

EXEMPLES ;

Vous avez beaucoup de loisir , je n'en ai pas autant ; *habes multùm otii , non habeo tantùmdem.*

J'ai beaucoup de livres , vous n'en avez pas autant ; *sunt mihi libri benè multi , non sunt tibi totidem.*

§ 272. Ceux de ces adverbes qui expriment un comparatif d'égalité, ont ordinairement des conjonctifs analogues que l'on emploie pour rendre le *que* français suivant :

<table>
<tr><td rowspan="4">Les adverbes</td><td>Tàm, . . .</td><td rowspan="4">autant, aussi, . . .</td><td rowspan="4">ont pour conjonctifs.</td><td>quàm, . . .</td><td rowspan="4">que.</td></tr>
<tr><td>Tantùm, .</td><td>quantùm, .</td></tr>
<tr><td>Tantò, . .</td><td>quantò, . .</td></tr>
<tr><td>Tanti, . ,</td><td>quanti, . .</td></tr>
</table>

A ces adverbes on peut joindre :

<table>
<tr><td rowspan="4">Les adverbes</td><td>Tandiù, . .</td><td>aussi long-temps, .</td><td rowspan="4">qui ont pour conjonctifs.</td><td>quandiù, .</td><td rowspan="4">que.</td></tr>
<tr><td>Toties, . . .</td><td>toutes les fois, . .</td><td>quoties, . .</td></tr>
<tr><td>Tùm, . . .</td><td>alors, ...</td><td>quùm, . . .</td></tr>
<tr><td>Tot, . . .</td><td>autant, ...</td><td>quot, . . .</td></tr>
</table>

Le conjonctif que l'on emploie dépend, non de son antécédent, mais bien du mot auquel il se trouve joint dans la proposition conjonctive. Exemples :

Il est aussi sage que savant ; *tam sapiens est quàm doctus.*

Je l'aime autant que je l'estime ; *tantùm eum amo quanti facio.*

Je l'estime autant que je l'aime, *tanti eum facio, quantùm amo.*

Souvent on sous-entend l'adverbe antécédent dans la première proposition, et l'on exprime seulement le conjonctif dans la deuxième. Exemple :

Tant qu'il vivra, je lui serai dévoué; *quandiù vivet, illi serviam.*

.Cette phrase est équivalente à celle-ci : *illi serviam tandiù quandiù vivet.*

§ 273. Quand la proposition conjonctive n'exprime pas une comparaison avec celle dont elle dépend, mais une action ou un état qui est une conséquence du jugement exprimé par la première proposition, alors on exprime le *que* par *ut* avec le subjonctif. Exemple:

Dieu est si bon qu'il aime les hommes ; *Deus est tàm bonus , ut amet homines.*

§ 274 Aux adverbes ci-dessus on peut ajouter encore les adverbes de lieu :

Ibi,	. . . . *là*,	. . . . .		ubi,	. . . . *où.*
Indè,	. . . *de là*,	. . .	qui ont pour conjonctifs.	undè,	. . . *d'où*
Illùc,	. . . . *là*,	. . . .		quò,	. . . . *où.*
Illàc,	. . . *par là*,	. . .		quà,	. . . . *par où.*

Il accourut là où il était attendu ; *illùc advolavit ubi expectabatur.*

Avec *advolavit* on s'est servi de *illùc* adverbe de la question *quò*, et l'on a dû mettre *ubi* avec *expectabatur.* L'adverbe antécédent peut être sous-entendu; il faut le rétablir pour l'analyse. (Voy. le tableau des adverbes de lieu , § 60).

§ 275.   DU *QUE* APRÈS *LE MÊME LA MÊME.*

RÈGLE. *Que* après *le même*, *la même*, IDEM ,EADEM, se rend en latin par *qui* , *quæ* , *quod* , dont le cas est déterminé par sa position dans la proposition conjonctive. Exemples :

Ma mère est aujourd'hui la même que je l'ai vue autrefois ; *eadem est hodiè mater mea , quam vidi olim.* (Sous-entendu *eam esse.*)

Je me sers des mêmes livres que vous ; *iisdem libris utor quibus tu.* (Sous-entendu *uteris.*)

§ 276.   DU *QUE* APRÈS *TEL.*

RÈGLE. L'adjectif *tel, telle* se rend en latin par TALIS, TALE, ou par IS, EA, ID. Après *talis*, le *que* s'exprime par *qualis* ; et après IS , EA , ID, par *qui, quæ, quod.* Ces adjectifs conjonctifs se mettent au cas déterminé par leur position dans la phrase. Exemple :

Je ne suis pas tel que vous , c'est-à-dire , je ne suis

pas tel que vous êtes ; *non sum talis qualis tu.* (Sous-entendu *es*).

On met *qualis* au nominatif, parce qu'il est l'attribut du verbe *es* , et doit par conséquent s'accorder avec le sujet *tu* , auquel il se rapporte. Par la même raison, on pourrait dire aussi : *non sum is qui tu.*

Il n'est pas tel que vous pensez ; c'est-à-dire , il n'est pas celui que vous pensez qu'il est , ou , lui être ; *non est is quem putas.* (Sous-entendu *eum esse*).

Ici le *que* est attribut de l'infinitif *esse* sous-entendu, et doit par conséquent s'accorder avec son sujet *eum* également sous-entendu.

Quelquefois , en français , on fait disparaître la proposition conjonctive , en répétant l'adjectif *tel* ; il faut alors la rétablir en latin. Exemple :

Tel est le père ; tel est le fils ; ou en sous-entendant le verbe : tel père, tel fils. Ici, c'est le fils que l'on compare au père ; on veut dire que le fils ressemble au père, et non que le père ressemble au fils : tournez donc , le fils est tel que le père, et dites : *is est filius , qui pater est.* On peut aussi conserver la tournure française , et dire : *qui pater est , is est filius ,* ou *qualis pater , talis filius.*

Quand la deuxième proposition exprime une conséquence de la première , le *que* après *tel* s'exprime par *ut* avec le subjonctif , ainsi que nous l'avons déjà vu en pareil cas après les adverbes de quantité (§ 273). Exemple ;

La libéralité doit être telle qu'elle ne nuise à personne ; *ea debet esse liberalitas ut nemini noceat.*

§ 277. DU *QUE* APRÈS *AUTRE, AUTREMENT.*

RÈGLE. Le *que* après AUTRE , AUTREMENT, *alius , aliter ,* s'exprime par *quàm , ac* ou *atque.* Exemples :

Il est autre qu'il n'était autrefois ; *alius est quàm erat olim.*

Il parle autrement qu'il ne pense ; *aliter loquitur ac* ou *atque sentit.*

Quand je dis, il est autre qu'il n'était autréfois, cela signifie qu'il est ou meilleur , ou plus mauvais , ou plus riche, ou plus pa vre , etc. qu'il n'était autrefois. Le mot *autre* est donc l'équivalent d'un comparatif , et dès-lors le *que* suivant peut se rendre comme le *que* après le comparatif.

Lorsqu'on se sert des conjonctions *ac* ou *atque* qui signifient *et,* c'est par l'ellipse du même mot *alius* ou *aliter,* dans la deuxième proposition : *aliter loquitur ac* ou *atque sentit* (aliter). Souvent même , en ce cas, on répète en latin les mots *alius, aliter : aliter loquitur, aliter sentit.*

OBSERVATIONS.

1°. *L'un... l'autre , les uns... les autres ,* quand on parle de plus de deux , s'expriment par *alius, alia, aliud,* que l'on répète. Exemple :

Les uns jouent, les autres chantent; *alii ludunt, cantant alii.*

Mais si l'on ne parle que de deux, on se sert de *alter* répété , ou de *unus, alter.* Exemple :

L'un dit oui, l'autre dit non; *alter* ou *unus ait , negat alter.*

2°. *L'un, l'autre* doublés , se traduisent par *alius, alia, aliud,* doublés , de cette manière :

Les uns aiment une chose , les autres une autre : tournez, différentes personnes aiment différentes choses; *alii aliis rebus delectantur.*

Les uns s'en allèrent d'un côté, les autres d'un autre; *alii aliò dilapsi sunt.*

3°. *Ni l'un ni l'autre* (quand le nominatif est un pronom), s'exprime par *neuter , neutra , neutrum; l'un l'autre ,* par *uterque , utraque , utrumque;* ils sont ordinairement suivis de *alter , altera , alterum ,* et alors on n'exprime pas *se.* Exemples :

Ils ne s'aiment ni l'un ni l'autre : tournez, aucun des deux n'aime l'autre ; *neuter alterum amat.*

Ils se haïssent l'un l'autre ; *uterque alterum odit.*

§ 278.   *D'AUTANT PLUS.....D'AUTANT MOINS*
         suivi de QUE. — PLUS ou MOINS répété.

REGLE. *D'autant,* devant un comparatif, se rend en latin par *eò* ou *tantò,* et le *que* suivant, s'il est lui-même suivi d'un comparatif, s'exprime par *quò* ou *quantò.* *Plus* ou *moins* se traduisent d'ailleurs, dans les deux propositions, suivant les mots auxquels ils se trouvent joints. Exemples :

Il est d'autant plus modeste qu'il est plus savant ; *eò modestior est quò doctior.*

Il est d'autant moins estimé qu'il est plus orgueilleux; *eò minoris fit, quò superbior est.*

Ces phrases peuvent s'analyser de cette manière : il est moins estimé par cela, par cette chose, par laquelle il est plus orgueilleux ; *minoris fit eo* (negotio) *quo superbior est.*

Le *que* s'exprime par *quòd* et non par *quò,* lorsque la proposition subordonnée ne renferme pas un comparatif. Exemple :

Cela a paru d'autant plus surprenant qu'on ne s'y attendait pas; *id eò mirabilius visum est quòd à nemine expectabatur.*

Nous avons déjà vu (§ 271) que les adverbes de quantité de forme ablative, ne s'allient qu'avec les comparatifs et les verbes d'excellence.

Souvent la proposition conjonctive disparaît en français par la répétition de *plus* ou *moins.* On met alors *quò* ou *quantò* devant le comparatif de la première proposition, et *eò* ou *tantò* devant le comparatif de la deuxième. Exemple :

15

Plus il est savant, plus il est modeste; *quò doctior est, eò modestior.*

Cette règle est fondée sur ce que la phrase est renversée en français, et que la proposition principale se trouve placée la deuxième : *il est modeste parce qu'il est savant;* mais on ne peut pas dire qu'*il est savant parce qu'il est modeste.*

§ 279.   ASSEZ.... POUR.

Assez... pour suivi d'un verbe, se tourne par *si, tant, tellement... que. Si, tant, tellement* s'expriment par *adeò, tantùm* ou *tanti,* suivant les mots auxquels ils se rapportent, et le *que* se rend par *ut* avec le subjonctif. Exemples :

Etes–vous assez ignorant pour ne pas savoir cela? tournez, êtes–vous tellement ignorant que vous ne sachiez pas cela? *Adeòne ignarus es ut hæc nescias?*

Avez-vous assez de loisir pour lire même des fables? tournez, avez–vous tant de loisir que vous lisiez.... *estne tibi tantùm otii ut etiam fabulas legas?*

Il n'est pas assez estimé pour que je me fie à lui : c. a. d. Il n'est pas si estimé que.... *non tanti fit ut ei confidam.*

REMARQUE. *Pour* signifiant *eu égard à* se tourne par *selon que,* et se rend par *ut* ou *prout* avec l'indicatif. On peut aussi l'exprimer par *pro* avec l'ablatif, s'il est suivi d'un nom de chose. Exemples :

Il était très lettré pour un romain ; *multæ erant in eo litteræ, ut in homine romano (erant).*

Cette loi est barbare pour le tems où nous vivons ; *ista lex immanis est, ut sunt hæc tempora,* ou *pro his temporibus.*

§. 280.   TROP.... POUR.

RÈGLE. *Trop... pour* s'exprime par le comparatif, suivi de *quàm ut,* avec le subjonctif. Ex. :

Il a avalé trop de poison pour recouvrer la santé ; *plus veneni hausit , quàm ut sanitati restituatur.*

Il n'a pas assez d'esprit, ou il a trop peu d'esprit pour conduire cette affaire; *minùs habet ingenii quàm ut rem gerat.*

Ces sortes de phrases s'analysent en sous-entendant *necesse est* après *quàm : minus habet ingenii quàm* (necesse est) *ut rem gerat.*

§ 281. Règle. Après *Autant, aussi, plus* ou *moins*, ces mots , *que qui que ce soit, que quoi que ce soit, que jamais , qu'en aucun lieu du monde*, se tournent et s'expriment comme on le voit dans les exemples suivants.

Il est aussi prudent que qui que ce soit : tournez : que celui qui l'est le plus ; *tàm prudens est quàm qui maximè.*

Il est plus estimé que jamais : tournez, il est plus es-timé que lorsqu'il l'était le plus ; *pluris fit quàm quùm plurimi.* (On met *pluris* et *plurimi* , parce que ces ad-verbes sont joints à un verbe d'estime).

Il est moins estimé que jamais : tournez , que lors-qu'il l'était le moins ; *minoris fit quàm quùm minimi.*

La vieillesse était aussi honorée à Lacédémone qu'en aucun lieu du monde ; *senectus tantùm honorabatur Lacedemone quàm ubi maximè.*

§ 282. Après *le plus , le moins ,* ces mots , *que je pourrai , qu'il est possible ,* etc. se rendent en latin en mettant *quàm* devant le superlatif , et le verbe *possum* au temps indiqué par le sens. Exemples :

Soyez le plus indulgent que vous pourrez; *esto quàm facillimus.* (Sous-entendu *poteris*).

Soyez le moins indulgent que vous pourrez; *esto quàm minimè facilis.* (Sous-entendu *poteris*).

Il conduit son armée le plus près qu'il peut de l'en-nemi; *ducit exercitum quàm proximè ad hostem potest.*

Je viendrai par la route la plus courte possible ; *veniam quàm brevissimo itinere potero.*

§ 283.　　　　　QUE ADVERBE.

RÈGLE. *Que* signifiant *pourquoi*, au commencement d'une phrase interrogative, s'exprime par *cur* ou *quid;* et s'il suit une négation, par *quin* ou *cur non.* Ex :

Que tardez-vous? *cur* ou *quid moraris?*

Que n'accourez-vous ici? *quin* ou *cur non hùc advolas?*

Devant *quid*, on sous-entend la préposition *propter;* et *quin* est ici équivalent à *quid non.*

§ 284.　　　　　QUE DE DÉSIR.

RÈGLE. *Que*, employé au commencement d'une phrase, pour exprimer le désir, se rend par *utinàm* avec le subjonctif. Exemple :

Que ne puis-je vous entretenir! *utinàm tecum loqui possim !*

Cette conjonction *utinàm* dépend d'un verbe antécédent sous-entendu : (*opto*) *utinàm tecum loqui possim;* je désire que, etc.

§ 285. *Que* signifiant *seulement*, se rend par *solùm*, *solummodò*, ou par l'adjectif *solus*, *a*, *um*, que l'on fait accorder avec le nom. Ex. :

La louange n'est due qu'à la vertu; tournez, la louange est due à la vertu seulement ou à la vertu seule; *laus virtuti solummodò debetur*, ou *laus virtuti soli debetur.*

§ 286.　　*C'EST LUI QUI.... C'EST LUI QUE.....*
　　　　　　　　C'EST AINSI QUE, etc.

Pour rendre en latin ces locutions françaises, *c'est lui qui, c'est lui que, c'est pour cela que, c'est ainsi que* et beaucoup d'autres semblables, on supprime le mot *c'est*, ainsi que le *que* suivant; et comme cette tournure n'a pour objet que de fixer l'attention sur le premier mot de la phrase, il convient de lui laisser aussi la première place en latin, et, si c'est un pronom, de ne pas le sous-entendre. Exemples :

C'est moi qui vous ai apporté cette nouvelle; *ego hoc nuntium tibi attuli.*

Est-ce ainsi que vous parlez? en latin, parlez-vous ainsi? *itàne loqueris?*

Ce que j'espère, c'est que je vivrai éternellement : en latin, j'espère cela, moi devoir vivre éternellement; *illud spero, me futurum immortalem.*

Pour avoir salué des méchants, ce n'est pas à dire pour cela que je sois méchant : en latin, quoique j'aie salué des méchants, pour cela je ne suis pas méchant ; *quamvis improbos salutaverim, non ideò,* ou *non id-circò sum improbus.*

§ 287.   FAIRE SUIVI D'UN INFINITIF.

Le verbe *faire* suivi d'un infinitif, se rend en latin de différentes manières, suivant la signification qu'il a dans la phrase.

Faites-moi savoir; c'est-à-dire, faites que je sache; *fac ut sciam.*

Vous me faites mourir ; c'est-à-dire, vous me for-cez...; *mori me cogis.*

Il le fit tuer ; c'est-à-dire, il ordonna qu'il fût tué ; *jussit eum occidi.*

Votre douceur m'a fait pardonner à cet homme ; *effecit humanitas tua ut huicce homini ignoverim.*

Souvent le verbe *faire* et l'infinitif suivant se rendent par un seul verbe latin, qui a la force des deux verbes français. Exemples :

Se faire aimer des autres ; c'est-à-dire, se concilier, s'attirer l'amour...; *sibi aliorum amorem conciliare, allicere.*

Faire courir un bruit ; c'est-à-dire, répandre...
famam spargere.

Faire cesser le bruit ; *murmur reprimere.*

Faire changer quelqu'un d'avis; *à sententiâ aliquem deterrere,* etc., etc.

NE FAIRE QUE se tourne par *toujours*, et s'exprime par *semper, perpetuò.* Exemple :

Il ne fait que badiner : tournez, il badine toujours ; *perpetuò nugatur.*

§ 288. NE FAIRE QUE DE s'emploie en français pour rendre un passé prochain. Il en est souvent de même de ces mots *venir de* suivis d'un infinitif. Ces expressions se rendent en latin en mettant à un temps passé l'infinitif suivant, auquel on ajoute un des adverbes *modò, jamjàm,* etc. Exemple :

Il ne fait que de partir, il vient de partir : en latin, il est parti tout-à-l'heure; *modò* ou *jamjàm profectus est.*

ÊTRE SUR LE POINT DE marque un futur prochain ; *aller*, devant un infinitif, a souvent la même signification. Ces expressions françaises se rendent en latin, en mettant au futur l'infinitif suivant, avec un des adverbes *mox, jamjàm.* Exemple :

Je vais partir, je suis sur le point de partir; *mox proficiscar,* ou *jamjàm profecturus sum.*

§ 289. TANT S'EN FAUT s'exprime par *tantùm abest*, et les deux *que* suivants, par *ut* avec le subjonctif. Exemple :

Tant s'en faut qu'il vous haïsse, qu'au contraire il vous aime ; *tantùm abest ut te oderit, ut contrà te amet.*

PEU S'EN FAUT s'exprime par *parùm abest,* et le *que* suivant, par *quin* avec le subjonctif. Exemple :

Peu s'en est fallu qu'il ne tombât; *parùm abfuit quin caderet.*

§ 290. **AVOIR BEAU**, devant un infinitif, se tourne par **EN VAIN**, *frustrà*. Exemple :

Vous avez beau pleurer : tournez, vous pleurez en vain ; *frustrà lacrymaris.*

FAITES-MOI L'HONNEUR, LA GRACE, LE PLAISIR, se tourne par *je vous prie*, en latin *quæso*. Ex. :

Faites-moi l'honneur, le plaisir, la grâce de venir me voir ; *convenias ad me, quæso.*

Nous croyons ces exemples suffisants pour diriger les élèves dans la traduction des gallicismes. En général, toutes les fois qu'on rencontre une locution française qui n'a pas en latin d'expression exactement correspondante, il faut à cette locution en substituer une autre équivalente pour le sens, mais qui soit conforme au génie de la langue latine. Les commençants ne doivent jamais perdre de vue cette observation.

DE L'ANALYSE.

§ 291. En français, c'est le sens de la phrase qui nous a dirigés dans l'analyse ; en latin au contraire, c'est l'analyse qui doit nous conduire à l'intelligence du sens. Ces points de vue différents doivent amener quelque différence dans notre marche. C'est pour quoi nous présenterons en premier lieu quelques observations que nous croyons propres à diriger les enfants dans ce genre de travail, et à leur faciliter la pratique des versions.

Rappelons-nous d'abord qu'il y a en général autant de propositions dans une phrase, qu'il y a de verbes à un mode personnel.

Comme la proposition principale ne dépend d'aucune autre, et que c'est d'elle au contraire que toutes les autres dépendent, c'est par elle qu'il convient de commencer l'analyse d'une phrase. Le verbe de la proposition principale peut être à l'impératif ou au subjonctif employé comme conditionnel ; mais il est presque toujours au mode indicatif.

La proposition complémentaire-subjonctive est liée à celle dont elle dépend par une conjonction, ou par un adverbe ou un adjectif conjonctif; mais ce qui la fait particulièrement reconnaître, c'est qu'elle forme toujours le complément direct d'un verbe actif, et répond ainsi à la question *quoi*, faite sur le premier verbe.

La proposition complémentaire-infinitive sert aussi de complément direct à un verbe actif; mais comme elle est la seule qui ait son verbe à l'infinitif et son sujet à l'accusatif, il est toujours facile de la reconnaître à cette marque.

La proposition conjonctive sert à modifier un nom précédent auquel elle est jointe par l'adjectif conjonctif *qui, quæ, quod* ; ou bien elle exprime une circonstance dépendant d'une proposition entière à laquelle elle est unie par une conjonction. Elle est ordinairement détachée par des virgules des autres propositions, ce qui peut servir aussi à la faire reconnaître.

Les latins faisaient un plus grand usage des conjonctions que nous. Quelquefois ils liaient ensemble par l'adjectif conjonctif *qui, quæ, quod*, deux phrases indépendantes l'une de l'autre. Quand donc cet adjectif se trouve placé au commencement d'une phrase, et que son antécédent existe soit implicitement, soit explicitement dans la précédente, il faut, avant de la soumettre à l'analyse, remplacer *qui, quæ, quod*, par *is, ea, id*. Ainsi dans l'exemple suivant: *Quod ubi audivit consul, milites classico advocari jussit : qui postquàm frequenter convenêre, dixit;* on mettrait *id* à la place de *quod*, et *ii* à la place de *qui*, et les p{sup}rases à analyser seraient : *id ubi audivit consul, milites classico advocari jussit ; et ii postquàm frequenter convenêre, dixit.*

§ 292. Pour bien entendre une phrase et surtout pour en faire l'analyse, il est nécessaire de rétablir tous les mots sous-entendus. Comme cette difficulté arrête souvent les commençants, nous allons indiquer les ellipses les plus fréquentes en latin; l'usage fera connaître les autres.

Nous savons que toute proposition est composée de trois parties indispensables, un sujet, un attribut et le verbe qui leur sert de lien. Si une de ces parties n'est pas exprimée, elle est nécessairement sous-entendue.

Nous avons déjà remarqué que les pronoms personnels, lorsqu'ils font l'office de sujet, se suppriment presque toujours en latin. Le mot *homines* employé comme sujet, dans le sens du pronom indéfini *on*, se sous-entend également. Cette dernière ellipse a surtout lieu devant les verbes, *aiunt, ferunt, prædicant*, etc.

Comme il doit toujours y avoir convenance entre le sujet et l'attribut, et que cette convenance est indiquée par l'accord de ces deux parties de la préposition, il s'ensuit que, quand après le verbe substantif, on ne trouve pas le même cas que devant, c'est que le véritable attribut est sous-entendu ; et pour l'exactitude de l'analyse, il faut le rétablir. Si l'on avait à analyser les expressions suivantes : *Nullius sum consilii, tantæ molis erat romanam condere gentem, liber est mihi, mirâ sum alacritate, est apud Cæsarem*, ces propositions pourraient être complétées ainsi qu'il suit : *sum (homo) nullius consilii, (negotium) tantæ molis erat romanam condere gentem, mirâ sum alacritate (præditus), liber est mihi (proprius), est apud Cæsarem (habitans.)* etc.

Le verbe étant destiné à unir l'attribut au sujet, est nécessaire à l'expression d'un jugement ; mais souvent il arrive que la liaison entre ces deux parties d'une proposition est tellement évidente qu'il devient inutile d'exprimer le verbe. Si l'on dit, par exemple : *mihi calceamentum, pedum callum; cubile, terra; obsonium, fames*, on voit qu'il y a là trois propositions, dans chacune desquelles le verbe *est* est sous-entendu. De même dans cette phrase, *serò ab romanis poetæ vel cogniti, vel recepti*, il est évident qu'après *cogniti* et après *recepti*, il faut sous-entendre le verbe *sunt*. Il en est encore ainsi des exemples suivants : *dixit se venturum*, sous-entendu *esse; promisi ultorem*, sous-entendu *me fore*.

§ 293. Le verbe substantif n'est pas le seul que l'usage permette de supprimer ; mais alors le sens de la phrase indique facilement le verbe attributif qu'il faut rétablir. Quand Salluste, en parlant de la jeunesse de Jugurtha, dit : *non se luxui, neque inertiæ corrumpendum dedit, sed equitare, jaculari, cursu cum æqualibus contendere*, il faut devant chacun de ces infinitifs sous-entendre *cæpit* : et quand il ajoute, *plurimum facere et minimum de se loqui*, on sent qu'ici il faut sous-entendre *solebat*. Ces verbes *cæpit, solebat* sont souvent sous-entendus entre un nominatif et un infinitif.

Une proposition complémentaire suppose nécessairement un verbe antécédent dont elle dépend. Si ce verbe n'existe pas, il faut le rétablir. On lit dans les commentaires de César : *Divitiacus complexus obsecrare cœpit, nè quid gravius in fratrem statueret, scire se illa esse vera.* On ne trouve dans cette phrase aucun verbe qui puisse régir la proposition infinitive *scire se.* Le sens indique naturellement qu'avant cette proposition il faut sous-entendre *dicens.* De même on lit dans Virgile, *mene incepto desistere victam !* sous-entendu *oportet.*

Toute conjonction annonce une proposition et par conséquent un verbe; si ce verbe ne figure pas dans la proposition, il est sous-entendu. L'ellipse en pareil cas ne tombe guère que sur un verbe précédemment exprimé : *Venerari aliquem ut Deum,* sous-entendu *veneramur ; non magis me movet hodiè bellua tua quàm heri aurum tuum,* sous-entendu *movit.*

L'adjectif conjonctif *qui, quœ, quod* suppose toujours un antécédent dont il rappelle l'idée. Quand cet antécédent est le mot *homo* ou *homines* pris dans un sens vague, les latins le suppriment ordinairement. C'est ainsi que l'on dit : *sunt quos arma delectant, sunt quibus in satirâ videor nimis acer; scribo ad vos cum habeo qui ferat,* au lieu de dire, *sunt homines quos arma delectant ; sunt homines quibus in satirâ videor nimis acer ; scribo ad vos cum habeo hominem qui ferat.*

Nous avons déjà vu que le mot *negotium* est souvent sous-entendu en latin : nous ferons encore observer que la remarque ci-dessus faite sur le mot *homines* s'applique également à *negotium.* Lorsque ce mot pris aussi dans une acception vague, sert d'antécédent à l'adjectif conjonctif, il se supprime presque toujours. Ainsi l'on dit, *tu redde quod debes,* au lieu de *tu redde negotium quod debes; ô Dii, quœ mihi conveniant prœstate,* pour *ô Dii, negotia quœ mihi conveninnt prœstate.*

L'adjectif exprimant une qualité, ne peut présenter de sens à l'esprit que par sa réunion au nom qu'il modifie. Cependant il arrive fréquemment que le nom générique *homines* est sous-entendu, et remplacé par un adjectif qui en rappelle l'idée tout en le modifiant. C'est ainsi qu'on dit : *Audaces fortuna juvat ; impii non placant Deum donis,* au lieu de dire : *homines audaces, homines impii...* Cette ellipse est fondée sur ce que tout le monde voit alors qu'il ne peut être question que des hommes. C'est par la même raison que l'on dit en latin, *justum, œquum* etc., le juste, l'équitable, pour *negotium justum, negotium œquum.* Alors on dit que les adjectifs sont pris *substantivement.*

Il y a de plus en latin quelques adjectifs tellement consacrés à modifier certains noms, que d'eux-mêmes ils en rappellent l'idée, sans qu'il soit besoin d'exprimer ces noms. De ce nombre sont les adjectifs *novales, novalia, stativa, hiberna, serenum, purum, merum, rectâ, regia* etc. que l'on trouve fréquemment employés pour *novales terræ, novalia arva; stativa* et *hiberna castra, serenum* et *purum cœlum; merum vinum; rectâ viâ; regia domus.* C'est par la même ellipse qu'on dit : *per apertum ire,* sous-entendu *campum; civicâ donatus est (coronâ); meus est natalis (dies) : justa persolvere (funera); ab his dictis tacuit,* sous-entendu *verbis.*

§ 294. Les rapports entre les mots qui composent une même proposition sont souvent rendus à la fois et par une préposition et par le cas auquel se met le deuxième terme. Il peut arriver alors que la signification du terme antécédent et le cas auquel se trouve le conséquent suffisent à l'expression du rapport. Dans ce cas, les latins sous-entendent volontiers la préposition, qu'il est toujours facile de suppléer. C'est ainsi que l'on dit : *domo me contineo, cessit Italiâ, Sardiniam venit, pridiè kalendas,* pour *in domo me contineo, cessit ex Italiâ, in Sardiniam venit, pridiè antè kalendas.*

Lorsque deux propositions dépendent l'une de l'autre, il peut arriver aussi que le rapport qui existe entr'elles soit suffisamment déterminé par la signification du premier verbe et par le mode auquel se trouve le deuxième. Alors on se dispense aussi quelquefois d'exprimer la conjonction ; mais cette ellipse est rare en latin : *opto veniat, cave cadas,* pour *opto ut veniat, cave ne cadas.*

Nous avons dit que le verbe principal est presque toujours au mode indicatif; mais il arrive quelquefois que la proposition principale elle-même est sous-entendue. C'est ce qui a surtout lieu quand le subjonctif est employé pour exprimer un souhait ou un commandement. Alors la proposition qu'il faut suppléer est *oro ut, oportet ut* et autres semblables indiquées par le sens : *bono sis animo,* c. a. d. *fac ut bono sis animo; Dii meliora ferant,* c. a. d. *oro ut Dii meliora ferant.* Dans cette phrase de Cicéron, *facilius reperias qui Romam proficiscantur, quam ego, qui Athenas,* si l'on veut remplir toutes les ellipses, on dira : *fiet ut facilius reperias homines qui in urbem Romam proficiscantur, quam ego reperiam homines qui in urbem Athenas proficiscantur.*

§ 295. Le sens d'une proposition dépend de la signification de chacun des mots qui la composent, et des rapports qui existent entre eux. Les mots se trouvent dans les dictionnaires, et les rapports qui les unissent sont exprimés en latin ou simplement par des cas, ou par des cas précédés de prépositions. La traduction d'une phrase latine qui ne contient qu'une proposition, consiste donc à apprécier ces divers rapports d'après les règles de la syntaxe, et à leur substituer des équivalents en français.

Mais une phrase est souvent composée de plusieurs propositions. Alors le sens général ne dépend pas seulement de chaque proposition prise en particulier ; il dépend encore des divers rapports dans lesquels ces propositions sont entre elles. Ces rapports sont exprimés par des conjonctions et souvent aussi par le mode auquel se met le verbe de la proposition subordonnée. Pour traduire une phrase latine en français, il faut donc traduire chaque proposition séparément, en commençant par la principale, et en même temps avoir soin de rendre exactement en français les rapports exprimés par les conjonctions et par le mode du verbe de chaque proposition subordonnée.

EXEMPLE D'ANALYSE POUR LA LANGUE LATINE.

§ 296.   PHRASES A ANALYSER.

« Cùm P. Scipioni africano duo Q. Petilii diem dixissent, tri-
« bunus plebis eo tempore T. Sempronius Gracchus erat, cui ini-
« micitiæ cum P. Scipione intercedebant. Tristem omnes ab eo
« sententiam expectabant. At ille dixit se non passurum P. Sci-
« pionem absentem accusari, et, cùm rediisset, auxilio ei futu-
« rum, ne causam diceret. Multa deindè addidit de insignibus
« inimici sui meritis in patriam. Movit oratio Gracchi non cæteros
« modò tribunos, sed ipsos etiam accusatores ; et, senatu habito,
« gratiæ ingentes ab universo ordine T. Graccho actæ sunt ,
« quod rempublicam privatis simultatibus potiorem habuisset.

PREMIÈRE PHRASE. *Cùm P. Scipioni africano duo Q. Petilii diem dixissent , tribunus plebis eo tempore Tib. Gracchus erat , cui inimicitiæ cum P. Scipione intercedebant.* Cette phrase renferme trois verbes, et par conséquent trois propositions. Je dois commencer par la principale. Le verbe de la proposition principale ne peut pas être *dixissent* , puisque *dixissent* est au subjontif, et qu'il est d'ailleurs précédé de la conjonction *cùm*. Ce ne peut pas être non plus *intercedebant* également précédé de l'adjectif conjonctif *cui*. Le verbe principal est donc le verbe substantif *erat*. Le verbe *erat* à la troisième personne du singulier ne peut avoir pour sujet qu'un nom singulier et au nominatif; c'est *T. Sempronius Gracchus*. Comme il doit y avoir accord entre le sujet et l'attribut d'une proposition, l'attribut ne peut être ici que *tribunus*. Le génitif *plebis* qui accompagne *tribunus* en est le complément. Il reste encore dans cette proposition les deux mots *eo tempore*; mais cet ablatif exprime évidemment une circonstance de temps régie par la proposition *in* sous-entendue. Nous devons donc traduire littéralement: *T. Sempronius Gracchus*, T. Sempronius Gracchus, *erat* était, *tribunus* tribun, *plebis* du peuple, (*in*) *eo tempore* dans ce temps. — *Cui inimicitiae cum P. Scipione intercedebant*. Le verbe *intercedebant* à la troisième personne du pluriel ne peut avoir pour sujet que *inimicitiae*; son complément est *cui*, et l'ablatif *P. Scipione* est évidemment le complément de la préposition *cum*. Nous dirons donc mot-à-mot: *cui* à qui, *inimicitiae* des inimitiés, *intercedebant* existaient, *cum* avec, *P. Scipione* P. Scipion. L'adjectif conjonctif *cui* annonce que cette proposition modifie un nom précédent. Cet antécédent de *cui* ne peut être que *T. Sempronius Gracchus*, qui précède immédiatement, et qui est d'ailleurs du même genre et au même nombre que l'adjectif conjonctif. Nous aurons donc soin, en traduisant, de placer immédiatement à la suite de ce nom cette proposition conjonctive — *Cùm P. Scipioni africano duo Q. Petilii, diem dixissent*. La conjonction *cùm* qui précède cette proposition annonce qu'elle forme un terme circonstanciel de la principale, à laquelle elle est unie par cette conjonction. Le verbe *dixissent* est au subjonctif régi par *cùm*. Le même verbe à la troisième personne du pluriel ne peut avoir pour sujet que *duo Q. Petilii*; et comme il signifie *dire, fixer*, il doit avoir deux compléments, un direct à l'accusatif, c'est *diem*; l'autre indirect au datif, c'est *P. Scipioni africano*. Nous traduirons donc mot-à-mot: *cùm* lorsque, *duo Q. Petilii* les deux Q. Petilius, *dixissent* avaient dit, avaient fixé, *diem* un jour, *P. Scipioni africano* à P. Scipion l'africain; (c. a. d. avaient cité en justice). Réunissant ensuite ces trois propositions, et les plaçant dans l'ordre de leur dépendance grammaticale, nous dirons: Tib. Sempronius Gracchus, à qui des inimitiés existaient avec P. Scipion, était tribun du peuple dans ce temps, quand les deux Q. Petilius avaient cité en justice P. Scipion l'africain.

DEUXIÈME PHRASE. *Tristem omnes ab eo sententiam expectabant.* Cette phrase ne renferme qu'une seule proposition ; c'est nécessairement une proposition principale. Le verbe *expectabant* à la troisième personne du pluriel ne peut avoir pour sujet qu'un nom pluriel. Cependant on ne voit ici que l'adjectif *omnes* qui soit au nominatif pluriel. C'est que le véritable sujet *homines* est sous-entendu. Le verbe *expectabant*, qui signifie attendre, peut avoir deux complémens, car on attend quelque chose de quelqu'un : il peut avoir un complément direct à l'accusatif, c'est *tristem sententiam ;* et un complément indirect à l'ablatif avec *ab* , c'est *ab eo.* Nous traduirons donc : *ommes (homines)* tous les hommes, c. a. d. tout le monde , *expectabant* attendaient, *tristem sententiam* une fâcheuse sentence , *ab eo* de lui : Tout le monde attendait de lui une fâcheuse sentence.

TROISIÈME PHRASE. *At ille dixit se non passurum P. Scipionem absentem accusari , et , cùm rediisset , auxilio ei futurum ne causam diceret.* La conjonction adversative *at* qui commence cette phrase indique un rapport d'opposition entre la pensée qui suit et celle qui précède. Le verbe principal est évidemment *dixit* et son sujet *ille.* — La signification du verbe *dico,* dire, ne permet pas de considérer en particulier le pronom réfléchi *se* comme le complément direct de *dixit.* Voyons si ce pronom à l'accusatif ne peut pas être le sujet d'une proposition complémentaire-infinitive. D'abord le participe futur actif *passurum* pourrait fort bien en être l'attribut ; mais il faudrait pour lier l'attribut au sujet un verbe à l'infinitif qui n'existe pas ici. Ce verbe est *esse* effectivement sous-entendu, ce qui arrive fréquemment en latin. Le pronom réfléchi *se* dont on s'est servi , indique que le sujet de la proposition complémentaire-infinitive désigne la même personne que le sujet du premier verbe *dixit.* — Ces mots *P. Scipionem absentem accusari ,* qui suivent immédiatement, composent encore une proposition complémentaire-infinitive dépendant de *passurum.* L'accusatif *P. Scipionem absentem* en est le sujet ; le verbe attributif *accusari* à l'infinitif passif en forme le verbe et l'attribut. Nous traduirons donc mot-à-mot : *at* mais , *ille* il, *dixit* dit , *se* soi , *non (esse)* n'être pas, *passurum* devant souffrir, *P. Scipionem* P. Scipion, *absentem* absent , *accusari* être accusé. —*Et , cùm rediisset, auxilio ei futurum, ne causam diceret.* La conjonction *et* est souvent employée pour réunir deux propositions en une, et tient ainsi lieu de la répétition d'un verbe. Le verbe sous-entendu ici est évidemment le même qui figure au commencement de la phrase, c. a. d. *dixit : et dixit* et il dit. — Ce verbe *dixit* demande un complément, et l'analogie fait attendre comme précédemment une proposition complémentaire-infinitive. Cette proposition complémentaire ne se trouve pas dans les mots *cùm rediisset* qui suivent immédiatement ; mais remarquez que ces mots étant entre deux virgules, cela indique qu'ils sont ici comme un hors-d'œuvre et ne sont pas à leur véritable place. La proposition complémentaire doit donc se trouver dans les mots *auxilio ei futurum.* Comme on ne voit figurer ici ni sujet à l'accusatif, ni verbe à l'infinitif, on juge encore par analogie que, comme précédemment, le sujet doit être *se,* et le verbe *esse.* Le participe *futurum* est l'attribut de cette proposition complémentaire-infinitive et s'accorde en effet avec *se* en genre, en nombre et en cas. Les deux datifs *ei* et *auxilio* forment le double complément de *futurum,* par la règle *hoc erit tibi dolori.* — *Ne causam diceret. Ne* conjonction négative servant à lier cette proposition à la précédente. *Diceret,* verbe au subjonctif régi par *ne,* s'accordant avec son sujet *is* sous-entendu. *Causam* accusatif singulier complément direct de *diceret.* — *Cùm rediisset,* proposition conjonctive exprimant une circonstance de temps dépendant des deux propositions précédentes. *Cùm* conjonction qui lie la proposition *rediisset* à celles dont elle dépend. *Rediisset* verbe neutre au plusque parfait du subjonctif, employé comme conditionnel. Il emporte avec lui sont sujet *is.* D'après ces diverses observations, nous traduirons mot-à-mot : *at* mais (*ille*) il, (*dixit*) dit, (*se*) lui, (*esse*) être, *futurum* devant être, *auxilio* à secours, *ei* à lui, *ne diceret* afin qu'il ne plaidât pas, *causam* sa cause, *cùm* lorsque, *rediisset* il serait de retour ; et si nous réunissons en français toutes les propositions qui composent cette phrase, en leur laissant la place qu'elles occupent en latin, nous pourrons dire : mais il dit qu'il ne souffrirait pas que P. Scipion absent fût accusé ; et que, lorsqu'il serait de retour, il le seconderait pour qu'il ne plaidât pas sa cause.

QUATRIÈME PHRASE. *Multa deindè addidit de insignibus inimici sui meritis in patriam.* Cette phrase ne renferme qu'une seule proposition ; *addidit* en est le verbe. Ce verbe à la troisième personne du singulier emporte avec lui son sujet *ille*. Comme il est actif, il doit avoir pour complément un accusatif. Cet accusatif ne saurait être *patriam*, puisque *patriam* est précédé de la préposition *in* qui le régit. *Multa* pourrait être à l'accusatif pluriel neutre, mais ce mot est un adjectif, et un adjectif n'est soumis qu'à la règle de concordance. Le véritable complément de *addidit* est donc *negotia* sous-entendu, avec lequel s'accorde l'adjectif *multa*. *De* préposition exprimant un rapport dont *addidit* est l'antécédent, et l'ablatif *meritis* le complément ; *insignibus* adjectif modifiant *meritis*. *Inimici sui*, génitif complémemt de *meritis*. On s'est servi de l'adjectif possessif *sui*, et non du génitif *ejus*, parce que l'objet possesseur est *ille* sujet de la proposition. La préposition *in* placée entre *meritis* et *patriam* exprime un rapport dont le premier de ces mots est l'antécédent et *patriam* le conséquent. Cette préposition régit ici l'accusatif, parce que les services passant de la personne qui les rend à l'objet qui les reçoit, cela indique une espèce de mouvement. On peut d'ailleurs sous-entendre *collatis*. *Deindè*, adverbe de temps exprimant une circonstance du verbe *addidit*. Nous traduirons donc : *addidit* il ajouta, *negotia* des choses, *multa* nombreuses (beaucoup de choses) , *de* touchant, *meritis* les services, *insignibus* remarquables, *in imici sui* de son ennemi, *in patriam* envers la patrie, *deindè* ensuite. Ensuite il s'étendit beaucoup sur les services signalés que son ennemi avait rendus à la patrie.

Cinquième phrase : *Movit oratio Gracchi non cœteros modò tribunos, sed ipsos etiam accusatores*. *Oratio* sujet ; *Gracchi*, complément de *oratio* ; *movit*, verbe ; *tribunos*, compl ément de *movit* ; *caeteros* adjectif déterminant *tribunos* ; *non modò*, adverbe servant à modifier *movit*. — *Sed ipsos etiam accusatores*. *Sed* conjonction. Toute conjontion annonce une proposition et par conséquent un verbe. Ici le sujet et le verbe sont sous-entendus, ce sont les mêmes que dans la propositio n précédente. *Accusatores*, complément de *movit*, *ipsos* adjectif déterminant *accusatores*, *etiam* adverbe modifiant *movit*. Traduisons : *oratio* le discours, *Gracchi* de Gracchus, *movit* émut, *tribunos* les tribuns, *caeteros* autres (les autres tribuns), *non modò* non-seulement ; *sed* mais , *illa* il , *movit* émut, *accusatores* les accusateurs, *ipsos* mêmes, *etiam* encore. Le discours de Gracchus émut non-seulement les autres tribuns , mais encore les accusateurs eux-mêmes.

Sixième phrase. *Et, senatu habito, gratiæ ingentes ab universo ordine T. Graccho actæ sunt, quod rempubicam privatis simultatibus potiorem habuisset.* *Et* conjonction servant à unir cette phrase à la précédente. Les deux virgules qui renferment *senatu habito* indiquent que ces deux mots à l'ablatif expriment un terme circonstanciel, dont nous nous occuperons plus tard. Le verbe principal est *actæ sunt* à la troisième personne plurielle du parfait passif de *ago.* Son sujet doit être au pluriel et de plus du féminin, car l'attribut passif *actæ* s'accorde avec ce sujet. C'est *gratiæ. Ingentes* adjectif qui modifie *gratiæ, ab* préposition exprimant le rapport qui existe entre le verbe passif *actae sunt* et *ordine. Ordine* complément de la préposition *ab; universo* adjectif déterminant *ordine* ; *T. Graccho* cas d'attribution complément de *actæ sunt. Senatu habito,* ablatif exprimant un terme circonstanciel du verbe *actæ sunt,* auquel il est uni par la préposition *in* sous-entendue. Nous traduirons donc : *et* et, *gratiae* des actions de grâces, *ingentes* grandes, *actæ sunt* furent rendues, *T. Graccho* à T. Gracchus, *ab ordine* par l'ordre, *universo* entier, *senatu* le sénat, *habito* ayant été tenu, assemblé. — *Quòd rempublicam privatis simult-tibus potiorem habuisset. Quòd* conjonction qui lie la proposition suivante à celle qui précède, et indique en même temps par sa signification que cette deuxième proposition est destinée à motiver la première. *Habuisset,* verbe actif au plusque-parfait du subjonctif régi par *quòd.* Il est à la troisième personne du singulier et emporte avec lui son sujet *ille; rempublicam* complément direct de *habuisset ; potiorem* adjectif, comparatif de *potis,* il fait l'office de sur-attribut de *habuisset* et s'accorde avec *rempubicam.* Un comparatif doit être suivi d'un complément, et ce complément peut être à l'ablatif immédiatement régi par la préposition *præ* sous-entendue. *Simultatibus* est cet ablatif, et *privatis* un adjectif qui le modifie. Nous dirons donc : *quòd* de ce que, *ille* il, *habuisset* avait eu, *rempublicam* la république, *potiorem* préférable, meilleure, (*præ*) en comparaison de, *simultatibus* ses inimitiés, *privatis* particulières. Et le sénat ayant été convoqué, de grandes actions de grâces furent rendues par cet ordre entier à T. Gracchus, parce qu'il avait préféré la république à ses inimitiés particulières.

Tout ce morceau peut être traduit avec plus de liberté et d'une manière plus conforme au génie de notre langue. En cherchant à conserver autant que possible en français la construction latine, on pourra dire :

P. Scipion l'africain avait été cité en justice par les deux Q. Petilius, dans un temps où T. Sempronius Gracchus, son ennemi personnel, était tribun du peuple. Tout le monde s'attendait de la part de celui-ci à une sentence fâcheuse. Mais il dit qu'il ne souffrirait pas que P. Scipion fut accusé pendant son absence, et qu'à son retour, il l'appuierait de son crédit pour l'empêcher d'avoir à se justifier. Ensuite il s'étendit beaucoup sur les services signalés que son ennemi avait rendus à la patrie. Ce discours de Gracchus émut non-seulement les autres tribuns, mais encore les accusateurs eux-mêmes; et le sénat convoqué vota d'une voix unanime de grands remercîmens à T. Gracchus, pour avoir sacrifié à l'intérêt de la république ses inimitiés particulières.

COMPELLATIFS et CONJONCTIONS.	SUJETS	VERBES.	ATTRIBUTS.	TERMES CIRCONS-TANCIELS DE LA PROPⁿ. PP^{ale}.	REMARQUES SUR LES PROPOSITIONS SUBOR-DONNÉES
	T. Semproni-us Gracchus , cui inimicitiæ intercedebant cum P. Scipio-ne,	erat	tribunus plebis	(*in*) eo tempore cùm duo Q. Pe-tilii dixissent di-em P. Scipioni africano.	*Cui inimitiæ intercedebant etc.* proposition conjonctive ex-plicative, modifiant T. *Sempro-nius Gracchus.* *Cum duo Q. Petilii dixissent etc.* proposition conjonctive ex-primant un terme circonstanci-el de la principale.
	Omnes (homi-nes)	erant	expectantes tristem sententiam ab eo.	.	
at	ille	fuit	dicens se non(*esse*) passurum P. Sci-pionem absentem accusari , et (*se es-se*) futurum auxili-o ei ne diceret cau-sam, cùm (*is*) redeisset.	*Se non (esse) passurum ,* pro-position complémentaire, complé-ment de *dicens* ou *dixit.* *P. Sipionem accusari ,* 2e pro-position complé. de *passurum.* *(Se esse) futurum ,* etc. autre proposition complémentaire, com-plément du premier verbe *dixit.* *Ne causam diceret,* proposition conjonctive dépendant de la propo. complé. *se auxilio ei futurum.* *Cùm rediisset ,* pro. cojonctive exprimant une circonstance de temps dépendant des deux propo-sitions précédentes.

ANALYSE DES PROPOSITIONS.

COMPELLATIFS et CONJONCTIONS.	SUJETS	VERBES.	ATTRIBUTS.	TERMES CIRCONS-TANCIELS DE LA PROPⁿ. P P^{ale}.	REMARQUES SUR LES PROPOSITIONS SUBOR-DONNÉES.
	(ille)	fuit	addens multa (NE-GOTIA) de meritis insignibus inimi-ci suî (collatis) in patriam.	deindè.	
	Oratio Gracchi	fuit	movens caeteros tribunos.	non modò,	
sed	(illa)	(fuit)	(movens) accusato-res ipsos.	etiam ;	
et	gratiæ ingentes	sunt	actæ T. Graccho ab ordine universo,	in senatu ha-bito. quòd habuis-set potiorem rempublicam (præ) simultati-bus privatis.	*Quòd habuisset potiorem, etc.* proposition conjonctive, expri-mant un terme circonstanciel de la principale.

Ce mode d'analyse peut s'appliquer également à toute autre langue.

QUATRIÈME PARTIE.

DE LA CONSTRUCTION.

§ 298. Nous avons vu dans la première partie de ces éléments, quelle est la nature des différentes sortes de mots dont se compose le discours en latin, et de quels changements dans leurs formes la plupart de ces mots sont susceptibles. Dans la deuxième et la troisième partie, nous avons fait connaître quel usage on doit faire de ces formes, pour lier entr'elles les parties du discours. Il nous reste à voir dans quel ordre les mots doivent être placés les uns à l'égard des autres. Cette partie de la grammaire est appelée *construction*.

Chaque langue a ses règles de construction particulières. Dans toutes les langues cependant, le discours peut être ramené à une construction uniforme, qui consiste à placer les mots dans l'ordre de leur dépendance grammaticale. Cet arrangement qui paraît conforme à la marche des opérations de notre esprit, est appelé, pour cette raison, *construction naturelle*. (V. § LVII.)

§ 299. Tout dérangement de la construction naturelle est appelé *inversion*.

La construction française diffère peu de la construction naturelle.

Cette timidité de notre langue, dans l'usage des inversions, est due surtout à l'absence des cas. Privés de cette ressource, nous n'avons souvent d'autre moyen d'exprimer les rapports qu'ont entre elles les diverses parties du discours, que de les présenter dans l'ordre de leur dépendance grammaticale. En latin, au contraire, les terminaisons distinctes qui, dans les noms, les pronoms et les adjectifs, indiquent les nombres et les cas, les désinences variées des verbes, dont nous ne pouvons souvent obtenir l'équivalent en français, qu'au moyen de

plusieurs mots auxiliaires qu'il est impossible de séparer ; toutes ces variations des mots dans la langue latine,
expriment toujours les rapports de concordance ou de
dépendance qu'ils ont entr'eux, indépendemment de la
place qu'ils occupent. De là il résulte que les latins ont
une latitude immense dans l'arrangement des mots,
tandis que la langue française n'a souvent qu'une seule
manière de les disposer. Dans cette phrase, par exemple :
un bon père corrige ses enfants ; il est impossible de changer l'ordre des mots, sans nuire à la clarté, ou même
sans anéantir le sens. En latin, au contraire, il est non
seulement indifférent pour le sens et la clarté, de dire ;
Pater bonus castigat liberos suos, ou *liberos suos castigat pater bonus,* ou *castigat pater bonus liberos suos ;*
mais qu'on jette même, si l'on veut, tous ces mots dans
une urne, et qu'on les place ensuite dans l'ordre où le
hasard les fera sortir, cette construction fortuite pourra
être encore régulière, et le sens subsistera toujours.

§ 300. De ce que le sens d'une proposition est
toujours exprimé en latin, quel que soit l'arrangement
qu'on adopte, s'ensuit-il que la construction soit arbitraire dans cette langue, ou est-elle soumise à certaines
règles ? Quoiqu'il n'existe pas à cet égard de règles
fixes et invariables, il suffit d'être initié à l'intelligence
des auteurs latins, pour sentir que rien ne leur était
moins indifférent que la disposition des mots.

Les latins se proposaient deux objets dans leur construction : *l'harmonie* et *l'expression des sentiments.*

DE LA CONSTRUCTION CONSIDÉRÉE SOUS LE RAPPORT DE L'HARMONIE.

§ 301. L'harmonie, qui donne une nouvelle force
aux plus belles pensées et relève les pensées communes,
exige d'abord un choix de mots d'une prononciation
pleine et coulante, une suite d'expressions qui se lient
facilement entr'elles et dont la douceur flatte agréablement l'oreille. Elle proscrit, en conséquence, les sons

qui, par leur rudesse et leur âpreté, sont capables de la choquer. C'est ainsi que Cicéron condamne les expressions suivantes, comme contraires à l'harmonie : *habeo istam ego perterricrepam.* — *Versutiloquas malitias;* j'ai une femme tracassière et criarde. — Ce sont des malices pleines de fourberie.

§ 302. L'harmonie prescrit encore d'éviter le concours des voyelles. Quand un mot, finissant par une voyelle, est suivi d'un mot qui commence par une autre voyelle, il en résulte une espèce de bâillement, appelé *hiatus*, toujours désagréable à l'oreille ; ou bien il se forme une élision également contraire à la clarté et à l'harmonie du discours. Il faut donc, dans le choix et dans l'arrangement des mots, chercher, autant que possible, mais cependant sans scrupule et sans affectation, à éviter le choc des voyelles. Tout le monde sentira combien la phrase suivante est désagréable à la prononciation : ITA INJUSTISSUMÈ LUXURIA ET IGNAVIA, PESSUMÆ ARTES, ILLIS QUI COLUÊRE EAS, NIHIL OFFICIUNT, REIPUBLICÆ INNOXIÆ CLADI SUNT ; *ainsi par une injustice criante, la débauche et la lâcheté ne font aucun tort à ceux qui s'y livrent; ces vices honteux ne ruinent que la république qui en est innocente.* Il en est de même de la phrase suivante où l'élision de la lettre *m* rendrait la prononciation extrêmement dure : QUAMQUAM EGO NATURAM UNAM ET COMMUNEM OMNIUM EXISTUMO, SED FORTISSUM *um* QUEMQUE GENEROSISSUMUM ESSE; *pour moi, je crois que tous les hommes n'ont qu'une seule et commune nature, et que le plus vertueux est aussi le plus noble.* Mais ces paroles sont mises par Salluste dans la bouche de Marius, qui tirait vanité de l'ignorance où il était des lettres grecques et latines.

§ 303. Les consonnances, c'est-à-dire, une suite d'expressions rendant le même son, ne sont pas moins désagréables, et doivent être évitées avec soin. C'est ce qui rend dur et fatigant le vers suivant d'Ennius :

Mœrentes, flentes, lacrymantes et miserantes.

Il en de même de l'exemple qui suit:

Rex Xerxes stabat anxius.

On évitera ces défauts, soit en changeant les mots, soit en les disposant autrement : *Tristis erat Xerxes.*

§ 304. Sans doute l'harmonie doit être répandue dans tout le discours ; mais, comme l'oreille, toujours attentive, ne se repose qu'à la fin de la phrase, il est essentiel que cette dernière impression, qui est la plus durable, satisfasse en même temps l'oreille et l'esprit. On veillera donc à ce que la fin des phrases d'une certaine étendue, soit soutenue par des mots d'un son plein et résonnant, qui ne laisse rien à désirer au plaisir de l'oreille. Les verbes latins sont souvent rejetés à la fin des phrases, uniquement à cause de leurs terminaisons sonores et variées. Veut-on savoir, dit Cicéron, combien il importe de donner à chaque mot la place qui lui convient ? qu'on prenne au hasard, dans quelque orateur, les phrases les plus harmonieuses, on verra que, si l'on change l'ordre des mots, on gâtera tout. Il en fait lui-même l'épreuve sur le passage suivant de son discours pour Cornelius : *neque me divitiæ movent, quibus omnes Africanos et Lælios, multi venalitii mercatoresque superârunt.* Faites, dit-il, le moindre changement dans cette phrase ; dites, par exemple.... *multi superârunt mercatores venalitiique,* toute sa beauté s'évanouira. Il en est de même de ce qui suit : *Neque vestis, aut cœlatum aurum et argentum, quo nostros veteres Marcellos Maximosque multi eunuchi è Syriâ Ægyptoque vicerunt.* Si l'on change ainsi l'ordre des mots : *vicerunt eunuchi è Syriâ Ægyptoque,* on ôtera à cette phrase toute sa grâce et toute son harmonie.

D'un autre côté, continue Cicéron, prenez dans quelque orateur peu soigneux de l'harmonie, une phrase mal construite ; si vous en changez la disposition, vous verrez que ce qui n'avait auparavant ni liaison, ni beauté, prendra tout-à-coup une forme gracieuse. En voici un exemple tiré d'un discours de Gracchus ; *Abesse non potest, quin ejusdem hominis sit, probos improbare, qui improbos probet.* N'est il pas vrai que s'il avait dit : *quin*

cjusdem hominis sit, qui improbos probet, probos improbare, la phrase eût été plus régulière et plus coulante ?

§ 505. L'harmonie, ainsi considérée, peut être appelée harmonie générale, parce qu'elle doit régner habituellement dans tout écrit, quel que soit le sujet que
l'on traite et le but qu'on se propose ; mais outre cette
espèce d'harmonie, il en est une autre qui consiste à
imiter, par la combinaison même des sons, les effets
de la nature. Celle-ci est appelée, pour cette raison, *harmonie imitative.*

L'harmonie imitative ne peut être qu'accidentelle, et
ne trouve place dans le discours, qu'autant que le sujet
s'y prête. Dans cette espèce d'harmonie toutes les règles
précédentes, concernant l'harmonie générale, se trouvent renversées. Virgile voulant peindre les travaux pé-
nibles de l'agriculteur s'exprime ainsi :

> *Ergò ægrè terram rastris rimantur.....*
> *Agricola incurvo terram molitus aratro...*

Ces vers admirables, à cause du rapport des sons avec
les idées qu'ils expriment, seraient insupportables,
dans toute autre circonstance, par leur dureté et leur
pesanteur.

Il en est de même du vers suivant, où Virgile peint
par les sons, l'horrible fracas avec lequel s'ouvrent les
portes des enfers :

> *Horrisono stridentes cardine sacræ*
> *Panduntur portæ.*

Au contraire, une douce mélancolie règne dans le
tableau suivant, où il peint les douceurs d'un tranquille
sommeil répandu sur toute la nature, tandis que Dido
seule veille, en proie à sa douleur :

> *Nox erat, et placidum carpebant fessa soporem*
> *Corpora per terras, sylvæque et sæva quierant*
> *Æquora : etc...*
> *At non infelix animi Phœnissa !*

L'harmonie imitative peut trouver place dans tout
écrit fait pour plaire ou pour émouvoir ; mais elle est

surtout du ressort de la poésie, qui ne doit être autre chose qu'une imitation fidèle de la nature. Elle forme même un de ses caractères distinctifs, et l'on peut dire que sans elle il n'y a point de poésie.

DE LA CONSTRUCTION CONSIDÉRÉE SOUS LE RAPPORT DE L'EXPRESSION DES SENTIMENTS.

§ 306. Les règles précédentes concernant la construction sont généralement applicables, et suffisent toutes les fois qu'en parlant, on n'a d'autre intérêt que de communiquer ses pensées et de se faire écouter avec plaisir ; mais souvent il arrive que la personne qui parle est animée de quelque sentiment, ou agitée de quelque passion. Dès-lors elle est intéressée à faire passer dans l'âme de ses auditeurs les sensations qu'elle éprouve. On en a déjà vu des exemples dans ce que nous venons de dire de l'harmonie imitative. De là naissent aussi de nouvelles lois de construction, toutes fondées sur la nature, et qu'un peu de réflexion suffit pour faire apercevoir. Supposons qu'à la vue d'un fruit, un enfant éprouve un violent désir de l'avoir ; son attention avec son geste se portera d'abord sur ce fruit, pour être ensuite ramenée sur lui-même. Si l'on suppose maintenant que cet enfant commence à avoir la connaissance des mots, sans savoir encore comment ils se lient entr'eux ; exprimant d'abord l'objet de ses désirs, il dira : FRUIT DONNE-MOI, *fructum da mihi*, et non : DONNE-MOI CE FRUIT, *da mihi fructum*.

Les nouvelles règles de construction dont nous avons à parler, consistent donc à disposer les mots dans l'ordre où se présentent les idées dont ils sont les images, c'est-à-dire, à exprimer, en premier lieu, les idées qui se présentent les premières à notre imagination, et à leur subordonner par degrés toutes les autres.

§ 307. Une phrase peut être composée de quatre parties : d'un sujet, d'un verbe, du régime de ce verbe, et de quelque terme circonstanciel.

1°. Si le sujet est l'objet principal, il doit être placé,

avec ses circonstances, dans l'endroit le plus apparent de la phrase, c'est-à-dire, au commencement.

Dans Tite-Live, Tullus indigné de la trahison de M. Suffetius, s'exprime ainsi :

Metius *ille est ductor itineris hujus*, Metius *hujus machinator belli*, Metius *fœderis romani albanique ruptor;* c'est Métius qui les a conduits, c'est Métius qui a suscité cette guerre, c'est Métius qui a rompu le traité d'alliance entre les deux peuples.

Gavius indignement attaché à une croix, par l'ordre de Verrès, réclame contre cette horrible violation du droit de citoyen, et s'écrie :

Civis *sum romanus.*

Scévola au contraire, voulant inspirer à Porsenna la terreur du nom romain, lui dit :

Romanus *sum civis.*

2°. Si l'objet principal est l'action même exprimée par le verbe, c'est par le verbe qu'il faut commencer :

Fuisti *apud Leccam;* distribuisti *partes Italiæ;* statuisti *quò quemque proficisci placeret;* delegisti *quos relinquères*, etc. ; vous avez été chez Lecca ; vous y avez distribué les différents cantons de l'Italie; vous avez fixé les postes où chacun devait se rendre ; vous avez choisi ceux qui devaient rester à Rome, etc. (Cic. 1ère Cat.)

Ibant *obscuri solâ sub nocte;* ils allaient seuls dans l'obscurité de la nuit. (Virg.)

3°. Si, comme il arrive souvent, le premier objet qui se présente à l'imagination, est le régime du verbe, on le placera également en avant, avec ses circonstances :

Tantam mansuetudinem, tam inusitatam inauditamque clementiam, etc., *tacitus nullo modo præterire possum ;* une bonté aussi rare, une clémence aussi extraordinaire et aussi inouïe.... ne peuvent nullement être passées sous silence. (Cic. pro Marc.)

Incendium meum *ruinâ restinguam;* l'incendie qui m'entoure, je l'éteindrai sous des ruines. (Sall.)

4°. L'objet principal de la phrase peut être un terme

circonstanciel ; alors il faut le placer à la tête de la phrase, de quelque manière qu'il se trouve exprimé :

Non benè *conveniumt, nec in una sede morantur majestas et amor;* difficilement habitent ensemble la dignité et l'amour (Ovid.).

Tantæ molis *erat romanam condere gentem !* tant il était difficile de fonder l'empire romain (Virg.) !

§ 308. Il en est de l'écrivain comme du peintre : celui-ci dans la composition d'un tableau , ne se contente pas de placer le personnage principal sur le devant de la scène , et dans son plus beau jour ; il a soin encore de mettre en évidence , et de rapprocher de lui les personnages secondaires, en proportion de l'intérêt qu'ils inspirent, et il rejette au fond du tableau ceux qui intéressent le moins. Telle est aussi la marche que doit suivre l'écrivain : après avoir exprimé l'idée principale , il présentera les objets secondaires, chacun selon le degré d'importance ou d'intérêt qu'il renferme.

Ces lois de construction , observées par les latins toutes les fois qu'il s'agit d'émouvoir ou de convaincre , trouvent surtout leur application dans les tableaux d'une certaine étendue , dans les phrases composées de plusieurs propositions. Si vous aviez à peindre un combat livré par un jeune héros, sous les murs d'une ville ennemie , quel est le premier objet qui se présenterait à votre imagination ? Ce serait sans doute le héros lui-même. Que verriez-vous ensuite ? Vous verriez au-dessus du rempart l'épouse et la fille du Despote , portant au loin leurs regards inquiets ; vous entendriez leurs soupirs. Viendrait ensuite le motif de leur crainte, l'inexpérience du prince , objet de leur affection , et le danger de sa rencontre avec un guerrier terrible, qui porte partout le carnage et la terreur. Horace présente ainsi ce tableau :

Illum ex mœnibus hosticis
Matrona bellantis tyranni
Prospiciens , et adulta virgo
Suspiret : eheu ! ne rudis agminum

*Sponsus lacessat regius asperum
Tactu leonem, quem cruenta
Per medias rapit ira cædes !*

Que l'épouse du Despote ennemi, que sa fille à la veille de l'hymen, apercevant ce jeune guerrier du haut d'un rempart, laisse échapper des soupirs, dans la crainte, hélas! que, novice dans les armes, le prince, objet de son amour, n'aille défier ce lion farouche, que la soif du sang emporte de carnage en carnage. (Trad. de Binet).

§ 309. Souvent il arrive qu'il est de l'intérêt de l'orateur de présenter une suite d'idées imposantes, sans laisser voir d'abord l'usage qu'il en veut faire. Cette marche indiquée aussi par la nature, a pour objet d'exciter la curiosité de l'auditeur, en tenant son esprit en suspens, pour fixer plus fortement son attention sur l'idée principale, quand enfin elle se présente. On en voit un bel exemple dans le passage suivant, tiré de la première Catilinaire.

M. Tulli, quid agis? tune eum, quem esse hostem comperisti, quem ducem belli futurum vides, quem expectari imperatorem in castris hostium sentis; autorem sceleris, principem conjurationis, evocatorem servorum et civium perditorum, EXIRE PATIERIS, *ut abs te non emissus ex urbe, sed immissus in urbem esse videatur.*

§ 310. Ces sortes de constructions, que nous avons appelées inversions, parce que notre langue s'y prête difficilement, considérées d'une manière générale, ne sont donc pas moins naturelles que celle à laquelle nous avons donné ce nom. Dans les tableaux un peu animés, les latins, vu la flexibilité de leur langue, s'y conformaient, même sans s'en apercevoir; et s'ils s'en écartaient quelquefois, c'était pour obéir aux lois plus impérieuses encore de l'harmonie, c'était un sacrifice fait au plaisir de l'oreille, dont le jugement, dit Cicéron, est si fier et si dédaigneux.

De là il résulte qu'il est de notre intérêt de nous soumettre nous-mêmes à ces règles de construction, autant que peuvent le permettre les éléments de notre langue, sans cependant que le discours éprouve de gêne dans sa marche. On en contractera insensiblement l'habitude, par le soin que l'on prendra de conserver, autant que possible, dans la traduction française des auteurs latins, la construction latine. Cette observation est de la plus grande importance pour les élèves; car cet exercice, joint à la lecture attentive de nos auteurs classiques, contribuera beaucoup à leur faire connaître les ressources et les souplesses de notre langue qui, maniée par un homme habile, rivalise souvent et sous tous les rapports, avec les langues grecque et latine. C'est cette attention à faire passer dans la langue française la construction et l'harmonie du discours latin, qui faisait dire à un de nos plus grands orateurs, qu'il avait appris à écrire en français dans les ouvrages de Cicéron. L'exemple précédent ramené à la construction naturelle, qui paraît exclusivement conforme à la nature de notre langue, serait ainsi traduit :

Vous souffrirez qu'un homme qui est reconnu pour ennemi de l'état, qui va se mettre à la tête d'une armée contre nous, qui est attendu dans le camp ennemi.... se retire tranquillement, etc. Mais cette traduction est sans énergie et sans couleur, et par conséquent très-infidèle, quoique rendant toutes les pensées de l'auteur. L'abbé d'Olivet a su conserver l'inversion, qui fait toute la force de ce tableau. Voici sa traduction :

Que faites-vous, Cicéron? un homme qui vous est connu pour l'ennemi de l'état, qui va se mettre contre nous à la tête d'une armée, qui déjà est attendu dans le camp ennemi, qui est l'auteur et le chef d'une conspiration, qui soulève, enrôle esclaves et citoyens; vous, instruit de tout cela, vous souffrirez qu'il se retire tranquillement, et de manière à faire dire, non que vous l'avez chassé de Rome, mais que vous lui avez donné les moyens de s'y introduire plus sûrement.

§ 311. La ressemblance ou la différence de deux objets est rendue plus sensible par leur rapprochement.

Aussi les latins mettaient-ils en regard, et rapprochaient-ils, autant que possible, les mots qui exprimaient ces rapports :

Amicus amici *consuetudine gaudet;* un ami se plaît avec son ami.

Veterum orationes oratori futuro *legendæ sunt;* celui qui veut devenir orateur, doit lire les discours des anciens.

Adolescentes senum *præceptis gaudere debent;* les jeunes gens doivent écouter avec plaisir les avis des vieillards.

Quid fletu muliebri viro *turpius!* quoi de plus honteux pour un homme, que de pleurer comme une femme!

Cette matière serait susceptible de bien plus grands développements; mais ces considérations, pour la plupart, tiennent plutôt à l'art oratoire qu'à la grammaire. Peut-être même avons-nous déjà dépassé les bornes d'un livre tout élémentaire : il est juste que les leçons de grammaire finissent où commencent celles d'Humanités.

FIN.

TABLE
ALPHABÉTIQUE
DES MATIÈRES.

FIN DE LA TABLE.